本书是 2011 年度教育部人文社会科学研究西部和边疆地
互动融合研究"（项目批准号：11XJC790016）的最终研究成果
本书出版受兰州商学院副教授专项科研经费资助

流通服务业与制造业
互动融合研究

Study on Interaction and Convergence between
Circulation Services Industry and Manufacturing

赵　霞／著

经济科学出版社

图书在版编目（CIP）数据

流通服务业与制造业互动融合研究/赵霞著 . —北京：
经济科学出版社，2014.4
ISBN 978 - 7 - 5141 - 4594 - 6

Ⅰ.①流…　Ⅱ.①赵…　Ⅲ.①商品流通 - 服务业 -
研究 - 中国②制造工业 - 研究 - 中国　Ⅳ.①F724
②F426.4

中国版本图书馆 CIP 数据核字（2014）第 080290 号

责任编辑：杜　鹏　张　力
责任校对：靳玉环
版式设计：齐　杰
责任印制：邱　天

流通服务业与制造业互动融合研究
赵　霞/著
经济科学出版社出版、发行　新华书店经销
社址：北京市海淀区阜成路甲 28 号　邮编：100142
总编部电话：010 - 88191217　发行部电话：010 - 88191522
网址：www. esp. com. cn
电子邮件：esp@ esp. com. cn
天猫网店：经济科学出版社旗舰店
网址：http：//jjkxcbs. tmall. com
北京万友印刷有限公司印装
880×1230　32 开　8 印张　220000 字
2014 年 4 月第 1 版　2014 年 4 月第 1 次印刷
ISBN 978 - 7 - 5141 - 4594 - 6　定价：39.00 元
（图书出现印装问题，本社负责调换。电话：010 - 88191502）
（版权所有　翻印必究）

前　言

　　产业间存在关联是社会经济的普遍现象，然而产业组织的关联理论仅仅揭示了不同产业间投入产出的生产性关联（或技术性关联），关注的是产业之间的数量关系，并且受传统的"重生产、轻流通"观念影响，并未把流通业作为单独经济部门来加以分析，因此也就无法得出流通服务业与其他产业相互影响程度的有益结论。事实上，在买方市场条件下，流通的"瓶颈"效应正日益凸显，流通业正成为影响其他产业尤其是制造业进一步发展的重要产业因素。理顺流通业与制造业的关系，促进两者互动协调发展，是提高经济运行效率，实现国民经济健康运行的重要保障。加强两者互动发展，从长期看还有利于提升我国流通服务业发展的水平，从而提高流通服务业对制造业的支撑作用，有利于我国制造业摆脱长期以来陷入的价值链"低端锁定"的困境。

　　自第三次社会大分工流通业从手工制造业中分离出来以后，流通服务业与制造业之间就存在着形式多样、极其复杂的关联互动。最初的流通业单纯承担制造业产品的交换功能，通过系列交换完成商品的"惊险跳跃"；随着分工的不断细化，流通业作为制造业生产性服务的投入要素，与制造业的结合日益紧密。特别是进入20世纪90年代以来，伴随着信息技术的飞速发展，在消费者需求多样化与个性化的驱动下，全球服务业迅速发展，社会经济由传统工业经济进入服务经济时代，在此大背景下，流通业与制造业亦出现向对方产业延伸、渗透的融合发展趋势，呈现出两者互动的新特点。

本书以"流通服务业与制造业互动融合"为研究主题，基于产业互动的角度，对流通服务业和制造业产业间的关系进行全面考察。首先，在对现有研究流通业与制造业关系的文献进行回顾的基础上，提出了流通服务业与制造业互动融合发展的分析框架，这一框架力图从总体上对"什么是流通服务业与制造业的互动"、"为什么互动"（动因）、"如何互动"（过程、类型）作出回答，以分工协作、延伸融合、理念融合三个层次对流通服务与制造业互动发展的演进进程进行了梳理，并在此基础上提出一个基于分工的整合性命题。接下来，以互动融合为主线，分别对流通服务业与制造业的互动融合的三个层次进行具体分析，借助于相关数理模型，从技术进步、需求变化、生产柔性等方面分析了不同层次流通服务业与制造业互动的动因；以分工协作效率、成本节约、知识创新等为主要内容揭示了各个互动层次流通服务业与制造业互动价值创造的内在机理路径。在上述理论探讨的基础上，本书结合物流、家电等行业发展的实践，对流通服务业与制造业的互动融合发展进行了典型案例分析，并运用面板数据模型和投入产出分析方法对我国流通服务业与制造业的关联关系及流通服务业如何促进制造业效率提升进行了实证检验。最后，对促进我国流通服务业与制造业互动融合发展提出了相应的对策建议。

本书的创新性观点有如下几个方面：

第一，分析了流通服务业与制造业互动发展的三个层次，并据此划分了不同经济发展阶段流通服务业与制造业互动融合的类型、关联特征、发展动因以及价值创造机理。

任何产业的发展都是一个动态的过程，流通业与制造业的相互作用关系也是动态的、历史的，是随着经济进步与产业发展而不断演进的。本书在既有研究的基础上，首次明确地对流通服务业与制造业两者的关系进行了梳理，提出两者互动发展的三个层次，即分工协作层次（协作型互动融合）、延伸融合层次（延伸型互动融合）和理念融合层次（理念导入型互动融合）。流通服务业与制造业间的产业间分工协作产生于社会分工深化，流通业作为独立的产业部门与生产部门脱离；随着外部环境的变化，20世纪90年代以来，流通服务业与制造业开始突破原有产业边界，产业触角向彼此延伸，出现了两者间的融合发展；进入21世纪，信息技术高度发展，服务不仅是增值手段，而且成为基本的生产方式，是社会经济活动的核心内容，流通服务业与制造业的产业界限更加模糊，流通企业与制造企业相互吸收对方的经营理念，不断创造出新的生产方式和经营模式，流通服务业与制造业进入理念融合的发展阶段。

第二，以交易成本理论和产权理论为指导，提出了传统产业组织理论所忽略的产业间制度性关联，并在此基础上，分析了流通服务业与制造业制度性关联的基本模式。

传统的产业组织理论只关注了同一产业内部垄断抑或竞争的市场结构，以及由此产生的市场主体间的策略性行为和最终导致的经济绩效，而并未对组织间尤其是跨不同产业的组织间的制度性关联（治理形式）进行深入分析。不同于传统产业组织理论笼统地将产业间关联归结为基于产品联系的供求关系或投入产出关联，本书在将知识和技术传递也纳入分析的基础上，进一步指出产业间互动以及在互动基础上出现的融合现象是跨产业的不同企业之间制度性安排的现实展开，在此基础上，本书具体分析了流通服务企业与制造企业之间出于竞争合作目的所形成或建立起来的组织安排形式。在流通服务业与制造业的制度性关联中，存在三种治理结构：（1）市场治理。流通企业与制造企业通过市场来完成交易。（2）科层治理。流通企业实施后向一体化进行销售产品的自行生产，或者制造企业实施前向一体化进行分销渠道的自我经营。（3）混合治理。流通企业与制造企业形成的产销联盟，双方紧密合作形成伙伴关系。

第三，提出产业间互动融合是培育产业制度革新和催生企业生产经营方式创新的摇篮的观点。

流通服务业与制造业通过对对方经营理念的借鉴、吸收，形成了服务型制造和制造型流通，制造企业变以产品为中心为以服务为中心，通过与流通服务企业的紧密结合，创造出可观的利润空间，增强了产业竞争力；流通服务企业借鉴制造企业的标准化、集群化思想而产生的连锁经营模式和以综合型购物中心为代表的商业集群充分实现了规模经济和范围经济效益，使流通企业得以做大、做强。总之，流通业与制造业的互动融合给双方产业带来了巨大的发展机会。

第四，利用投入产出法实证研究了我国流通服务业与制造业各细分行业间的产业关联程度，并在此基础上采用中介效应方法，检验了我国流通服务业对制造业效率影响的路径。

对相关指标的测度和动态比较的结果表明，我国流通服务业对制造业的后向拉动作用强于其对制造业的支撑作用，且两者都有增强趋势。物流运输业对资源加工业和资本品制造业表现出较强的后向需求拉动作用，而前向作用不明显；批发零售贸易业则表现出对消费品制造业较强的前向支撑作用，对制造业各行业的后向需求拉动作用不明显，且有走弱趋势。同时，制造业各子行业对制造业其他部门的波及和拉动作用大于对物流运输业和批发零售业的波及拉动作用，消费品制造业主要受到来自批发零售业的影响，而资源加工业和资本品制造业中的绝大多数行业则对物流运输业的反应更为敏感。实证研究还指出，我国流通服务业通过降低制造业交易成本提高了制造业效率，并且这种中介作用受到制造业本身技术创新能力的影响，技术创新能力越强，促进机制越强。

第五，提出了促进我国流通服务业与制造业互动融合发展的对策建议。

企业决策者和政府相关职能部门对流通企业与制造企业互动发展的重要性认识不足，导致实践中企业间相互倾轧的短视行为频发；流通企业市场化程度低、规模偏小、组织化程度低和技术及高端知识人才的匮乏，制约了流通业与制造业互动的能力，同时制造企业"大而全、小而全"的传统组织结构、制造代工模式、外资的挤压也妨害了对本土流通服务业的需求，加之我国现阶段诚信制度缺失，以及政府长期以来对制造业的产业政策偏好和管理体制上的条块分割，这些都不利于流通服务业与制造业的互动融合发展。为此，本书提出促进我国流通服务业与制造业的互动融合，要深化思想认识，政府部门要转移政策偏好，出台一系列有利于促进流通服务业与制造业互动融合的产业政策，加强社会信用制度建设，同时通过加快流通服务业建设，促进制造业转型升级，包括大力发展现代物流业、实现物流业与制造业的对接、加快流通服务业改革进程、提升市场化水平、通过扩大开放提高流通服务业支撑制造业转型升级的能力。

产业融合属于产业经济领域的前沿性问题。本书着重探讨了流通服务业和制造业这两类特殊行业互动融合的一些基本理论问题，尚有大量可供讨论的问题有待进一步研究和完善。如如何用明确的数学语言给出流通服务企业与制造企业在选择关联互动模式时的条件、过程及结果；如何立足于具体企业实践提出更具有针对性的策略等。最后，需要说明的是，限于作者的理论水平，某些学术观点还需进一步深化，也有待产业发展实践的检验。作者诚恳地欢迎广大读者批评指正，也希望有更多的研究者加入这一研究行列，以推动流通经济学学科的发展。

作者
2014 年 2 月

目　　录

第一章

导　论

第一节　研究的背景和意义

一、研究背景

产业，是具有某些相同特征的企业或单位及其活动的系统与集合①。社会经济系统由众多产业构成。按照克拉克和库兹涅茨的划分，社会全部经济活动可分为三大产业：第一产业包括农业、林业、渔业；第二产业包括采矿业、制造业、建筑业、电力、煤气和水的供应业；第三产业包括商业（流通业）、银行、保险、政府机关、国防及其他服务业。

产业不是单独存在的，一个产业总是与其他一个或多个产业之间存在着千丝万缕的关联②，正是这种关联，才使整个社会经济系统得以正常运转，社会再生产能够重复进行。产业间互动是对不同

---

① 芮明杰．产业经济学［M］．上海：上海财经大学出版社，2005.
② 传统的产业组织理论仅把不同产业之间基于供求关系的投入产出关系视为产业间关联，这实际上是一种生产性关联（技术性关联）。本书所指的产业间关联含义要丰富得多，不仅包括生产性关联，还包括由生产性关联引发的跨产业组织形态，即制度性关联。

产业之间的此种相互联系、相互影响、相互作用状态的刻画与描述①。自第三次社会大分工，流通业从手工制造业中分离出来以后，流通服务业与制造业之间就存在着形式多样、极其复杂的关联互动，最初的流通业单纯承担制造业产品的交换功能，通过系列交换完成商品的"惊险的跳跃"；随着分工的不断细化，流通业作为制造业生产性服务的投入要素，与制造业的结合日益紧密（丁宁，2009；宋则，2009）。特别是进入 20 世纪 90 年代以来，伴随着信息技术的飞速发展，在消费者需求多样化与个性化的驱动下，全球服务业迅速发展，社会经济由传统工业经济进入服务经济时代（程大中，2006），在此大背景下，作为服务业中的主要部门——流通业与制造业亦出现融合发展趋势，呈现出两者互动的新特点。可以预计的是，随着社会经济服务化程度的加深，流通服务业与制造业的互动模式还将发生新的变化，呈现新的特点。

本书以"流通服务业与制造业互动融合"为研究主题，旨在考察流通服务业与制造业在发展过程中两者相互影响、相互联系的状态特点及其关系演变的过程与产业相互作用的价值创造机理，具体涉及以下几个方面的内容：（1）什么是产业间互动，如何理解流通服务业与制造业产业间互动融合。（2）流通服务业与制造业互动融合的发展演进过程：互动的三个层次及特征。（3）流通服务业与制造业互动演进的实现：动力机制与价值创造机理。（4）流通服务业与制造业互动发展的实证研究。

二、研究意义

产业间存在关联是社会经济的普遍现象，然而产业组织的关联理论仅仅揭示了不同产业间投入产出的生产性关联（或技术性关

---

① "互动"一词，最早来源于社会学理论 Simmel（1908，1917）。经济组织间的互动主要是指各经济主体围绕经济利益展开的竞争与合作。

联），关注的是产业之间的数量关系（里昂惕夫，1941），并且受传统的"重生产、轻流通"观念影响，并未把流通业作为单独经济部门来加以分析，因此也就无法得出流通服务业与其他产业相互影响程度的有益结论。事实上，在买方市场条件下，流通的"瓶颈"效应正日益凸显，流通业正成为影响其他产业，尤其是制造业进一步发展的重要产业因素。理顺流通业与制造业的关系，促进两者互动协调发展，是提高经济运行效率、实现国民经济健康运行的重要保障。加强两者互动发展，从长期看还有利于提升我国流通服务业发展水平，从而提高流通服务业对制造业的支撑作用，有利于我国制造业摆脱长期以来陷入的价值链"低端锁定"的困境。这是本书研究的实践意义所在。

本书的理论突破在于以流通服务业与制造业为研究对象，将产业间关联分为基于投入产出关系的生产性关联和基于组织（跨组织）安排的制度性关联两个维度，不仅将知识与技术纳入一般关联分析，而且着重研究了被经典产业组织理论所忽视的跨产业的制度性联结（跨组织治理结构）①，并在此基础上深入探讨了引起其关系演进的内在动力机制和产业间相互作用的价值创造机理，以此提出促进我国流通服务业与制造业互动融合发展的政策建议。

第二节 研究对象与相关概念界定

一、研究对象

本书以流通服务业与制造业互动融合为研究主题，在这一研究

---

① 传统产业组织理论分析的企业间的组织关联结构（市场结构）均是在同一产业内部，关注的是市场的竞争（垄断）程度及其对企业行为，进而绩效的影响。本书以流通服务业和制造业为具体研究对象，探讨这两大产业的企业间的组织关联形式及特征，属于跨产业分析。

主题下，流通服务业、制造业及两大产业的关联（互动）关系是我们关注的重点。需要特别指出的是，企业是构成产业的微观基础，产业是企业的集合，因此，本书研究流通产业与制造业互动融合关系，不能脱离具体情境中流通企业（流通商）与制造企业（制造商，或生产商）之间的关系，在这个意义上，本书的两产业间的互动融合与两产业各自内部企业之间的互动融合是同一指向。

二、相关概念界定

（一）产业互动与产业融合

1. 产业互动

互动（interaction）是社会主体间相互依存、相互影响的交往活动。互动思想最早来源于社会学理论，德国社会学家 Simmel 于 20 世纪 50 年代提出社会互动理论，他把社会视作一个由个人构成的综合体，这个综合体具有特定形式，并且真实存在，个人之间相互作用进行社会交往，由于个体存在差异，不可避免地会产生冲突。Blumer（1931）认为互动的模式并不由社会组织或社会结构所决定，因为后者本身就是互动过程的产物。Habermas（1958）在社会互动的基础上提出了交往行动理论，他认为人们之间交往行动的核心是相互理解，而理解过程与交往双方的文化背景环境有着密不可分的联系。交往行动的参与者为了达到对其环境的理解，往往需要自己首先成为群体中的成员，同时取得群体中其他成员的合作，通过与成员间的互动，他们发展并获得一般化的行动能力。可见，社会学视域下的互动就是社会主体之间的交往活动，或交互主体对其他主体的行动和反应过程，互动的双方互相联系、互相影响、互相依存。交互主体的共同利益及各自利益之间的相互关系则是交互双方影响产生的基础，因此，互动其实是主体利益关系的现实展开或实体化（王雪梅，2001）。

　　经济组织间的互动是组织关系的主要内容。与社会关系相类似，经济领域中不同个体之间的互动也是围绕经济利益展开的，只不过不同于社会以个人为单位，经济领域中的互动以企业为基本单元，企业与企业之间通过要素、产品的传递产生生产、交易或者竞争的关系，在此种交换关系中进而形成伙伴间的依赖与协作。正如Pfeffer & Salancik（1978）所指出的，（经济）互动关系既是一个资源交易的过程，也是一种资源依赖关系。Williamson（1971、1975）从交易成本的视角出发，将组织间关系分为市场交易和科层层级，并认为企业最终采取何种交易行为取决于两者之间效率的比较。Benson（1975）则提出组织关系起源于互惠性的资源交换或组织间的冲突。Jarillo（1988）和Thorelli（1986）进一步指出了组织间联结关系的本质，他们认为组织间联结关系是组织间彼此独立但又利益相关的安排，这种安排的目的在于获取其他竞争者所不具备的持续性的竞争优势，当然该优势正是来源于组织成员间的网络分工的专业化利益与形成的资源互补。组织间互动为组织关系的协调提供了一种实现的机制与途径。Johanson & Mattson（1987）指出组织间互动应该包括两个方面的内容，即组织交换与组织适应，间接指明了组织间互动事实上存在互补与竞争的相互关系。

　　由此可见，当互动用来分析经济组织时，互动其实已经从本质上揭示了经济组织间关系的主要内容和重要特征。组织间关系（关联/联结）其实就是一种基于分工的互动，互动既是内容也是特征，资源依赖、竞争合作、利益相关是互动的题中之意，市场交易、联盟抑或一体化（企业）则是互动的不同制度安排。应当指出的是，这三种制度安排各有利弊①，具体采用何种制度安排，往往取决于企业的战略目标和收益（成本）的考量。

　　把微观经济组织间的互动分析引入产业层面，就形成了产业间

————————

　　① 一般认为，一体化企业形式有利于交易费用的节约和决策效率的提升，市场交易制度则节约了组织成本，并且有利于企业核心业务的集中，处于中间形态的联盟形式则处于两者之间。现实中，这三种方式没有实现完全替代。

的互动。本书认为，产业互动就是产业之间的相互关联、相互影响、相互作用，其本质是产业间利益关系的现实展开和体现。通过产业之间的信息沟通、交流合作，使产业双方的经济关系由无到有，由浅入深，由竞争关系向竞合关系转变的过程，在这一交互过程中，双方产业之间形成多种形式的组织制度结构，以不同方式实现价值创造。

从上述对产业互动内涵的界定上，我们可以看出，产业间关系（即互动）的外延实际上包括两个方面：一是某一产业的产品（或服务）成为另一产业的生产投入要素，从而两产业间表现出相互依赖的互动关系，这是传统产业关联理论所主要关注的；二是两个相关产业之间由于存在互动关系而形成一定的组织形式（制度安排），体现为不同产业的企业之间的多种治理形式，企业、市场、以联盟为代表的中间组织等都是这种产业间互动下的具体制度表现。此外要指出的是，从语义上来理解的产业互动，至少应包括三种效果的划分：良性互动、恶性互动和中性互动。产业间的良性互动是指产业之间通过良好的合作关系，促使双方产业受益，产业获得持续、有效的共同发展；恶性互动指一方产业的发展以妨害另一方产业为前提，最终导致双方产业经济发展均受到阻碍的状态；中性互动则是指通互动关系作用所发挥的效果不明显，对促使双方产业高速发展没有显著作用。本书研究流通服务业与制造业的互动关系，是基于社会分工细化下对产业间关联状态的考察，我们关注的是流通服务业与制造业在发展过程中通过何种路径、方式实现产业间的协调、和谐、稳定发展，实现使双方都受益的价值创造模式。因此，本书所指的产业互动均指有效率的互动，那些无效的甚至有害的互动不在本书的研究之列。

2. 产业融合

"融合"（convergence）一词最早见于数学、生物学领域。在数学中，融合即收敛，是指变量趋近于一个给定的值的过程。生物学把融合定义为生活在"同一环境中的不相干的有机体相似性发展的过程"。按照一般的理解，融合往往指的是性质各异的不同个体一起到达某一点或者彼此靠近，向同一个地方、目的或结果运动，并最终在某一点或边界汇合开始具有共同特征的过程。

产业融合，尤其是关于信息技术和通信产业里的数字融合的概念已被讨论了多年，但至今尚未形成一个标准的经济学意义上的产业融合的定义，而出现了以下观点：技术演化论——享有相同技术平台的产业即是产业融合（Ames & Rosenberg，1977；Bresnahan & Trajtenberg，1995）；产品整合论——认为产业融合伴随着产品功能改变，把产品间的替代或互补性联系看成是产业融合（Yoffie，1997）；过程统一论——认为产业融合是一个从技术融合开始，再到业务融合，再到市场融合这样一个逐步实现的过程等多种观点；边界模糊论——产业融合是为了适应产业增长而发生的原本清晰、固化的产业边界的模糊或消失（Greensteina & Khanna，1997；周振华，2006）①。

根据前述融合概念，融合是以前各自独立的个体在彼此边界处交会合并，拥有共同的特征。本书赞同周振华教授的观点——产业融合必定是针对产业边界而言的，原有产业边界（包括技术边界、业务边界、运作边界和市场边界）的模糊化甚至逐渐消弭是产业融合的基本特征。更具体地，由于不同产业里的企业性质各异，难以构成直接竞争关系，而一旦产业融合发生，它们便会成为直接的竞争者。正如植草益（2001）所举的例子：在日本，原本电话公司提供通话服务，邮政公司提供邮寄服务，两者在各自的行业中均处于垄断地位，但是，由于从20世纪70年代开始的电话业的技术革新，传真出现了，使用电送手段传输文字信息成为可能，这就使电话业和邮政业处于相互竞争的关系之上，两个行业融合了。

此外，国内学者还根据融合的行为特征将产业融合进行了类型上的划分（胡汉辉、邢华，2003；厉无畏，2002；陈柳钦，2006；

---

① 关于产业融合方面的理论争论将在本书第二章文献综述中详细讨论。

郑明亮，2007），包括：渗透融合，即高新技术及其相关产业向其他产业渗透、融合，并形成新的产业；延伸融合，即通过产业间的互补和延伸，实现产业间的融合；重组融合，即原本各自独立的产品或服务在同一标准元件束或集合下通过重组完全融为一体的整合过程。借鉴相关学者的研究，本书将产业融合定义为：以前各自独立、性质迥异的两个或多个产业间出现产业边界的消失或模糊化而彼此成为竞争对手的过程。需要特别指出的是，本书所指的流通服务业与制造业的产业融合是在经济服务化背景下所体现出的两产业互动的新特点。换句话说，流通服务业与制造业间的融合是建立在互动基础上的，是两者间互动演进过程中的衍生品。如果把新产业形态的产生、原有产业的消亡视为宏观层面的产业融合，那么本书所探讨的流通服务业与制造业的融合则更多侧重于基于产业链上相关企业间的延伸融合，属于产业融合的微观层面分析。

（二）流通服务业与制造业

1. 流通及流通服务业概念的界定

第一，关于流通。流通又称商品流通，是连接生产阶段和消费阶段的桥梁，是整个社会正常运转的基础。从狭义角度来看，商品流通是指以货币为媒介的连续不断的商品交换，也就是以买卖或者以价值形态的变换为基础环节所组成的系列。从广义角度来看，商品流通是指商品价值形态不断变换过程和商品体物质运动过程的统一。商品流通过程既是价值实现过程和使用价值替换过程的统一，又是商品价值流通过程和实体流通过程的统一。在商品流通过程中，人们把价值形态变化即所有权变更的运动过程称为商流；把使用价值变动及商品体物质运动的过程称为物流；并将这两个运动过程中所发生的信息传递和反馈的过程称为信息流；把由商流和物流所引起的资金运动的全过程称为现金流。在实体经济范畴内，流通就是商流、物流、信息流和现金流四者的统一。

第二，关于流通服务业（简称流通产业、流通业）。流通产业是近几年才在我国使用的经济概念。目前，学界对于流通产业的界定尚未达成共识，主要是因为流通所涉及的行业非常广泛，许多行业或多或少都担负着一定的流通职能。比如持广义流通观的学者就认为"流通产业是指整个流通领域里所包含的产业部门，主要有商业、物资贸易业、仓储业、邮电通信业、金融业、保险业等"（林文益，1995）。张绪昌和丁俊发（1995）也认为，流通产业除了应该包括流通加工业、物流配送业、批发业零售业外，还应该包括流通信息业、科技业以及其他相关的行业。这些学者定义的流通产业不但包含了传统意义上的流通产业核心部分，而且把一些不但为流通服务也为其他生产和生活服务的产业也包含在内。与广义流通观相比，狭义流通观则认为对于流通产业的界定，必须以流通为基点；判定一个企业是否属于流通产业，一是看其是否专门从事商品流通；二是看其是否专门为商品流通服务（金永生，2004）。故而，流通产业包括两大部门：一是商业，主要包括批发业和零售业；二是专门为商业服务的行业，主要包括物质仓储业、运输业、包装业等。前者可以认为是流通产业的主要部分，后者则是流通产业的外延部分，两者共同构成流通产业的产业体系。金永生对流通外延的判断标准得到了学者们的广泛认同（宋则，2003；马龙龙，2005；程瑞芳、刘华光，2004 等）。

　　本书也赞同狭义外延的界定方法，将流通业范围限定为批发贸易业、零售贸易业和仓储物流业。需要特别指出的是，流通业作为第三产业中的主导部门，其从属性上，自然应属于服务业[①]。

---

　　① 服务业的概念源于西方对国民经济结构的三次产业分类方法，即第一产业为包括农、林、牧、副、渔的广义农业其主要特征是能够从自然界获取直接可供消费的有机产品；第二产业为制造业、采掘业、建筑业、公共事业（主要包括煤气、电力、自来水供应业等）；第三产业则包括运输业、通信业、仓储业、批发和零售商业、金融业、房地产业以及国防、政府、个人服务业等等，其主要特征是提供非物质类的产品。事实上，从各国的实践来看，"第三产业"和"服务业"两个概念经常交互使用，使用"服务业"往往相对第二产业中的制造业而言，其内涵与"第三产业"没有太大的区别。

2. 制造业概念的界定

目前，对制造业的定义很多。本书根据《国民经济行业分类标准》，把制造业界定为对原材料进行加工或再加工，以及对零部件装配的工业部门的总称，只要是经物理变化或化学变化后成为新的产品的，均视为制造。

按照国家统计局 2003 年颁发的《三次产业划分规定》，制造业系指第二产业中除采矿业、电力、燃气及其生产和供应业、建筑业以外的所有行业。国民经济行业分类中制造业一共分为 30 个大类（代码从 13 至 42），具体分别为：

　　　　13——农副食品加工业；

　　　　14——食品制造业；

　　　　15——饮料制造业；

　　　　16——烟草制造业；

　　　　17——纺织业；

　　　　18——纺织服装、鞋、帽制造业；

　　　　19——皮革、毛皮、羽毛（绒）及其制品业；

　　　　20——木材加工及木、竹、藤、棕、草制品业；

　　　　21——家具制造业；

　　　　22——造纸及纸制品业；

　　　　23——印刷业和记录媒介的复制；

　　　　24——文教体育用品制造业；

　　　　25——石油加工、炼焦及核燃料加工业；

　　　　26——化学原料及化学制品制造业；

　　　　27——医药制造业；

　　　　28——化学纤维制造业；

　　　　29——橡胶制品业；

　　　　30——塑料制品业；

　　　　31——非金属矿物制品业；

　　　　32——黑色金属冶炼及压延加工业；

33——有色金属冶炼及压延加工业；

34——金属制品业；

35——通用设备制造业；

36——专用设备制造业；

37——交通运输设备制造业；

38——电气机械及器材制造业；

39——通信设备、计算机及其他电子设备制造业；

40——仪器仪表及文化、办公用机械制造业；

41——工艺品及其他制造业；

42——废弃资源和废旧材料回收加工业。

另外，根据中国统计年鉴对统计指标的解释，工业是指从事自然资源的开采，对采掘品和农产品进行加工和再加工的物质生产部门。具体包括：（1）对自然资源的开采；（2）农副产品的加工、再加工；（3）对采掘品的加工、再加工；（4）机器制造，对工业品的修理、翻新；（5）电力、自来水、煤气的生产和供应等。因此，从概念外延上看，工业的外延大于制造业，工业包含制造业，或者说制造业是工业的主要部分。本书为了行文的方便，将不区分制造业和工业这两个概念；同样地，本书中的流通业和商业也是同一概念。

第三节 研究思路与结构体系

一、研究思路

本书以流通与生产的关系为思考出发点，从产业层面考察流通服务业与制造业在发展过程中产业间相互联系、相互影响的交互过程、模式、特点及发展趋势，属于中观层次的研究。本书的基本研究思路是：在对现有研究流通业与制造业关系的文献进行回顾的基础上，提出流通服务业与制造业互动发展的分析框架，这一框架力图从总体上对"什么是流通服务业与制造业的互动"、"为什么互动"（动因）、"如何互动"（过程、类型）作出回答，以分工协作、延伸融合、理念融合三个层次对流通服务业与制造业互动发展的演进进程进行梳理，并在此基础上提出一个基于分工的整合性命题。接下来，以互动发展为主线，分别对流通服务业与制造业互动的三个层次进行具体分析，借助于相关数理模型，从技术进步、需求变化、生产柔性等方面分析了不同层次流通服务业与制造业互动的动因；以分工协作效率、成本节约、知识创新等为主要内容揭示了各个互动层次下流通服务业与制造业互动价值创造的内在机理路径。在上述理论探讨的基础上，本书结合物流、家电等行业发展的实践，对流通服务业与制造业的互动发展进行了典型案例分析，并运用投入产出分析方法和统计计量方法对流通服务业与制造业的互动关系进行了实证研究。最后，本书在总结相关结论的基础上，指出我国流通服务业与制造业互动发展的趋势，为进一步促进两者协调发展提供相应政策建议。

本书研究的思路框架如图1-1所示。

二、结 构 体 系

根据上述研究思路，本书的结构安排如下：

第一章为导论。本章首先对选题的背景和意义进行简要论述，针对本书的研究对象，对流通产业、制造业、产业间互动与融合等相关概念进行界定。其次，对研究流通服务业与制造业互动发展的现实意义和理论价值进行阐述。最后，对本书的研究方法、结构、创新及不足之处进行概况性说明。

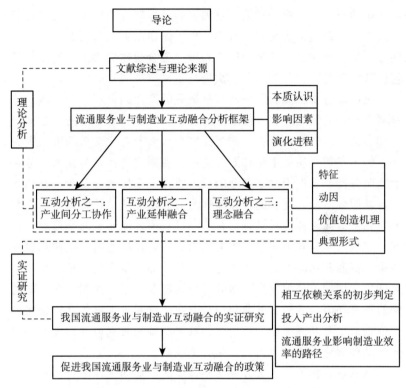

图1-1 本书研究思路框架

　　第二章是对现有研究流通服务业与制造业互动关系的文献进行综述，并在此基础上提出本书研究的理论基础。主要包括分工理论、产业融合理论、产业链整合理论、创新理论和产业关联理论。

　　第三章是对流通服务业与制造业互动融合理论框架的构建。本章在揭示流通服务业与制造业互动融合的本质的基础上，探讨了影响两者互动的因素，并历史地梳理了流通服务业与制造业互动关系的演进轨迹，提出两者互动的三个层次。本章是全书的理论核心，意在从总体上回答流通服务业与制造业互动融合的内容、动因、过程等基础性问题，为下文的进一步分析奠定了基础。

第四章到第六章是对第三章内容的具体展开。以流通服务业与制造业的互动演进为线索，分别分析了流通服务业与制造业在产业间分工协作层次、延伸融合层次和理念融合层次的动因、特点与价值创造机理路径，并对应各层次进行了典型案例分析。

第四章分析了流通服务业与制造业的产业间分工协作层次，这是两者互动的最低层次，按照发展进程又可以分为单纯的产业间分工和深化了的产业间分工。前者体现为从事专业化交易的流通服务企业的出现使交易集中化和专门化；后者则主要体现为流通服务企业的服务性产出作为制造企业的投入要素，承接制造企业转移出来的各项服务活动。互动的特征体现为流通功能从单纯的媒介生产与消费到制造性服务的承接方，在这一过程中，流通业与制造业也存在一定的技术与知识交换。本书指出，专业化流通服务企业在服务成本、资源和功能上的比较优势，以及外部环境变化带来的生产的复杂性的增加，是促使流通服务业与制造业基于产业间关联不断紧密的重要动因。流通服务业与制造业在产业间分工协作互动层次的价值创造主要来源于分工所产生的效率，特别是制造业的生产性服务活动外部化后所产生的专业化分工收益。

第五章分析了流通服务业与制造业的产业间延伸融合，这是两者互动发展的第二个层次。从生产性关联上看，技术和知识的低可分性和强依赖性是两者融合发展的特征；两者的制度性关联则体现为产权联结和契约联结两类。技术进步和政府管制放松、市场竞争（市场势力的获取）是促使两者融合发展的主要因素。产权联结的高效率和契约联盟的低成本是其实现价值创造的来源。

第六章分析了流通服务业与制造业的理念融合，这是两者互动发展的最高层次。两者基于理念导入型的互动融合具体有两种形式：服务型制造和制造型流通。本书指出，理念融合的本质特征在于以服务为中心，服务成为产业发展的主导逻辑。跨组织流程再造、包含了消费者的自我需求创造模式和知识动态能力是流通服务业与制造业在理念融合层次的价值创造路径。

　　第七章在前面理论分析的基础上，对我国流通服务业与制造业的互动关系进行实证研究。在对我国流通服务业和制造业相互依赖关系进行初步判定的基础上，运用投入产出法对流通业中的交通、仓储邮政业和批发零售贸易业与制造业各细分行业的各项指标进行了测度和动态比较，并且分析了我国流通服务业影响制造业效率的路径。实证结果表明，相比于其他产业，我国流通服务业与制造业之间具有更加密切的关联关系，并且流通服务业的发展通过降低交易成本提高了制造业效率。本章得出的其他相关结论为第八章提供了政策制定的依据。

　　第八章分析了开放经济条件下流通服务业与制造业互动融合发展。在对开放经济和经济全球化背景进行界定的基础上，探讨了流通服务业跨产业融合推动了制造业生产的全球化的作用机理，最后对流通服务业 FDI 对我国本土制造业的影响进行了实证研究。

　　第九章是全书的落脚点。本章在对阻碍我国流通服务业与制造业互动融合发展的因素进行分析的基础上，有针对性地提出了促进我国流通服务业与制造业互动发展的政策建议。在深化认识的前提下，创造有利于两者互动融合的制度环境，通过加快流通服务业建设促进制造业转型升级，是当前促进我国流通服务业与制造业互动融合发展的主要政策着力点。

三、研 究 方 法

　　本书在分析过程中主要运用了理论演绎和实证归纳相结合的研究方法。在理论阐释方面，围绕研究主题和各部分内容的要求，本书把定性分析和定量分析、静态分析和动态分析、抽象分析和具体分析有机地结合起来，进行综合研究。在实证研究中，本书主要运用了投入产出分析方法，测度了我国流通服务业和制造业产业生产性关联的各项指标，同时结合案例讨论了两者的制度性关联特征。此外，还采用计量经济学的中介效应检验方法探讨了我国流通服务业通过交易成本影响制造业效率的具体路径。

第二章

研究综述与理论来源

第一节　流通服务业与制造业互动发展研究综述

一、流通—制造关系的微观分析

由于新古典传统对分工问题（进而交换）的忽视，现代西方主流经济学没有给予流通足够的重视①。市场营销学者从微观视角分析了分销商和制造商之间的关系（buyer-seller relationship），围绕营销渠道中的权力与依赖、信任与承诺、合作与竞争，分析渠道成员（制造商、分销商）之间的协作关系，得出了许多值得借鉴的结论。

权力在营销渠道中，一般被定义为一个渠道成员对另一个渠道成员的营销决策变量和行为变量施加影响与控制的能力（El – Ansary &

①　以至于在西方经济管理文献中找不到与我国经济学研究的"流通"相对应的词语。一般认为西方文献中"分销服务"（distribution services）与我们所说的"流通服务"内涵大体相当（主要包括批发零售服务）。但是，应该指出的是，分销服务是从微观视角出发，指的是在营销渠道中分销商（包括批发商和零售商）为制造商提供的最终产品的销售服务；而流通则是站在全社会的角度来看待产品从生产领域向消费领域的转移过程，其视角是宏观的。

Stern，1972)，权力是依赖性的反映。科兰等（2008）将权力的来源分为奖赏权、强制权、专长权、合法权和感召权，某一方对另一方的权力越大，则后者对前者的依赖性就越强。渠道权力结构影响着渠道成员间的关系，同时对渠道合作与冲突水平、渠道绩效，以及渠道成员对渠道关系的满意水平产生直接的影响（Robicheaux & El - Ansary，1975）。当权力不平衡时（不均衡的依赖）就会产生对弱势方的剥削（Keith & Skinner，1989），相对于相互依赖的关系来说，不对称关系更容易产生冲突，相互信任更少，并且承诺也少（Kumar，1994）。因此，制造商与分销商的关系就取决于他们之间的权力结构和权力的运用。Keith，Jackson 和 Crosby（1990）发现，当制造商使用专长、信息和参照非强制性权力时，代理商对行为与决策变量的自我控制感知要强于制造商使用奖赏权和强制权，并且在制造商非强制性权力基础下，代理商的满意水平也要高于强制性权力。Brown，Lusch 和 Niholson（1995）研究了权力的运用对渠道关系中的影响，承诺和绩效是他们关注的关系质量变量，此外他们还测度了在此过程中权力结构所产生的调节作用。他们发现，供应商使用不同的权力会对不同性质的承诺水平产生相反的影响。调节性权力可以提高零售商的工具性承诺水平，降低规范性承诺水平；而非调节性权力则会降低其工具性承诺水平，提高规范性承诺水平。权力结构的调节效应则体现在当零售商处于渠道权力优势地位时，供应商使用调节性权力对零售商规范性承诺水平的影响增强了。在零售商对绩效水平的评价方面，供应商使用调节性权力会降低零售商的评价，使用非调节性权力则会提高零售商的评价水平，并且前者在权力结构均衡时最为显著，后者在供应商处于权力优势地位时最为显著。Kim 和 Hsieh（2006）使用响应界面法研究了批发商与供应商的权力与控制。他们发现渠道关系中批发商的权力对供应商的控制有不同的影响。基于批发商的角度，批发商的权力对供应商的控制的影响会随着批发商权力水平的变化而变化，呈现出倒 U 形曲线特征，即初始阶段批发商权力水平提高，供应商的控制水平也随之提高；当批发商的权力达到一定水平时，供应商的控制水平开始随着批发商权力的增加而降低。

另有学者从契约或组织角度提出了对渠道成员关系的治理，作为权力结构的衍生变量，组织和组织成员间的依赖关系成为关注的对象。Heide（1994）发现，渠道成员间治理机制的出现取决于成员间的依赖关系结构，平衡的高度依赖关系将导致成员间的双边治理，而这种治理形式以柔性调节为主；相反，不平衡的单边依赖则不利于上述治理机制的出现。Lusch & Brown（1996）研究了依赖结构和关系契约类型以及渠道成员间的关系行为之间的关联。他们发现，规范性契约更容易出现在批发商与供应商之间存在高度的相互依赖的平衡结构中，这种契约一旦出现，不但会提高批发商的绩效，还会导致更多的关系性行为；当依赖结构不平衡时，无论是批发商更依赖于供应商，还是供应商更依赖于批发商，弱势的一方会更多地表现出长期导向，从而导致更多较高水平的规范和明确的契约来规制双方交易关系。Boyle（1992）检验了渠道结构对影响战略的影响。他指出，在一个长期导向的关系中，信息交换、推荐和许诺战略会被经常使用，而威胁、合法抗辩和要求战略则不被经常使用。不同的渠道关系治理结构，其所使用的不同影响战略的频率也不同。各种影响战略在越接近一体化的治理结构中使用的频率越高；而在越接近市场模式的治理结构中，使用的频率越低。Erdem（1993）结合权力理论与交易成本理论，提出了一个权力应用模型，认为企业应当有选择地应用最为有效的权力以符合不同的渠道治理模式。Wilkinson（1996）指出，权力是促成渠道成员之间进行协作的重要工具，预期的收益以及所付出的成本是影响企业应用权力的两个主要因素。

国内学者对流通与制造关系[①]的关注源起于国内一度愈演愈烈

---

① 国内文献中多称之为工商关系，或供零关系。

的渠道冲突①。随着零售商业的业态创新、国际化进程的加快以及世界范围内收购兼并浪潮的不断涌现，市场力量越来越向零售商倾斜，与此同时，渠道冲突越来越频繁。夏春玉（2004）分析了营销渠道冲突的实质、类型、成因以及管理方式。何清（2006）认为渠道间冲突是多重分销中一种重要的经济现象，渠道间冲突对实行多重分销的成败产生重要影响，其在对现有渠道间冲突解决机制进行回顾的基础上，提出了一个信息整合型解决模式。朱如梦、樊秀峰（2004）认为工商竞争是市场上诸多竞争关系中最重要的一种，指出工商之间建立长期稳定的合作关系才是解决工商矛盾的最终出路。陈阿兴、赵黎（2006）基于演化博弈论的分析方法，对建立在供应链基础上的新型工商长期合作关系进行了可行性分析。周殿昆（2008）认为，渠道权力结构严重失衡是引发超市连锁公司与供应商渠道冲突频发的内因，而制度环境缺陷则是其外因。渠道冲突严重损害了组织效率，因此，迫切需要创新流通产业组织模式、建立新型的流通渠道组织形式。基于零供双方"合作双赢"战略进行渠道整合，特别是构建渠道战略联盟是学者们普遍持有的观点（周殿昆，2008；杨慧，2003；朱如梦、樊秀峰，2004；庄尚文，2006）。

二、流通—制造关系的宏观分析

国外文献对流通—制造关系从宏观视角的分析，主要集中于新

---

① 2003年6月27日《参考消息》报道，家乐福连锁上海店因增加新的收费项目与炒货供应商发生对抗，导致供应商一度停止供货。同年7月14日《经济日报》报道，郑州一家超市连锁公司因提高收费标准，与供应商发生剧烈冲突。另据2005年10月20日《南方周末》披露，2004年5月，普尔斯马特连锁公司长沙店（超市）被100多名供货商抢走货物。同年，广州家谊超市公司拖欠货款2亿多元，引发上千家供货商上门讨债。以上转引自周殿昆．渠道冲突频发原因及治理路径分析［J］．财贸经济，2008（4）：90-99.

近出现的对生产性服务业①和制造业关系的研究。

在对生产性服务业与制造业之间关系的认识上，经历了需求论、供给论、互动论、融合论。②

（1）需求论。Cohen & Zysman（1987）、Rowthorn & Ramaswamy（1999）、Klodt（2000）、Guerrieri & Meliciani（2003）认为，制造业是生产性服务的需求来源，没有制造业的发展，生产性服务业就失去了发展的前提和基础；生产性服务业处于制造业的补充和附属地位，制造业通过自身的增长与扩张会产生对生产性服务业的引致需求，进而对生产性服务业的发展产生重要影响。

（2）供给论。Eswaran & Kotwal（2001）、Pappas & Sheehan（1998）、Karaomerlioglu & Carlsson（1999）等则基于生产性服务业的角度，强调生产性服务业发展对制造业生产率提升的重要作用。他们认为，发达的生产性服务业是制造业竞争优势的重要来源，生产性服务业的供给对制造业核心竞争力的形成具有决定性作用，因此，相对于制造业而言，生产性服务业处于供给主导地位，是商品生产率提高的重要源泉、人力资本与知识资本的传输体，企业或产品比较优势的重要决定因素（Grubel & Walker，1988）。Dnniels（1989）、Illeris（1994）也认为，有效率的生产性服务业是制造业提高劳动生产率、提升产品竞争力的前提和保障。一个缺乏生产性服务业或生产性服务业发展滞后的地区，当地制造业的生产效率和产业竞争力必将受到阻碍，进而破坏区域发展进程（Faeel & Hitch-

---

① 目前学术界对生产性服务业的定义尚未取得一致。一般认为，生产性服务业是中间需求性服务业，"用来生产其他的产品或服务，是一种中间性投入产业"（Coffer，2000）；其主要特征表现为知识密集型、技术密集型或资金密集型。根据这一定义，现代流通服务业当属生产性服务业（对流通服务业为生产性服务的判断见徐从才、丁宁，2008和丁宁，2009）。一是由于其自身具有高知识性和高技术性，二是其功能不仅仅局限于媒介生产与消费，而是更多地渗透到上游制造业，承接由制造商转移出来的生产者服务，包括批发物流配送、产品研发设计、销售与促销服务等等，实现对生产的引导、促进、组织与控制。

② 顾乃华. 生产性服务业与制造业互动发展：文献综述［J］. 经济学家，2006（6）：35 – 41.

en，1990）。

（3）互动论。Park & Chan（1994）、Bathla（2003）等指出，应该全面地认识生产性服务业与制造业的关系，生产性服务业与制造业之间是相互作用、相互依赖、共同发展的动态过程，并非简单的分工关系。一方面，制造业的发展引致了对生产性服务业需求的增加，市场空间的扩大无疑有利于带动生产性服务业的发展；另一方面，生产性服务业是制造业重要的要素来源，特别是一些技术含量高的知识密集型生产性服务大大促进了制造业生产效率的提高。

（4）融合论。Lundvall & Borras（1998）、植草益（2001）认为，随着电子信息技术的飞速发展，传统意义上的产业边界越来越模糊，生产性服务业与制造业在技术创新的推动下出现融合趋势。"无形服务"对制造业生产流程的主导作用日益增强，生产性服务业的服务链对制造业的产品链的渗透作用不断增加，两者间通过产业链优化重组实现融合发展，形成新的产业形态。

应该说，需求论、供给论都只是从某一方面说明了生产性服务业与制造业的关系，不够全面；互动论则较全面地概括了两者的关系特征。从长期来看，生产性服务业与制造业的发展必然是一个相互促进、相互作用的互动过程，融合事实上是互动的最高形式，互动才是两者的关系本质的体现。这一观点已取得大多数学者的认同。基于两者间的互动关系，学者们重点探讨了两者间互动的机制。从需求和供给两个方面解释战后生产性服务业迅速发展的原因，进而服务业与制造业互动发展的机制，是学者们的主要研究思路。

制造企业将原来内部化服务活动外部化[①]是推动生产性服务业迅速发展的重要原因。Beyers（1996）指出，成本因素是制造企业将服务外包的重要考量，当企业内部自行组织提供服务所需的工资、管理成本和外部交易成本相当时，企业宁可将此服务活动外包出去（Scott，1988），因为外部专业提供者更具规模经济且成本可

---

① 即制造企业的服务外包（outsourcing）。

控。制造企业生产日益柔性化也是需要大量外部化生产服务的重要原因（Coffey & Bailly，1992；Goe，1990；Karaomerlioglu & Carlsson，1999）。企业为了降低风险、满足偶发的需求、专注于核心技术，常常需要将一些非核心环节的生产性服务活动外包（Beyers，1996）。除了上述成本因素导致的需求外，学者们还分析了导致制造企业对服务外包需求的非成本因素，主要包括市场的不确定性和竞争、在需求多变条件下企业的能力资源有限以及管理复杂性的增加、政府管制和贸易壁垒等。

除了制造企业的服务外包需求，生产性服务企业自身的供给特征也是其迅速发展的重要因素。信息技术的发展使信息成本不断下降，从而生产性服务提供者可以更便宜、更有效、更可靠地提供各类专业化服务，从而制造企业更倾向于从外部购买此类服务，而不再是自己提供（Karaomerlioglu & Carlsson，1999）。

应该指出的是，沿着这一研究思路，国内学者近年来对我国生产性服务业与制造业发展的分析取得了一定成果。除了对两者之间互动模式、机理等的理论探讨之外，还运用中国数据进行了大量实证分析（徐学军等，2007；胡晓鹏，2007；顾乃华，2006；程大中，2008），对我们的研究具有启发意义。

凭借我国研究商业经济的传统，国内学者对制造（生产）与流通关系问题的宏观分析主要体现在以下几个方面。

其一，关于流通产业的地位问题。由于我国传统上有"重生产、轻流通"的思想，故流通学者就流通产业的地位问题进行了大量辩驳，主要观点有先导产业论、基础产业论。黄国雄（2005）提出流通业是商业社会的基础。他指出，基础产业应具备社会化、贡献率、就业化、关联度和不可替代性等五个特征，进一步分析认为流通产业基本具备基础产业的全部特征，从而流通业是商业社会的基础（黄国雄，2005）。宋则（2003、2009）、高铁生（2007）等学者则提出要充分发挥流通产业在社会经济转型过程中的先导作用，这种先导作用不仅表现在流通不仅能够满足消费者需求，而且能够引导和创造消费需求。流通业具有显著的经济增长效应、产业关联效应、就业效应，从而对生产的决定作用日益凸显（赵娴，2007）。另有学者提出，流通产业竞争力是国家竞争力的重要部分，其对优化产业结构、增加就业、国家产业安全具有重大意义，应该把流通产业作为战略性产业重点发展（冉净斐、文启湘，2005）。

其二，从历史演进的角度考察我国工业（制造业）与商业的关系。牛全保（2006）把新中国成立以来的中国工商关系划分为三个阶段：计划经济时期（1950～1978年）的批发商主导时期、转轨时期（1979～1997年）的生产商主导时期和全面买方市场下（1998年至今）的零售商主导时期。周勤、朱有为（2004）将中国制造业与商业关系存在不同的阶段归因于中国特殊的政治、经济制度环境，认为目前工商关系已经进入以商业为主导的时期，表现为商业对市场势力的滥用以及其较强的渠道纵向控制能力。武芙蓉（2006）研究了中国制造业与零售业利益关系趋向，得出了与周勤、朱有为（2004）类似的结论，即现阶段中国工商关系的零售业主导特点，并指出供应链整合、平等有效的合作是实现制造业与零售业的长远协调发展的途径。李宏（2007）利用协整技术分析了广东省流通业与制造业的动态关系。研究表明，广东制造业推动了当地流通业的发展，但流通业对制造业尚未起到其应有的支持与推动作用。杜辉、李洪玲（2006）分析了我国流通业开放对制造业的影响，指出外资商业大举进入并开始向上游制造业渗透，制造业的生产经营活动若为跨国商业企业所控制将不利于我国制造业的发展和产业结构的调整，甚至影响到国家经济的安全。这一观点也得到其他学者的支持（赵亚平、庄尚文，2008）。

其三，对我国工业化进程与流通业发展的考察。徐从才、石奇（2000）通过测算流通业对工业化进程的直接贡献程度和间接贡献程度，指出流通业发展能够产生显著的结构效益和市场深化效应，支持了工业化进程。他们同时提出了发展流通业以强化流通业对工业化进程的支持强度的对策，包括加速推进流通市场化建设、加强流通组织创新等。李宏（2007）对我国工业化与流通产业发展之间的动态关系进行了实证分析。结果显示，两者之间的动态关系受经济体制的影响较大，工业化与流通产业发展只在改革开放时期存在因果关系，且流通产业发展对工业化进程的推动作用是单方面的，工业化进程并没有成为拉动流通产业发展的动因。都继萌（2006）的研究则表明，中国工业化与流通产业发展是协调的，城市流通产业的发展随着工业化进程的深入有加速趋势，而农村流通产业的发展则表现出与工业化进程相反的关系。王先庆（2005）基于工业化演变的不同阶段，探讨了我国工业化进程与流通业成长发育的关系，认为不同的工业化阶段流通业所表现的效应也有所不同。

另外，徐从才、丁宁（2008）以大型零售商纵向约束与供应链流程再造为视角，分析了大型零售商主导下的服务业与制造业互动发展的关系。他们深入探讨了大型零售商的纵向约束行为与供应链流程再造的相互作用，并在此基础上分析了其经济绩效。丁宁在另一篇文章（丁宁，2009）中探讨了零售商作为生产性服务提供者承接制造商服务外包方面的优势，主要包括成本上的比较优势和功能上的竞争优势，因此，通过零售商纵向约束下的生产者服务模式对促进流通业和制造业互动发展，提升产业竞争力具有重要意义。

实证研究方面主要分离出两种趋势。一种是利用时间序列数据，应用协整、Granger 因果检验、Var 等计量方法分析了我国工业化和流通产业发展，以及第三产业对第一、第二产业的作用，分析的对象既有针对全国范围的，也有基于各省数据的（李宏，2007；都继萌，2006；赵凯，2009）。另一种则是利用投入产出表①，分析

---

① 更多学者把目光集中于对我国生产性服务业与制造业关系的投入产出分析（程大中，2008；申玉铭等，2007；胡晓鹏等，2009；魏作磊等，2009；陈伟达等，2009）。鉴于本书的研究对象，不打算对此类文献做详细综述。

流通产业对制造业的产业关联影响①。刘向东、石杰慎（2009）运用我国（1995 年、1997 年、2002 年、2005 年）以及美国（1997年）、日本（1995 年）、法国（1995 年）、英国（1998 年）的投入产出表数据进行了比较研究，实证结果表明，我国商业在工业化发展中期具有明显的生产性服务业的产业特征，进而明确了我国商业的基础产业与先导产业的地位，说明了我国商业在国民经济中的现实作用与发展趋势。魏明侠等（2009）对河南省 2007 年 144 个部门投入产出表进行重新整合，多层面、多角度分析了现代物流业的产业关联及波及效果，提出加快现代物流业发展的对策建议。另外，还有学者运用共生模型（唐强荣、徐学军，2009）、灰色关联模型（石明明，2009）等多种计量方法探讨（流通）服务业与制造业发展的关系。

三、几点评述

通过上述文献回顾可以看出，围绕生产和流通的关系，众多学者从不同角度对这一问题加以研究。这些角度包括基于三次产业划分，分析第三产业（流通业属于第三产业）对第二产业（制造业属于第二产业）的作用与影响；基于工业化进程，考察流通业发展与工业化之间的关系；基于流通业内部行业细分，具体分析零售业、物流业与制造业互动发展的关系；基于渠道，分析制造商（生产商）与分销商（流通商）之间的权力、依赖等相互关系；基于生产性服务业，探讨生产性服务业发展与制造业之间的互动。现有研究的纷杂显示出该问题的开放性和动态性，既对我们拓展研究思路提供了便利，但也在一定程度上成为本书必须逾越的思维障碍。综观现有文献，我们发现，尽管学者们探讨的角度不一而足，但是

①　产业经济学中的产业关联，仅指产业之间的投入产出的技术联系，与本书所指有所不同。

明确把流通服务业与制造业作为研究对象的并不多，主要存在以下几点不足：

第一，从目前来看，学者们对流通产业的探讨，似乎并没有突破传统商业角色的定位，局限于将流通视为生产与消费的媒介，对流通产业对其他产业的影响力的分析也都是在这一角色定位上进行（宋则、赵凯，2006；等等）。然而，我们要着重指出的是，随着信息技术进步和现代经营管理方式引入，流通已从过去连接生产与消费的一个简单环节，发展为具有高知识性、高技术性的现代生产性服务业，其功能日益深化，在组织、控制上游生产和引导、创造下游需求方面发挥着举足轻重的作用。现有研究对流通服务业的生产性认识显然是缺乏的，故而也就缺少对现代流通业服务业对制造业影响力来源的深入探究[1]。

第二，从营销渠道角度出发对制造商和流通商关系的研究，尤其是关系营销理论的发展，对我们理解制造商与流通商的交易形式具有启示意义。然而，营销学者的探讨局限于微观个体，其对渠道组织形式及治理的分析也仅是作为对权力与依赖分析的延伸，并未就交易关系的经济维度（交易形式与组织管理机制）及其对现有关系的构建与维持的影响进行深入探讨。此外，现有的研究未把消费者纳入分析框架，缺乏对消费者的关注。消费者作为渠道成员，其行为与特征必然会对营销渠道中其他成员关系构成影响，而现有的研究将消费者的行为与需求特征看作是外生既定的，并没有考虑此影响。以上缺陷均是由于分析基于微观个体造成。

第三，现有文献对流通服务业与制造业关系的研究缺乏整体性，大多只关注工商关系的协调问题，而忽视了从产业高度对流通服务业与制造业两大产业间关系的整体研究。尤其是在当前经济服务化趋势下，流通服务业与制造业出现融合发展的新特点，在此背景下研究流通服务业与制造业互动，探讨其内在机理无疑具有重大

---

① 不多的研究也仅局限于对现象的描述（丁宁，2009、2010）。

意义，而现有研究在这方面显然是缺乏的。

第二节　本书的理论基础

一、分工理论

英国古典经济学家亚当·斯密在《国民财富的性质与原因的研究》中最早系统地阐述了分工的思想。他认为，分工可以最大限度地改进劳动生产率，提高劳动的熟练程度。斯密不仅一般论述了采取分工生产的方式可以提高劳动生产率，而且深入分析了产生分工效率的原因。他将分工分为企业内分工和企业间分工，即企业间劳动和生产的专业化①。

马克思对分工协作的论述更加彻底。《德意志意识形态》是他的早期著作，当时他已经开始强调分工的重要性。他说："任何新的生产力，只要它不是迄今已知的生产力单纯的量的扩大，都会引起分工的进一步发展。"分工是协作的前提，协作意味着分工，分工的产生必然导致协作的出现，分工的发展也必然要求协作跟进。协作是"许多人在同一生产过程，或在不同的、但互相联系的生产过程中有计划地一起协同劳动"。协作产生于分工，是分工效率实现的保障。正是由于不同劳动者之间的相互协作才使原本复杂的劳动过程变得简单、可操作，把同一生产过程划分为不同的阶段分配给不同的人来完成，大量的人共同劳动可以同时进行这些操作，这样，就可以缩短制造总产品所必要的劳动时间。协作一方面扩大了劳动的空间范围；另一方面使生产领域在空间上得以缩小，如此带

---

① 从产业角度来看，当企业分属于不同产业时，这种企业间分工亦即不同产业间的分工。

来非生产性费用的节约，这种费用的节约是由劳动者的集结、不同劳动过程的靠拢和生产资料的积聚造成的。

马歇尔从组织和规模报酬的角度研究了组织对报酬递增的积极意义，也就是分工的作用。他认为，组织的改进可以使生产获得递增的报酬。在组织外部，通过技术与知识发明的外溢效应、行业秘密公开化、熟练和技术工人市场的集聚以及职业市场的形成，使某些工业集中于特定的地方，进而产生外部经济获得规模报酬递增。在组织内部，企业通过"技术的经济"、"机器的经济"、"原料的经济"使大规模生产具有内部经济进而获得报酬递增。

20 世纪 80 年代后，以杨小凯为代表的一批经济学家，利用超边际分析方法和其他非古典数学规划方法，发展出新兴古典经济学。他们通过求解角点解将专业化与分工思想形式化，不仅解决了资源配置问题，也解决了分工组织结构问题。他们揭示出，收益递增的发生不是组织改进的结果，而是从劳动分工就开始了，即所谓的分工经济（superadditivity effect），他们把劳动分工视为市场经济最基本的特征，认为只要有劳动分工存在，就一定会存在收益递增，劳动分工不仅是市场的内秉机制，而且是市场效率的根本源泉。此外，威廉姆森、德姆塞茨、张五常等众多学者从交易成本及相应制度结构的视角出发也对分工协作问题进行了深入探讨，这些研究极大地丰富了人们对分工协作活动的认识。

新近出现的模块化分工理论更是把传统分工理论推进了一步。模块化分工是基于功能基础上的分工，是一种非线性分工或者网络型分工，像物理学中的"并联"方式那样，各模块之间不存在必然的技术关系制约，但是具有明确的设计指导规则。各模块在明确的规则之下共同组成系统或产品，指导规则不同，则模块连接的方式不同，组成的系统或产品也不同。由于以并联方式连接，整个系统或产品的生产时间与质量不会轻易受到某一模块的影响。模块化分工通过分割、替代、扩展、排除、归纳、移植等生产方式来获得分工经济，由于各模块通过"看得见"的设计规则（界面）来协调，因此降低了协调成本，提高了创新速度和适应环境的能力（芮明杰等，2006）。

分工是经济发展的动力，从分工视角出发，探究分工方式的演化，可以有效地认清企业主体行为变革背后的本质和推动力，从而对流通服务业与制造业互动融合产生过程以及产业内在机制等内容进行深入的研究。

二、产业融合理论

从 20 世纪 70 年代开始，随着信息化进程的不断推进和经济"服务化"趋势的加深，世界上主要发达国家在信息、金融、物流、能源等领域出现了交叉融合现象，引起了学者们的关注。产业融合的理论研究主要围绕融合的概念、动因、类型几个方面展开。

（一）产业融合的概念

目前关于产业融合的定义尚未达成广泛的共识。美国学者 Rosenberg（1963）从技术视角出发，在对美国机器工具产业演化的研究中发现同一技术向不同产业扩散的现象，并把这种现象定义为"技术融合"。此后，Gaines（1998）、Fa & Tunzelmann（2001）、Lind（2004）对产业融合的研究均沿用了 Rosenberg 的技术融合的思路。David B. Yoffie（1997）则从产品视角出发，将产业融合定义为"采用数字技术后原来各自独立产品的整合"。也有学者从产业视角展开研究，认为，产业融合是通过技术创新和放宽限制来降低行业间的壁垒，加强了不同行业企业间的竞争合作关系（植草益，2001）。

国内学者通常基于产业边界和产业属性对产业融合进行定义。周振华（2003）认为，产业融合意味着传统产业边界的模糊化，产业融合就是以数字融合为基础，为适应产业增长而发生的产业边界的收缩或消失。厉无畏（2002）、陈柳钦（2006）等将产业融合理解为产业属性的创新，认为产业融合就是不同产业或同一产业内的不同行业通过相互交叉、相互渗透，逐渐融为一体，形成新产业属性或新型产业形态的动态发展过程。余东华（2005）认为，产业融合的本质是在技术创新的推动下对传统产业组织形态的突破和创新，是产业组织结构变迁的一种动态过程。马健（2006）试图将以上视角综合起来，将产业融合的定义概括为：由于技术进步和放松管制，发生在产业边界和交叉处的技术融合，在经过不同产业或行业之间的组织、业务、市场和管理资源整合后，改变了原有产业产品以及市场需求的特征，导致产业内的企业之间竞争合作关系发生改变，从而导致产业界限的模糊化甚至重划产业界。

（二）产业融合的动因

关于产业融合的动因，多数学者归于技术进步与政府管制的放松。Lei（2000）认为，产业融合发生的前提条件是产业之间具有共同的技术基础。首先发生技术融合，然后才能够发生产业融合。植草益（2001）认为，产业融合源于技术进步和规制的放松。欧洲委员会绿皮书也强调技术和放松规制是产业融合发生的基本原因。也有一些学者提出产业融合产生的根本动因不在于技术因素，而在于其他方面。张磊（2001）强调了融合过程中管理创新的重要性。他指出，电信、广播、电视诸产业的边界处的融合成为现实并非依靠技术进步和 20 世纪 80 年代以来的电信业的放松管制，而是由于实业界清醒地认识到了多以失败告终的电话和电视的纵向一体化融合这一"死尸的融合"的现象，进而创新传统经营观念，将管理创造性与技术进步和放松管制相结合，没有管理创新，就不会发生电信、广播、电视诸产业的融合。还有部分学者认为多因素共同驱动是导致产业融合出现的原因。于刃刚（2006）等认为，产业融合的主要原因是技术创新、政策放松经济性规制、企业跨产业并购、组建战略联盟以及四者之间的相互作用。陈柳钦（2007）则将产业融合的动因概括为四个方面：技术创新、竞争合作的压力、跨国公司的发展以及放松管制。

通过对现有文献的回顾，可以看出产业融合的产生是多种因素相互作用、相互影响的结果，这些原因基本上可以概括为内在因素与外在因素两个方面。外在因素主要有全球化与自由化、产业管制政策的放松、消费需求变化等；内在因素包括技术创新、管理创新或战略联盟、观念创新等。

（三）产业融合的类型

从产业间融合方式看，具有三种形式的产业融合（胡汉辉、邢华，2003；厉无畏，2002；陈柳钦，2006；郑明亮，2007）。其一，渗透融合，即高新技术及其相关产业向其他产业渗透、融合，并形成新的产业；其二，延伸融合，即通过产业间的互补和延伸，实现产业间的融合；其三，重组融合，即原本各自独立的产品或服务在同一标准元件束或集合下通过重组完全融为一体的整合过程，主要发生在具有紧密联系的产业或同一产业内部不同行业之间。聂子龙、李浩（2003）还提出了全新产业取代传统旧产业而进行的融合，可以将其作为产业融合的第四种方式。

此外，还有学者从产品性质角度，将产业融合分为替代型融合、互补型融合（张磊，2001；曹卫、郝亚林，2003；余东华，2005；周振华，2004），以及结合型融合（周振华，2004）。

流通服务业与制造业间的融合发展是经济服务化背景下两产业在互动演进过程中所体现出来的新特点、新现象。产业融合理论对产业之间融合发生的一般性原理进行了分析，包括产业融合产生的原因、融合的识别、融合的类型。这些分析对于我们认识流通服务业与制造业之间的融合问题具有重大的启示意义，本书可以认为是融合一般理论对流通产业的具体分析与应用。

三、产业链整合理论

产业链整合理论研究了产业链纵向关系及其治理问题。产业链是指在一种最终产品的生产加工过程中——从最初的矿产资源、原材料到最终产品的生产销售，直至到达消费者手中——所包含的各个环节所构成的整个纵向链条。在这个纵向链条中，每个环节都可能是一个相对独立的产业，某一个产业的产品构成另一个产业生产的投入品（郁义鸿，2006）。产业链描述的是厂商内部和厂商之间为生产最终交易的产品或服务所经历的增加价值的活动过程，它涵盖了商品或服务在创造过程中所经历的从原材料到最终消费品的所有阶段，只要产业链上的企业能够直接或间接控制其他企业的决策，使之产生期望的协作行为，就视为产生了某种程度的整合（芮明杰，2006）。产业链整合理论即研究产业链纵向关系①（具体表现为产业链上下游企业之间关系）发生的原因、组织形式和变化原理。产业链纵向安排包括两种类型：一是纵向一体化（包括兼并）或纵向分拆；二是纵向约束，主要包括独占交易、独占区域、转售价格控制、纵向价格歧视、共同代理、拒绝供应、特许经营、全线强销、数量折扣、搭售等策略性安排（Vickers & Waterson，1991）。

该理论把影响产业链上下游企业纵向安排（整合方式）的原理概括为三类。

第一，产业组织理论的市场势力说。在一个行业中，当某个企业处于垄断地位时，其可以以高于平均成本的价格出售产品，获取垄断利润，也即意味着该企业拥有了影响产品价格的市场势力。企业进行产业链整合的目的就是获得这种市场势力。由于企业垄断地位的获得通常与较大的规模（包括生产规模和销售规模）相联系，因此企业可以通过产业链整合达到扩大规模的目的，进而获取市场势力。具体而言，企业可以通过水平合并，提高市场集中度获得市场控制力，也可以通过纵向合并或通过对产业链上的企业施加纵向约束获得市场势力。Scott，John T.（1989）指出，混合合并因为可以促进暗中的串谋，因此也可以产生或加强市场势力。

---

① 又称产业链纵向安排。

第二，交易费用理论的专用性资产说。交易费用理论将企业看作是节约交易成本的组织创新的产物。威廉姆森认为，交易费用产生于环境的不确定性下人的有限理性和机会主义倾向。在这种情况下，如果企业投资的资产具有较高的专用性，那么交易就很有可能在企业内部进行，从而防止投资完成后交易伙伴可能的机会主义掠夺性利用行为（Williamson，1981）。基于以上逻辑，威廉姆森认为企业间实施纵向一体化的主要目的就是为了节约交易成本，成本节约的程度与资产专用性程度、交易的频率和环境的不确定程度直接相关（Riordan & Williamson，1985）。Masten（1989）等人将资产专用性由物质资本扩展到非物质资本。他们的研究发现，对于高度特定的人力资本投资而言，纵向一体化也是更为正确的选择。本杰明·克莱因等人进一步指出，资产专用性导致了可占用的专用性准租金（Appropriable specialized quasi rents）的产生，这种准租金可以促使机会主义行为有可能变为现实。因此，当市场缔约费用大于一体化费用时，资产所有者就会进行一体化。

第三，企业能力理论的竞争优势说。企业能力理论把企业视为知识的集合、能力的集合（Penrose，1959），企业能力的积累和存储显著影响企业的边界和范围，特别是横向多角化经营的广度和深度（Prahalad&Hamel，1990）。因此，产业链整合是配置企业能力获取竞争优势的重要手段，整合的方式与企业能力分布有关。

产业链整合理论总结归纳了产业链上下游企业之间纵向安排的原因与决定因素。在流通业与制造业的关系中，对于某种具体产品的产业链结构而言，制造商位于产业链上游，流通商位于产业链下游，从而构成一类特殊的产业链结构①，研究流通服务业与制造业的互动融合，必然要涉及具体产品链条上流通商和制造商的纵向关

---

①　事实上，郁义鸿（2006）已经对此产业链进行了识别。在制造商与流通商所构成的产业链结构中，既存在上游制造商生产的产品是最终产品的情况，也存在上游产品为中间产品或既是中间产品又是最终产品的情况。从流通的对象来看，前者为生活资料（消费品流通），主要涉及批发零售业，后者为生产资料流通，主要涉及物流、仓储运输业。

联形式，因而产业链整合理论为本书研究提供了可供借鉴的重要理论工具。

四、创新理论

创新理论最早由熊彼特在经典著作《经济发展理论》一书中提出。他将创新视为现代经济增长的核心，认为"创新改变了世界经济的面貌"[①]。熊彼特认为，所谓创新，是指建立一种新的生产函数（new production function），也就是说，把一种从未有过的关于生产要素和生产条件的"新组合"（a new combitnation）引入生产体系。熊彼特最初提出了五种类型的创新：引进新的产品；采用新的生产方法或新技术；开辟新的市场；控制原材料或半成品的新的供应来源；实现新的产业组织形式。因此，创新不单纯是一个技术概念，而是一个经济概念，与科学技术上的发明不同，创新是把现存的技术变革引入经济组织，形成新的生产能力。

随着实践及研究的发展，创新的类型也不断增加，如制度创新（诺思，2005）、模块创新、架构创新（Magnusson & Lindstrom, 2003）与商务模式创新等。Freeman（1984）将创新分为渐进性创新（incremental innovation）、根本性创新（radical innovation）、技术体系创新。我国学者傅家骥（2001）根据创新对象不同，将技术创新分为产品创新和过程创新。Rothwell（1992）提出了五种产业创新模式，即技术推动的创新模式（20 世纪 50 年代到 60 年代中期），需求拉动的创新模式（20 世纪 60 年代后期至 70 年代早期），相互作用（interactive model）模式或技术与需求耦合作用模式（20 世纪 70 年代中期至 80 年代早期），整合模式（integrated model）（20 世纪 80 年代中期至 90 年代），系统整合与网络模式（20 世纪 90 年代至今），强调了创新主体之间的联系和创新的系统性和协

---

① 熊彼特. 经济发展理论（中译本）[M]. 北京：商务印书馆，1990：76.

同性。

产业的发展与创新密切相关，创新是产业发展的主要动力之一，产业的动态演化过程就是由技术创新主导的创造性破坏过程。"产业突变"是指从内部不断变革经济结构，不断地毁灭旧产业、创造新产业（熊彼特，1990）。虽然由于受到时代条件的限制，创新理论并没有直接把产业互动、融合纳入到研究框架之中，但是其创新思想，特别是产业变革的动力来自于内部的思想对研究产业融合发生的机制有着重要的启发意义。而且越来越多的事实表明，信息化时代产业互动、融合正在成为产业（及产业内部的企业）进行经营制度创新和管理方式革新的重要源泉。产业融合是由不同产业互动中而产生的，产业融合本质上也是产业创新的一种。从创新视角来研究流通服务业与制造业的产业间互动（融合），可以更深入地把握产业融合的内涵、产业融合产生的过程及产生的原因等。

五、产业关联理论

产业关联理论是产业结构理论的重要组成部分，其主要探讨了产业间技术联系的原理（杨文，2008），包括产业关联的内容、方式等。

（一）产业关联的内容

产业关联理论认为，产业间关联关系的实质内容即不同产业间的投入产出关系，不同产业以各种投入和产出作为联系的纽带，各产业都需要其他产业为自己提供一定的产出作为本产业的中间要素投入；与此同时，也将自身的产出作为一种要素输出，以满足其他产业对中间要素的需求。围绕着产业间的投入产出联系（产品和服务关联），产业间还派生出价格关联、就业关联、投资关联等其他方面的联系。

1. 产品和服务关联

在社会再生产过程中，一些产业部门为另一些产业部门提供产品和劳务；或者产业部门之间相互提供产品和劳务，如农业部门为工业部门提供原材料，而工业部门又向农业部门提供各种生产资料。就工业部门内部来说，采矿部门为炼铁部门提供矿石，炼铁部门为炼钢部门提供生铁。某部门的产品结构、产品的技术含量、产品的生产方式、产业规模和服务内容等某一或多方面发生变化，会引起相关部门的产品结构、产品的技术含量、产品的生产方式、产业规模和服务内容等某一或多方面发生相应的变化。产品和服务的关联是产业间最基本的关联关系。

2. 价格关联

产业间产品和劳务联系的存在，使产业间产品存在着价格上的联系。因为产业间的产品劳务联系是作为对方生产性消耗而存在的，因此提供的产品或劳务的价值量的货币表现为价格，以及费用总和（单位产品价格乘以实际提供量），当然就成为需求方产品成本中的组成部分，这样两者产品之间就存在着价格联系。这就是所谓的产业间的价格联系。

3. 就业关联

不同的产业对就业人员有着不同的素质要求和吸收能力：产业间和产业部门间人力资源配置状况的变化和发展，会引起相关联产业人力资源配置状况产生相应的变化。某些产业的发展依赖于另一些产业的发展，或某些产业的发展可以导致另一些产业发展，这样，产业间的就业机会也就有了必然的联系。

4. 投资关联

一个国家或地区经济的发展，不可能仅仅通过加快某一产业部门的发展实现，而是要通过相关产业部门的协调发展来实现。这种不同产业部门间的协调发展性，使得产业间必然存在着投资联系。如某些产业的发展需要增加投资，提高其产品和服务的技术含量，扩充其现有生产能力，这些产业生产能力的改变，会使与之相关联的产业同时增大投资。这样产业间的经营效果才能均衡，数量比例才能相协调，整个国民经济才能稳定、健康地发展。

（二）产业关联的方式

根据不同的标准，产业关联理论将产业关联的方式划分为单向关联和多项关联、顺向关联和逆向关联、直接关联和间接关联。其中，单向关联是一系列产业间，先行产业部门为后续产业部门提供中间产品和服务，供其生产时直接梢耗，而后续产业部门的产品不再返回先行产业部门的产业联系方式。多向联系则是指在产业关联中，先行产业部门为后续产业部门提供产品和劳务，作为后续产业部门的直接消耗，同时后续部门的产品和劳务同时也返回相关的先行产业部门的生产过程。顺向关联是指某些产业的生产工序存在先后顺序，前一产业的产品为后一产业生产的要素，主要一直延续到最终产品离开生产领域进入消费环节。逆向关联则意味着后续产业部门为先行产业部门生产提供产品作为生产消耗。直接关联是指两个产业间存在着直接提供和被提供产品、服务、技术等方面的联系。间接关联则是指两产业间本身不发生直接生产技术联系，而是通过其他一些产业部门的中介才有联系。

产业关联理论为本书分析流通服务业与制造业的互动依赖关系提供了强大而有力的分析工具，其关于产业间关联内容和类型方式的划分，是我们进一步深入探讨流通服务业与制造业制度性关联的基础。

第三章

流通服务业与制造业互动融合
分析框架

第一节 流通服务业与制造业互动融合的本质
认识：关联的生产性与制度性

产业间互动指的是产业之间相互关联、相互影响、相互作用，通过多种联结形式，进行产业利益的合理分配，从而维持产业竞争优势。不同产业在互动过程中实现能量、资源和最终产品的传递与流动，进而突破固有的产业边界，在技术、产品和市场等领域发生互补抑或竞争性替代，形成融合发展（李美云，2007）。互动以及在互动基础上的融合其实质都是不同产业间相互关联的作用形式，传统的产业组织理论将这种产业间关联归结为产业间基于产品联系的供求关系或投入产出关联，区别于传统组织理论，本书进一步将产业间的知识和技术传递也纳入分析①（本书称为"生产性关联"），同时，本书还将关注不同产业的企业之间出于竞争合作目的的需要所形成或建立起来的组织安排形式（本书称为"制度性关

---

① 由于外溢性的普遍存在，产品联系必然伴随着知识和技术的传递。

联")。前者表现为产业间互动的生产性特征，后者则是以最小化交易成本为目标的组织安排，包含产权联结和契约联结两种类型。

一、流通服务业与制造业的生产性关联

在经济活动过程中，各产业都需要其他产业为自己提供各种产品作为自己的供给要素，同时又把自己的产出提供给其他产业进行消费，既是需求者，也是供给者。正是由于这种错综复杂的供给和需求关系，各产业在经济过程中才得以生存和发展。流通服务业与制造业的生产性关联体现在流通生产性服务①成为制造业生产过程中的重要投入要素和制造业产品在流通服务中的广泛应用。

（一）投入产出联系

投入产出联系也是供求联系，描述的是不同产业产品与要素的市场交换，可以用数量和价值表示。在产业间的投入产出关系的基础上，不同产业的企业之间还会发生业务和工艺的联系，当然这些业务或工艺上的关联性主要是由中间品（中间投入）的性质所决定的。

具体来看，不同产业的企业之间的投入产出联系主要包括以下几个方面。

（1）地理位置的依赖性。当企业的生产严重依赖于某一原材料或投入品，并且该原材料的运输成本高昂时，就会产生生产企业对原材料供应企业的地理位置上的依赖性。如煤电企业，为了节省运输成本，很多发电厂就建设在煤矿周围，准备利用这些近在咫尺的燃料，对上游煤矿的位置依赖较大。类似的，对投入品（或产出

---

① 流通服务业作为生产性服务业的独特之处在于其还与消费者直接接触，即不仅服务于生产者，还服务于消费者。流通业中的物流业属于生产者服务无疑，分销商尽管与消费见面，但是现代分销商功能不断扩展，其承接制造商外包出来的批发物流配送、产品研发设计、销售与促销服务等等（丁宁，2009），从这个角度，批发零售的分销业所提供的也是生产性服务。

品）运输有特殊要求的企业也会对上游（或下游）企业产生地理位置的依赖，如一些易碎、不易运输的产品。

（2）时间的依赖性。一些生产企业由于产品的可储存性较差或者存在某些特殊工艺，故而对上下游企业的生产经营的时间衔接有特殊要求。如某些作为中间品的化工产品会很快凝结，重新融化要发生很大的成本，这就要求下游生产企业必须与该化工企业进行生产时机上的紧密协调。另外，很多无形产品及服务由于生产和消费同步进行，可储存性较低，从而对时间的要求一般很高。

（3）经营过程的介入程度。如软件与信息服务、会计服务等，这些生产性服务厂商所提供的产品或服务会较多介入生产企业的业务流程。

流通服务业与制造业的投入产出联系主要揭示流通服务业与制造业的相互依赖程度。根据上述分析，流通服务业与制造业间的投入产出联系主要体现在物流运输企业对上游制造业的服务支持和批发零售企业对制造业生产经营的介入上。许多物流基地集聚在制造企业周围，对制造企业提供即时服务，体现出地理位置和时间上的依赖性；一些大型零售商介入上游制造企业的生产经营，如沃尔玛将自己的商品采购系统与供货商联网，通过消费信息的反馈指导供货商对其生产的产品作出改进，体现出流通服务企业对制造企业的深度介入。丁宁（2009）指出，零售商承接生产性服务外包具有成本上的比较优势，以及关键资源和服务功能上的竞争优势。黄金鑫（2008）根据 2002 年 17 部门投入产出表，测算了流通服务业与制造业的相关指标，表明流通服务业对制造业的依赖程度最强，流通（制造业）的发展对制造（流通）的需求拉动仅次于制造业（流通业）本身。由此可见，制造业与流通业之间有着相比与其他产业间更为密切的关联性。

（二）技术与知识联系

技术联系即产业之间技术上的依赖关系，可以用技术可分性来描述。当不同产业间完全可以独立生产研发，彼此技术的改进不需要协调时，具有完全技术可分性；否则，可分性较低。技术可分性越高，则产业间的联系越弱；技术可分性越低，则产业间的联系越紧，相互依赖度越高。产业之间的应用技术可以分为两类：专用技术和共性技术。专用技术仅适用于本产业的生产，因而技术的改进在本产业内部就能实现，不涉及与其他产业的协调；当然该技术也只会使自身产业获益，不存在直接的纵向外部性或溢出效应。共性技术又称接口技术，这种技术同时关系到其他产业的生产，技术的改进至少需要另一方的配合才能实现；共性技术存在外部性，一方产业技术的改进也使与其接口的另一方产业受益。

《现代汉语辞典》将知识定义为"人们在改造世界的实践中所获得的认知和经验的总和"，应该说，知识是比技术内涵更广的范畴。经济管理理论对知识的关注源于对企业竞争优势的探讨，在经历了竞争优势外生论向内生论的转变后，学者们基本认同了知识是企业竞争优势的源泉这一观点（Prahalad &Hamel, 1990）。对于知识的分类，学界主要有两种观点。一是从认识论的角度，将知识分为显性知识和隐性知识[①]（Polanyi, 1967）。显性知识可以用正式的、系统的语言表述，用数据、科学公式、说明书和手册等形式共享，容易被"处理"、传递和储存。而隐性知识是个人化的、与特别情境有关的、难以形式化和沟通的知识，一般从"干中学"中产生，这部分知识包括企业员工的技术专长、创造性解决问题的能力、管理层的领导能力和洞察能力、管理技巧和团队精神等。另一种对知识的划分基于存在论观点，将知识分为个人知识（individual knowledge）和共有知识（collective knowledge）。企业知识可能存在于个体或共享于组织成员的层面上。个人知识是组织知识中存在于个人脑内和身体技能上的那些部分，是个人拥有的可以独立运用于特殊任务和问题的技能。共有知识指知识在组织成员中分布和共享

[①]　也有人译为"明晰知识"（explicit knowledge）和"默会知识"（tacit knowledge）。

的方式、方法。共有知识是企业的累积性知识，储存在企业的规则、程序、惯例和共同的行为准则中，可以为企业解决问题的行动和成员互动的形式提供指导与规范。

随着分工的深化，不同产业企业之间的联系日益紧密，企业之间必然存在多种形式的知识交互过程。这种交互伴随着知识转移（knowledge transfer）、知识共享（knowledge sharing）、知识扩散（knowledge distribution）的全过程。知识交互形式的不同取决于知识的类型，如产业链上如果共有知识呈不均等的分布，就会导致纵向企业之间在知识上的相互依赖。显性知识的收集、传播成本较低，企业相对容易获取，则知识的纵向依赖程度就会相对降低；隐性知识由于内含于组织成员间，与情境有关，收集和传播的成本较高，则企业相对较难获取，因此要想获得对方所拥有的知识就需要较多介入其生产经营活动，从而加深了纵向企业间的知识依赖。

在流通服务业与制造业的技术与知识联系中，制造业具有生产的专门技能，对于产品的特性、质量等拥有专业信息。流通业专业化从事交易，拥有专业的交易设置知识（樊秀峰，2007）。交易设置知识是零售企业内部特殊技能和专有知识的固化形式，包括：根据所经营商品的特点，开发形成的独特的度量衡工具；开发出异形货柜以便展示与演练商品；约定俗成一系列经商行为规范与行业术语以方便交易。还包括一系列有关商品经营分类与管理的特殊知识。这种独特的度量衡工具、异形货柜、经商行为规范与行业术语及商品分类与管理知识，都是商业零售企业特有的有关交易活动的专有专用知识及其物化形式，是程式化处理和解决交易问题的模式。

传统工业经济时期，由于制造业技术设备的专用性，流通服务业与制造业的技术联系是比较弱的。随着信息技术的发展，特别是计算机网络技术的发展，流通业与制造业间的技术壁垒被打破，制造业的产品制造知识与流通业的交易设置知识可通过互联网相互对接，实施统一管理。共性技术的使用让双方产业受益，形成产业发展的内在支撑力。

二、流通服务业与制造业的制度性关联

(一) 含义

流通服务业与制造业的制度性关联是指流通业在与制造业相互影响、相互作用的互动过程中，流通企业与制造企业之间所形成的组织关系或制度安排，即治理结构。

Richardson (1972) 指出，一个经济系统的生产过程是由许多最基本的活动，按照一定的相互联结的方式进行运作而实施的，这种基于产业链的基本活动之间的联结方式，就是对产业链纵向关系的治理。Claud (2004) 则认为治理结构是一种对于制度性框架的简称，在这一框架的安排下，契约的发起、谈判、监督、修改、实施和终止等所有活动都得以完成。Gereffi (2005) 进一步提出，治理是指在一个连续的、统一的系统之中，各行为主体介于完全市场和等级市场关系之间，对价值链上各行为主体所从事的经济活动进行的非市场性的协调管理 (Non-market Coordination)，是某些企业设置和实施的以供产业链 (价值链) 中其他参与方遵守的规则和条件。

(二) 流通服务业与制造业制度性关联的基本模式

降低交易成本、提高交易效率是产业之间契约性安排的最终目的。无论是交易成本学派所关注的事前成本，即克服机会主义；还是不完全契约理论学派 (产权学派) 所关注的事后成本，即剩余权控制，都可以通过适当的企业间制度安排降低。因此，交易成本和契约安排是同一枚硬币的两面，本书将围绕交易成本这一核心概念分析流通服务业与制造业制度性关联的基本模式。

威廉姆森 (2005, 2001) 根据交易的频率、不确定性、资产专

用性三个维度将交易进行了划分。不确性程度既定①下，根据交易
频率不同，交易可以分为三种：一次性交易、数次交易和重复发生
的交易。同时交易又可按照资产专用性程度②的不同分为非专用性
交易、混合（半专用性）交易和特质（高度专用性）交易三种。
同时还假定：供给者有意向保持持久业务关系；存在大量潜在供给
者来满足需求，因而无须考虑对专用性资源的事前垄断；交易频率
是由买者行为决定的；投资范围是指供给商为实现交易而做出的投
资特征。由于一次交易并不经常发生，而且对于大多数人来说，一
次性交易和数次交易的差别不大，因而把一次性交易排除掉。这
样，威廉姆森根据交易频率和资产专用性程度把交易划分为六类，
如表 3 - 1 所示。

表 3 - 1　　　　　　　　　　　　交易类型

		投资特点		
		非专用	混合	独特
频率	数次	购买标准设备	购买定制设备	营建工厂
	经常	购买标准材料	购买定制材料	各道工序中间产品的现场交接

资料来源：奥利弗·E·威廉姆森. 资本主义经济制度 [M]. 段毅才，王伟译. 北
京：商务印书馆，2002：105.

在威氏的分析中，这六类交易又可以进一步归纳，分别对应三
种治理结构和契约类型。这三种治理结构分别是：市场治理、科层
治理和介于两者之间的混合治理（hybrid）。不存在专用性投资的标
准契约无论交易频繁与否、确定性程度如何，都属于古典契约，适

---

① 威廉姆森在分析交易类型时首先将不确定性假定为已知，且程度适中。这一假
定被随后放松。参见威廉姆森著. 段毅才，王伟译，资本主义经济制度 [M]. 北京：商
务印书馆，2002：113－115.
② 资产专用性是指某项资产能够被重新配置于其他替代用途或是被他人使用而不
损失其生产价值的程度。威氏用资产专用性来描述交易双方维持交易的意愿，资产专用
性越高，则交易的双方被"锁定"，保持交易关系稳定的意愿越强烈。

合通过市场来完成；资产专用性程度较高，交易频率较高以及不确定性较高的交易属于某种关系型契约，主要依靠统一治理，即通过企业科层来完成；处于两者之间的属于新古典契约和另一种关系型契约，分别对应于第三方治理和双方治理，通过除市场和科层之外的混合形式来完成。混合形式包括长期缔约、互惠交易、特许经营和管制等，根据交易费用最小化的原则，不同性质的交易或契约对应于市场、混合形式或科层这三种不同的治理结构。威廉姆森指出，一种经济活动如何在各种治理机制（市场、混合制和企业）之间进行，不是给定的而是派生的，要根据这种活动的性质和不同的治理模式进行匹配。其中，对于交易成本的节约则是组织选择与匹配的标准（威廉姆森，2005）。治理结构与交易的匹配见表3-2。

表3-2　　　　　　　治理结构与交易的匹配

		投资特点		
		非专用	混合	独特
频率	数次	市场治理	三方治理 （新古典契约）	
	经常	（古典契约）	双边治理	统一治理
			（关系型契约）	

资料来源：奥利弗·E·威廉姆森.资本主义经济制度［M］.段毅才，王伟译.北京：商务印书馆，2002：113.

对于流通服务业与制造业而言，两者之间的交易存在一定的特殊性。这种特殊性主要在于流通企业提供的是服务，而非传统意义上的有形产品。在一般的两者交易活动中，制造商将商品转售给流通商，完成商品所有权的转移；流通商对商品的运输、销售等提供增值性服务，再通过出售商品赚取价差补偿成本、获取利润。在流通服务业与制造业的制度性关联中，威氏所提出的三种治理结构具体为：（1）市场治理。流通企业与制造企业通过市场来完成交易，典型的如商品经销。（2）科层治理。流通企业实施后向一体化进行销售产品的自行生产，或者制造企业实施前向一体化进行分销渠道的自我经营。（3）混合治理。流通企业与制造企业形成的产销联盟，双方紧密合作形成伙伴关系。

与威廉姆森针对生产企业的分析不同，本书认为，影响流通服务业与制造业交易的因素除了不确定性等三个维度之外，还有产品的专业化程度和消费者的分散程度。产品及其附加服务的专业化程度越高，则制造企业前向一体化的动机就越强。比如空调生产商，由于空调安装需要专业化服务，则上游生产商就有动力将下游流通企业一体化，从而攫取服务增值部分的利润。消费者越分散，则制造商越依赖流通商。比如汽车行业面对分散的消费者，则汽车制造企业则需借助流通企业建立销售网点，而钢材生产企业由于购买者集中，则可自建电子销售平台，不需流通介入，典型的如包头钢铁公司自建电子商务平台实现钢材的销售。

总而言之，流通服务业与制造业的制度性关联就是对两者交易的组织形式设计或制度安排。从制度性关联的具体实现手段来看，流通服务业企业与制造业企业的交易治理类型主要有两类，即以产权为基础的联结与以契约为纽带的联结①。产权联结对应科层治理结构，主要体现为在某一最终产品的生产链条上，承担产品生产功能的制造企业和负责产品销售的流通企业形成产业链上的上下游纵向关系，在这一纵向结构中，拥有垄断或市场势力的企业出于自身利益和战略意图的考虑实施向上或向下的产业链延伸。根据主导力量的不同（不同方向），此种产权扩张可以区分为制造业主导和流通业主导；根据产权扩张的程度，又可分为完全产权联结和部分产权联结。契约联结对应市场治理与混合治理结构，相对于产权联结，契约联结的形式在现实中更加普遍。从流通业企业与制造业企业在简单分工下的一般市场交易，到迂回复杂分工下的紧密合作型

---

① 契约具有狭义和广义两层含义。狭义的契约概念与产权相对；广义的契约概念包括产权（产权在一般意义上也是一种契约）。这里使用的是契约的狭义概念。

交易，再到基于共同战略利益考虑的联盟型交易，它们都属于契约联结的形式。流通企业与制造企业的契约联结也可以依主导力量的不同分为制造业企业主导型和流通业企业主导型。根据以上分析，我们可以将流通服务业与制造业的制度性关联在主导类型和实现手段两个维度上进行划分，如图 3-1 所示。

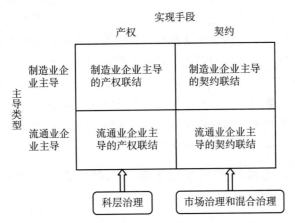

图 3-1　流通服务业与制造业的制度性关联

资料来源：笔者设计绘制。

第二节　流通服务业与制造业互动融合的原动力

财富增加所导致的消费需求的多样化、个性化与生产方式变革所引致的生产的大量化是促进流通服务业与制造业互动发展的内源动力（即流通服务业与制造业互动关系的演进是生产与消费矛盾作用的结果），而技术、市场和政府政策则是促使两者互动发展的外源动力。

一、根本因素：企业自利性动机

经济理性是经济学的基本假设之一。作为重要的微观个体，市场经济中的企业无疑是以追求利润为目标的。实现自身利益的最大化是企业的直接经营目标，当然，在获取自身利益的同时，企业制度也提高了社会作为整体的福利水平。正如斯密"看不见的手"理论所指出的，个体的自利动机可以自然而然地具有良好的组织，从自利性出发可以自然而然地达到社会的较高福利水平。企业的自利性是市场竞争优胜劣汰的必然产物，作为社会生产组织，只有努力降低成本，维持一定水平的利润才能继续在市场中生存。在当前激烈的市场竞争中，流通企业与制造企业唯有更加紧密的合作，缩短环节、提高效率，才能增加收益。

（一）流通服务业与制造业的互动融合有利于提高双方的产业利润率

随着经济的发展，消费需求日益多样化，流通服务业向制造业的融合渗透有利于提高制造业的利润率，通过服务使产品增值的例子屡见不鲜。比如上海通用汽车制造公司与安吉安星信息服务有限公司合作开发汽车后服务市场，后者不仅仅是上海通用的销售商，而且为上海通用汽车旗下的各主力车型的用户提供广泛的汽车安全信息服务，包括撞车自动报警、道路援助、远程解锁服务、免提电话、远程车辆诊断和逐向道路导航等。在这之前，上海通用汽车已经通过推出服务品牌和相关产品，诚信二手车业务、金融贷款服务进行了产业链的延伸，如今在汽车服务领域方面又进行了全新拓展。这种服务拓展大大提升上海通用汽车的产品竞争力和服务竞争力，实现了产品的价值增值，并最终给生产商和销售商都带来更丰厚的利润，实现双赢。

（二）流通服务业与制造业的互动融合催生了商业模式创新，为双方产业带来熊彼特租金

商业模式是开办一项有利可图的业务所涉及的流程、客户、供应商、渠道、资源和能力的总体构造（Thomas，2001）。任何一个无论是否涉及商业领域的组织，都存在着商业模式问题。彼得·德鲁克（1994）将其称为组织的或公司的经营理论；迈克尔·汉默博士（2004）则将其称为"运营创新"，并认为这是企业组织的深层变革。国内学者王波、彭亚利指出，具体而言，商业模式是指企业的运营机制，或者一个企业在动态的环境中怎样改变自身以达到持续盈利目的所采用的战略措施。罗珉（2003）则强调企业的商业模式必须是一个由各种要素组成的整体，必须是一个结构，而不仅仅是一个单一的因素；并且各组成部分之间必须有内在联系，这个内在联系把各组成部分有机地串联起来，使它们互相支持，共同作用，形成一个良性的循环。企业通过商业模式创新追逐"熊彼特租金"，后者是企业通过"创造性破坏"或创新打破现有优势企业的竞争优势来获得的（罗珉、曾涛，2005）。

流通服务业与制造业的互动融合使原本分立的产业边界变得模糊，跨产业渗透融合催生了商业模式的创新，比如制造业标准化思想渗透到流通服务业，从而产生了连锁经营制度；流通服务业涉足生产，产生了零售商自有品牌经营模式等等。这些商业模式的创新，无不给双方产业带来增长的契机，创造更大的利润。

综上所述，我们可以看出，流通服务业与制造业的互动融合一方面通过服务增值提高了产品利润率；另一方面通过商业模式创新创造出"熊彼特租金"，进而产生超额利润。因此，作为具有自利性的企业为了获取更大收益无疑会自觉地向对方产业延伸，这是导致流通服务业与制造业发生互动融合的根本因素。

二、诱发因素：消费需求的增长及多样化

消费者是流通业与制造业的目标指向，也是两者互动的力量源泉。在流通业与制造业互动过程中，消费需求"不是原有起点和终点的循环往复，而是呈螺旋形在不断升位中引发的一个又一个新的循环过程"①。

（一）财富增加与需求多样化

消费需求是指消费者在一定历史时期内有支付能力的需求②。事实上，经济学一直把收入（包括即期收入和未来的潜在收入）视作影响需求的主要因素。在经济发展历史上，工业革命、机器化带来的生产的高效率带来了国民财富的空前提高，作为要素报酬的劳动者收入也随之大为提升，人们的生活水平得到改善，在逐步满足了基本生活需求之后，更高层次的消费需求被激发了，个性化、时尚化消费成为潮流，消费需求集合表现为多样化、高层次化的状态。

表 3 - 3 显示了我国 1987 ~ 2005 年城乡居民最终消费支出以及基于此所测算的消费对流通服务业的生产诱发系数。

表 3 - 3 　 1987 ~ 2005 年我国居民消费支出与消费的诱发系数

年份	1987	1990	1992	1995	1997	2002	2005
居民消费支出（万元）	72731740	19263520	165910790	350280749	445038297	716912000	978226901
消费对流通业的诱发系数	0.0879	0.0367	0.1525	0.1039	0.1302	0.1580	0.2198

资料来源：笔者根据我国各年投入产出表整理、计算。

---

① 陈文玲. 流通理论的研究与探索. 中国商业理论前沿 ［M］. 北京：社会科学文献出版社，2000：66.

② 凯恩斯称其为市场的有效需求。

由表 3 - 3 可以看出，我国城乡居民的消费支出水平逐年上升，与 1987 年相比，2005 年的消费支出增加了近 13 倍。与此相对应的是，消费对流通服务业的生产诱发系数也整体体现出上升趋势，从 1987 年的 0.0897 增加到 2005 年的 0.2198，体现出消费对流通具有较高的生产诱发作用，意味着随着居民消费支出的增加，最终消费可以较大程度地拉动流通服务业的发展。由此，消费需求增长对流通服务业的诱发促进作用可见一斑。

马斯洛的需求层次论认为人们的需求是具有层次的，最低层的是生存需求，然后依次是社会和安全的需求、自我价值实现的需求。当低层次的需求满足后，人们就会产生更高层次的需求。随着人们收入水平的提高，消费行为也在发生变化（史密斯，2000），消费日益呈现出个性化和多样化的特征，这种特征主要体现为消费已不再为了满足日常的衣食住行，而开始具有体现自身的社会识别的作用，诸如"位置商品"的出现（Hirsch，1977；Hirsch，1977），消费具有很强的象征意义。

由此我们可以看出，国民财富的增加导致收入增加，而收入的增加使得人们对消费需求产生了更高的要求，需求日益体现出多样化和个性化特征。

（二）需求多样化对流通业与制造业互动融合关系的影响

消费需求的变动是影响流通服务业与制造业互动联系的重要因素，每一次消费需求的变化都会带来流通服务业与制造业关系相应的变化。商品经济产生的初期，消费者无论是对商品的交易范围还是交易数量的要求都处于较低的层次。此时，不需要独立的流通商，制造商通过自产自销就能满足顾客需要。然而，需求是动态变化的，进入 19 世纪 70 年代，以电能和电力运用为代表的第二次技术革命使商品的日益丰富，消费者对商品需求范围和数量有了极大的提高，对流通渠道的需求水平也进一步提高，致使由厂商向消费者直接销售商品的传统形式难以满足当时消费者在希望的时间、希望的地点购买自己所需的所有商品的需求，独立的流通商应运而生，但此时流通商与制造商的互动仅限于流通商对原本置于制造商内部的产品分销功能的承担（销售渠道的间接化），两者间处于简单的分工协作阶段。20 世纪 50 年代以来，计算机和互联网技术带来的信息沟通的便利与快捷给消费者行为带来了巨大冲击，最明显的表现是需求的个性化与多样化，以及伴随收入提高所带来的需求层次的提高（情感需求为主导）。消费需求的个性化与多样化使得距离消费者最近的流通商可以利用自身优势将众多分散的消费需求信息过滤、汇集、归类和整理，将有共性的需求集合起来。能够提供此项服务的厂商，据此实现了流通商主导下的大规模定制生产，这是一种新型的零售制造业态，是流通服务业与制造业融合发展的新零售业态。在这一过程中，流通企业通过需求信息的传递不仅参与制造企业产品设计实施，而且通过流程再造参与产品的全程生产过程，流通服务业与制造业形成你中有我、我中有你的紧密互动关系，体现为深化了的产业间分工协作和两者间融合发展的特点。

三、实施因素：产业基础与外部条件

（一）生产的柔性化是促进流通服务业与制造业互动融合的产业基础

生产方式变革引致的生产的柔性化是影响流通服务业与制造业互动关系演进的重要因素。生产方式演化是社会生产力发展、分工深化的结果。制造业生产方式的变化也导致其与其他产业，尤其是流通服务业关联关系的变化与发展。

1. 工业发展与生产方式变革

在人类经济发展史上，工业发展经历了手工生产、机械化、电器化、信息化几个阶段。与工业发展历程相伴而生的是工业（制造业）生产方式的变革。生产方式这一范畴最早由马克思在唯物史观中明确提出，我国学术界将其定义为"社会生活所需的物质资料的谋得方式"，包括生产力和生产关系两个方面。本书这里所指的生产方式与政治经济学中的概念有所不同，指的是组织生产力的方式，即人类进行社会化生产的组织和实施方式，包括在生产过程中如何利用劳动资料和利用什么样的劳动资料、劳动力状况和技术水平、生产规模的大小、生产的组织与管理模式以及产业价值链的构造方式。本书中对生产方式的界定更侧重于生产力的方面，而不涉及政治经济学中生产的社会形态[①]（即马克思所说的生产过程中和所有制有关的人与人之间的关系）。

工业革命之前漫长的农业社会发展进程中，古代手工业随着城市的兴起而逐渐兴盛，在封建社会后期，逐步产生了工场手工业。[②]这一时期，手工劳动是主要的生产方式，生产工具从最初原始社会的石器、非金属器具到奴隶社会的青铜器，再到封建社会的铁器，都是比较初级的。工具的运用尽管大大提高了劳动效率，但是人类并没有摆脱繁重的体力劳动。这一时期，生产力水平低下，生产规模小，主要表现为种养经济的小群体、分散化，产品技术构成也比较简单，主要以自然生物和初级物资资源为劳动对象，生产通过体力劳动以劳动者操作简陋的工具完成，生产的节奏缓慢。这一时期社会生产的组织方式以家庭、家族为基础的个体生产（小生产）为主，以血缘为纽带，劳动者依靠自己的技术水平和简单的工具便可以完成大部分甚至整个产品的生产，因此，这一时期的生产方式是作坊式单件小批量生产，手工工人独立作业，生产只是单个工场的行为。

18 世纪下半叶发生在英国的资产阶级工业革命拉开了近代工业的序幕，它培养出的近代机器大工业，从根本上取代了工厂手工业

---

① 马克思恩格斯全集（第 24 卷）[M]. 北京：人民出版社，1972：44.
② 宋则行，樊亢. 世界经济史（修订版）上卷 [M]. 北京：经济科学出版社，1998：69.

的统治地位。以蒸汽机的发明为主要标志，热能向机械能的转化解决了机器动力问题，产生了火车、轮船、纺织机械、采掘机械等机械化生产工具，创造了比手工劳动高得多的劳动生产率。据统计，19 世纪 20 年代，工场纺纱工用机器纺纱，是手纺车工人效率的 250 倍。机器生产使世界工业生产增长速度大大提高：1701 ~ 1710 年到 1781 ~ 1790 年，世界工业生产指数提高 2.3 倍，而 1803 ~ 1812 年到 1870 年提高了 5.1 倍。1850 ~ 1870 年这 20 年里，英国工业总产值差不多翻了一番，法国增长了 2 倍，美国增长约 2.8 倍，德国增长了大约 3 倍。在工业革命期间，英国建成了纺织、钢铁、煤炭、机器制造和交通运输五大工业部门。到 1850 年，英国在世界工业总产值中占 39%，在世界贸易总额中占 21%，成为世界各国工业品的主要供应者、"世界工厂"。[①] 19 世纪电磁学的研究和发展使电能得以大量开发和应用，为各工业部门进一步走向机械化道路开辟了广阔的发展空间，人类生产方式进入电器化时代。电力技术大大促进了劳动工具的改进，使劳动工具比以往更强大、方便、廉价，得益于劳动工具的改进，社会生产的劳动效率的增长更为迅速。以大规模的石油开发和内燃机使用为标志，这一时期工业生产规模逐渐扩大，用机器生产机器，形成了一系列新的重工业部门，如化学工业、汽车工业、石油工业等，促进了生产力突飞猛进地向前发展。有资料显示，1870 ~ 1913 年，世界工业生产增长了 4 倍多，世界工业生产每 10 年增长率逐步提高。[②] 美国逐渐超过英国，成为世界第一大工业生产国。

近代史上的这两次工业革命使生产方式由手工作坊下的单件生产转变为机器化大工业下的大批量生产。马克思指出，机器大工业带来了生产的社会化，原本一个人可以完成的劳动现在必须由多个

---

① 宋则行，樊亢. 世界经济史（修订版）上卷 [M]. 北京：经济科学出版社，1998：122.

② 宋则行，樊亢. 世界经济史（修订版）上卷 [M]. 北京：经济科学出版社，1998：237.

人协作才能完成。由于机器的广泛使用，生产从单个工人单独作业的个人行为演化为大量工人集体作业的社会行为，生产过程中的协作更加重要，产品也从单个人的产品变成社会的产品。从社会角度来看，随着分工和生产专业化的发展，不同行业之间以及同一行业的上下游企业之间的协作也大大加强。通过专业化并广泛采用高效率的专用设备和自动化生产线，单件、小批量的生产变成大批量、大规模的生产。基于机器大工业基础上的社会化大生产逐步形成了社会大规模生产体制。这种大批量生产在作业层面就是泰罗的科学管理和福特制流水线生产。

　　20 世纪 40～50 年代掀起的以电子计算机技术为代表的新技术革命标志人类社会进入信息时代。信息革命引发的信息技术创新与扩散直接催生了大量以 IT 为核心的新技术创新部门，触发了整个国民经济生产体系的深刻变革，使各大产业部门机械化和自动化程度进一步提高，生产的专业化和规模不断扩大，生产效率大大提高。这一时期生产工具从机械化进入自动化，而且劳动对象从依靠大自然恩赐走向人工合成材料的开发，出现了以知识密集为特征的高技术群体。基于高新技术的飞速发展，现代工业生产方式开始从刚性的标准化、少品种大批量生产转向柔性的多品种变批量，作业层面主要体现为丰田制的精细生产（Lean Production，LP）和温特制的模块化生产。

2. 生产方式变革对流通服务业与制造业互动关系的影响

　　生产方式的每一次变革，都向更高级的层次进化，都带来生产能力的空前提高，导致社会产品极大丰富。

　　工场手工业时期，生产者与合作者并列而单独进行自己的操作，劳动成果日益社会化，需要由手工业联合体共同协作完成，每个独立生产者只负责完成局部操作。这时的服务业主要以家庭服务、个人服务为主，而且提供的都是较为低级的服务——依靠人力或畜力，为各手工业联合体之间的合作和联系提供服务的流通服务业尚处于萌芽状态，还没有实现专业化和社会化发展。

18 世纪，在产业革命的推动下，机器化大工业逐渐取代农业成为社会经济发展的主导力量，服务业也伴随着工业化的推进而逐步壮大，主要表现为服务层次、范围的不断提高和生产性服务的大量涌现。由于机械化大大提高了生产效率，使产品数量有了大幅度增加，进而也加剧了相似产品之间的市场竞争程度，铁路和各种交通工具的发展又把竞争扩展到世界市场上。企业为了节约成本、提高竞争能力，开始采用福特制生产方式。福特制以追求规模经济和范围经济效应的垂直性结构为主，其主要特点是采用流水生产的作业方式，实现生产的高度标准化。通过专业化分工的生产标准化和移动式装配法，最大限度地降低了企业的生产成本，提高了整个企业的效率。由于福特制追求大企业、多部门，从产品的设计、制造到销售以至售后服务，都是在一个企业内部完成，因此在福特制大规模生产方式下，由于制造业的一体化倾向，流通服务业与制造业的关联有限且松散。

第二次世界大战后的信息化革命为工业发展提供了新的空间，丰田制和温特主义成为信息化条件下流行的生产组织形式。丰田制的基本思想是订单驱动、弹性生产，即某产品或零件的生产只有当市场或下道工序需求时才被付诸实施，任何提前生产都是浪费。在丰田制生产方式中，零部件都是以"分包"的形式转交给若干中小企业生产，这些企业又会以再次"分包"的形式将部分产品交给另一些企业。温特主义的特征则是围绕着产品标准在全球有效配置资源，形成标准控制下的产品模块生产与组合。丰田制的订单驱动和温特主义的模块化生产促使生产由垂直一体化结构向水平分工转变。在这一过程中，产业链上的流通商与制造商联系日益紧密，通过主导厂商（可以是流通商也可以是制造商，供应链或产业链上谁主导谁协调）对产业链的需求管理和协调，实现敏捷供给，实现整个产业链能够对顾客的需求的"快速响应"。从而流通服务业与制造业体现出相互突破产业边界的动态联盟关系，深度介入、深度依赖的融合互动（李缦，2008）。

我们指出，财富增加所导致的消费需求的多样化与个性化，以及生产方式变革所引致的生产的柔性化（从刚性单一生产到柔性多品种生产）之间的矛盾是促使流通服务业与制造业互动关系演进的内源动力。手工作坊阶段，市场物质不丰富，市场为分散化的卖方市场，消费需求也比较单一，生产和消费的矛盾不激烈，从而专业化从事交易的流通没有必要。随着生产力的发展，机器力的运用和信息化手段使效率提高，社会产品极大丰富，市场转向买方市场，消费需求也日益随着收入的增加而多样化，生产和消费的矛盾开始日趋激烈，从而流通功能日益重要①，流通与制造业的结合也从最初的媒介的商品交换到介入上游生产，与制造业融合发展。不断创新组织模式，成为经济运行中不可或缺的重要环节。

（二）外部环境变化

流通服务业与制造业的互动演进关系除了受到消费需求、生产方式自身因素影响之外，还受到外部环境的影响，这些环境因素主要包括技术因素、市场竞争因素和政府政策几个方面。

1. 技术进步

技术是一切知识的总和，它包括科学知识、科学管理方法、生产技能、生产工艺等。技术是一种无形财富，凝结于物质产品中，借助于生产完成自然物质形态的变化，形成各类满足人类需要的有形物质产品。因此，科学技术是重要的生产力，直接影响社会经济的发展，技术也是影响产业发展的重要环境因素。技术创新为制造企业生产技术和流通企业经营技术的出现提供了良好条件，是流通服务业与制造业关系演进发展的强大推动力。尤其是互联网信息技术的发展，使流通业与制造业出现产业融合的发展趋势，电子商务成为流通的重要实现形式，形成生产、流通和消费需求的一体化。

---

① 一般认为，流通的基本功能在于解决产销之间在时间、空间上的矛盾，流通的拓展功能还包括经济增长、效率实现等（徐从才，2006）。

（1）新的生产技术的应用导致生产的复杂性增加，从而扩大了制造企业对流通企业专业化服务的需求。

生产性服务业的快速发展是技术和社会劳动分工的结果，尤其是技术的进步导致生产的复杂性增加，成为生产性服务的重要需求驱动因素（Karaomerlioglu & Carlsson，1998）。对会计、研究与开发、广告、工程服务等需求的增加使生产更倾向于知识导向，生产过程使用更多的设计投入而非标准的中间产品（Daniels，1985）。20世纪80年代以来，由于新技术的运用，生产性服务业在很多领域开始直接替代制造业，正如Quinn（1988）所指出的："新的CAD/CAM软件能够替代增加的生产或设计设备，改进了的运输或打包服务可以降低制造业的成本，就像有效地减少直接劳动或资本投入一样。这些在服务活动的投资改进了生产率、提高了物质投入的增加值。"

流通服务是生产性服务的重要内容，新技术导致对生产性服务的增加，必然也会带来制造企业对专业化流通服务的需求的增加，从而使流通服务企业与制造企业的纵向和横向联系加强，相互依赖程度加深。

（2）电子商务实现了生产和消费的即时互动，推动传统商业经营形式变革和生产者介入流通。

电子商务是指利用信息技术使整个商务活动实现电子化。电子商务发展的重点经历了网上交易，即B2B、B2C和C2C阶段，进入了P2P阶段。简言之，就是通过e-business来实现企业的资源配置，降低成本，密切客户关系，发现新的盈利模式。目前，电子商务在企业中的应用已从过去的e-commerce向e-business过渡发展。有的企业通过电子商务实现了供应链管理（SCM）与资源计划（ERP）系统和客户关系管理系统（CRM）的整合，以最有效地利用资源，降低成本，在满足客户需求的同时实现利润增长。

电子商务运用互联网联系从生产到消费的各个环节，缩短了它们之间的距离，提高了效率。首先，它缩短了生产到消费的信息流距离。消费者通过网络可以知道零售商在哪里卖，在卖什么。生产企业通过网络可以知道自己的供应商在哪里，客户在哪里。其次，它缩短了生产到消费的商流距离。通过电子商务可以大大减少从生产到消费每一个环节的买卖业务人员的来回走动，缩短了谈判、签约、付款的时间，提高了商流的运行速度。最后，它缩短了生产到消费的物流距离。网上卖家通常可以选择距离消费者最近的仓库和当地物流企业，实现网下产品物流配送的最佳方案。

总之，在电子商务背景下，消费者的选择与偏好对网络世界中一切企业的生存与发展都产生了极为重大的决定性作用，这不仅改变了制造企业与流通企业间的交互方式，也为生产者介入流通和流通组织创新提供了重要推动力。

（3）基于网络平台的供应链体系突破了商品流通中信息传递的时空限制，使流通商与制造商信息共享，实时数据交换成为可能。

供应链管理（SCM）是产品从生产商到消费者的全过程高效管理过程。在传统意义上，这个过程中的主角既可以是生产企业，也可以是流通企业。对于大型生产企业来说，它根据自己的出货渠道建立与流通企业相协调的供应链，以保证其产品的正常销售；对于大型流通企业而言，它又有与各个生产企业相对应的供应链。在经济信息化条件下，SCM 的目标是通过电子商务技术，将商品供应和商品需求有机联系起来，在准确的时间、准确的地点、以适当的价格把商品从生产商手中转移到消费者手中。

运用电子商务技术的供应链技术，使商品的生产商和流通商能够通过网络平台联系在一起，建立起最大范围的供应链。通过这个供应链，可以使生产企业即时了解产品的销售信息，并按照这个信息组织对产品的生产和对零售商的供货；零售商通过供应链管理，既可以减少或取消库存占有的费用，也可以降低商品销售成本，从而达到增加利润的目的。除了 SCM，还有销售时点系统（POS）、电子订货系统（EOS）和电子数据交换（EDI）等。

总之，技术进步既为流通服务业与制造业的互动融合发展提供了动力和支撑力，也是两者实现融合的必要条件。

2. 市场竞争

竞争的最基本含义是指两个以上主体为各自的利益而互相争胜的活动，竞争的本质"就是努力超越对方"。[①] 从自然界到人类社会，竞争可以无处不在。竞争是"经济学家的主要范畴"[②]，在经济领域，竞争主要是指市场竞争，是"个人或集团或国家之间的为了获得各方均能获得的某些东西（资源）"[③] 所产生的，因此从动因视角来看，只要资源是有限的（经济学视域中的资源均是有限的，否则就没有讨论的价值），就存在竞争。企业间的竞争是产业系统中普遍存在的经济现象，竞争是实现资源有效配置的方式与途径。

马克思指出，竞争的产生与存在必须具备两个基本条件：一个是社会分工；另一个是多元的利益主体[④]。竞争是一个动态变化的过程，从内容上看，最初一般是产量、产品质量、服务等方面的竞争。随着竞争激烈程度的加深，由表层竞争向潜在要素竞争，如核心能力竞争、隐性知识竞争与无形资产等方面的竞争；从范围上看，在工业经济时代，由于不同产业具有不同的技术、产品、运作与市场（周振华，2003），即具有不同的产业边界，因此不同产业间是不存在竞争的。但外部环境的变化促进了产业系统的开放程度，不同产业企业间越来越处于竞争关系。如计算机、广播电视与通信产业企业间的竞争（植草益，2003）等等。

由社会分工细化导致的产业竞争主要有两个层面：一是产业内不同企业间的竞争，表现为制造商之间的竞争或者流通商之间的竞争；二是产业间竞争，表现为制造商与流通商的竞争。产业内竞争的目的主要是争夺资源或消费者，围绕这一竞争目的而演变出一系列竞争方

---

① 胡汝银. 竞争与垄断：社会主义微观经济分析 [M]. 上海：上海三联书店，1988：77.

② 马克思恩格斯全集（第1卷）[M]. 北京：人民出版社，1972：611.

③ 约翰·伊特韦尔，默里·米尔盖行，彼得·纽曼编. 新帕尔格雷夫经济学大词典 [M]. 北京：经济科学出版社，1996.

④ 马克思. 资本论（第1卷）[M]. 北京：人民出版社，1975：394.

式：价格竞争、技术竞争、资金竞争、人才竞争、品牌竞争等。产业间竞争的目的主要围绕产业链上利润分配的争夺展开，具体表现为各方之间的讨价还价、链内地位及权力的抗衡、信息的争夺等。

在任何时期，流通服务与制造业的产业内竞争及产业间竞争都是存在的。这两个方面竞争的共同作用必然导致流通服务业与制造业关系的相应改变。比如制造商与流通商为了获取市场势力，而对对方实行的某些纵向约束行为（如零售商自有品牌），客观上促进了流通服务业与制造业的渗透融合发展，从而体现出两者互动的新特征。由于竞争是动态变化的，流通业与制造业的关系也同样随着环境的变化，处于动态变化之中。动态变化着的产业竞争必然推动两者关系的微妙变化与发展。

3. 政府政策

政府政策对流通服务业与制造业关系的影响主要体现在政府规制放松对流通服务业与制造业产业间延伸融合的影响。

"规制"（regulation），顾名思义包含"控制、规章、规则"的意思。"规制（也被译为管制）意指政府为控制企业的价格、销售和生产决策而采取的各种行为，如控制定价水平、规定产品和服务质量标准等"。[①] 作为一个外来词，规制反映的是一种政府与企业的关系。美国学者 Kahn（1970）认为，"规制的实质是政府命令对市场竞争的明显替代"，作为一种制度安排，政府进行规制的目的是为了"维护良好的经济绩效"；"主要包括进入控制、价格决定、服务条件及质量的规定以及在合理条件下服务所有客户时应尽义务的规定……"日本学者植草益（1988）则认为规制是政府对资源低效率配置的矫正，这种低效率源于自然垄断和信息不对称，政府部门利用法律手段对企业的进入和退出、价格、服务的数量及质量等加以限制的行为，可以保证消费者的公平利用。金泽良雄

---

① 约翰·伊持韦尔，默里·米尔盖行，彼得·纽曼编. 新帕尔格雷夫经济学大词典［M］. 北京：经济科学出版社，1996.

（1961）则认为，政府规制主要是用来矫正、改善市场失灵，当出现市场无法解决的问题时，就需要政府对经济主体（特别是对企业）的活动行为进行干预、干涉。如为防止垄断者限制产出、提高价格而使公众承受损失进行的"价格规制"、"进入许可"等经济性规制；为解决"外部性"问题进行的征收排污费、污染税，提供产权界定，将外部不经济转化为企业内部成本等社会性规制。

进入 20 世纪 80 年代以来，由于技术经济条件的变化，政府经济性规制的理论依据逐渐消失，以美国为首的西方发达国家发起了一场以取消或放松规制（deregulation）为主要目标的规制改革浪潮。技术创新在不同产业之间的扩散导致了技术融合，促使各国政府放松对自然垄断产业的经济性规制。技术融合改变了不同产业的生产技术和工艺流程，消除了不同产业之间的技术性进入壁垒，使不同产业形成了共同的技术基础，并使不同产业间的技术边界趋于模糊，产业之间的替代竞争加剧。技术融合改变了自然垄断产业的成本函数，扩大了市场规模，在一定程度上改变了一些产业的自然垄断性质。20 世纪 90 年代，正是美国政府放松了对电信业的经济性管制（即 1996 年《电信法》），使电信业、有线电视业之间的产业边界模糊，提供了一个开放竞争的市场，导致了产业融合现象的出现。

综合以上分析，我们可以看出，流通服务业与制造业互动融合的原动力来源于：为了适应消费需求多样化，企业生产日趋柔性，同时伴随外部经济、技术、制度环境的变化，企业为了获得超额利润而实施的流通企业与制造企业之间的多形式、多层次的跨产业融合互动。以上分析的逻辑如图 3 - 2 所示。

图 3 - 2　流通服务业与制造业互动融合的原动力

资料来源：笔者设计绘制。

第三节 流通服务业与制造业的互动融合过程：三个层次

一、经济服务化及流通服务业与制造业互动融合

随着生产力的不断进步，工业化高度发展以后，服务业在国民经济中的比重开始不断增加并逐渐超过工业，成为经济活动的中心。此种产业结构的变化，称为经济服务化或经济的"第三产业化"（tertiarization）。李立勋（2001）认为，经济服务化是服务性经济活动的成长并成为经济活动主导方式的发展过程及其引发的社会经济后果。他进一步分析指出，人类经济活动可分为创造物质产品的生产性活动和创造服务产品的服务活动，农业和工业社会以生产活动为经济活动的主导类型，而服务化则是工业化成熟阶段以后人类经济活动中心从生产性活动向服务活动的转移。经济服务化基本表现为产业结构服务化，农业、工业等生产型产业的服务化（生产型产业内部服务性活动的发展与重要性增加）和服务型经济的形成。外国学者则多从微观制造企业角度定义"服务化"。Vandermerwe & Rada（1988）认为，世界上越来越多的制造企业不再仅仅是提供物质产品，而是通过提供服务来增加其核心产品的价值，因而其提供给顾客的是包括"物品、服务、支持、自我服务和知识"的服务包（service bundles）。White（1999）和 Reiskin（2000）也认为，服务化是制造企业从纯粹的产品制造模式到服务导向业务模式的动态转变过程，即制造企业由原来的物质产品制造者转变为服务的提供者，从单纯出售产品获得利润到向顾客提供功能服务或效用，从而模糊了制造业企业和服务业企业的差别。Stahel（1997）则从需求角度把传统的经济称为交易经济（Transactional Economy），认为经济服务化就是消费者从传统购买产品转变为购买相关服务，并以图3－3来表示这一过程。

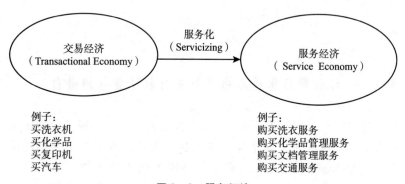

交易经济
（Transactional Economy）

服务化
（Servicizing）

服务经济
（Service Economy）

例子：
买洗衣机
买化学品
买复印机
买汽车

例子：
购买洗衣服务
购买化学品管理服务
购买文档管理服务
购买交通服务

图3－3　服务经济

资料来源：Stahel，W. 1997. "The Functional Economy：Cultural and Organizational Change." From the Industry Green Game：Implications for Environmental Design and Management pp. 91－100. National Academy Press，Washington，D. C. .

　　由以上分析可见，学者们对经济服务化这一概念尚没有形成统一规范的认识。不过，尽管不同学者阐述的角度有所不同，但以下几点是大家的共识。

　　第一，经济服务化是人类社会经济继农业化、工业化之后发展的一个新阶段，并且与农业化和工业化一样，都包含着十分丰富的内涵，是"一系列基要生产函数发生变动的过程"。[①] 历史地看，人类经济社会先后经历了农业化、工业化，目前正在转向服务化这一更高的发展阶段。农业化向工业化的转变包括生产工具由手工工具为主转化为以大机器为主，劳动者之间的关系由独立生产为主转化为以相互竞争为主，交换媒介由货币转化为银行信用，是自然经济到市场经济的转化过程。而相应地，从工业化向服务化则从大机器转化为微电子信息技术，从相互竞争转化为相互合作，从银行信

---

① 张培刚. 农业与工业化［M］. 武汉：华中科技大学出版社，2009.

用为媒介的交换转化为以数字网络为媒介的交互。

第二，经济服务化是社会分工深化的产物。服务经济萌芽于第三次社会大分工商业的独立，此后，分工继续深化，生产迂回程度不断加深，伴随着三次产业革命所掀起的工业化浪潮的高涨，现代服务业对于制造业的扩散和渗透也日益加深加重，制造企业不只凭借服务业实现技术手段的改造，还采用现代化服务理念蜕变为新型制造业。从微观角度看，制造业企业内部服务活动的比重和重要性不断增加。

第三，从社会经济功能来看，服务化不仅是服务业的高度发展、传统产业的服务化发展以及产业结构的软化，更是经济社会的组织制度结构、行为方式、运作模式等发生根本性转变的历史过程，在这一过程中，人们的生活、生产方式和福利水平进一步提高。

总之，经济服务化意味着服务在社会经济中扮演着越来越重要的角色，服务业日益成为国民经济的主导部门，并向其他经济部门广泛渗透，服务产品的生产、分配、交换和消费成为整个社会经济的核心内容，从而带来社会经济行为方式、组织制度、经济结构等发生根本性的转变。从经济实践来看，经济服务化实际上涉及三个层面：一是宏观层面，主要体现为服务业占国民经济的比重超过工业、农业等非服务产业（或者称之为生产型产业），即产业结构的服务化（也有学者称之为产业结构的软化）。二是中观层面，工业、农业等非服务产业的服务化，即从产业合作、产业互动角度来看，传统生产型产业与服务业的合作日益紧密，生产型产业发展高度依赖服务业，出现服务化趋势。三是微观层面，农业或制造业企业内部活动的服务化。在经济服务化过程中，这三个层面是统一的，"企业服务化"是"经济服务化"或"产业服务化"的具体体现。

流通服务业与制造业的互动融合是经济服务化背景下流通产业这一特定的服务业（第三产业的子行业）与第二产业的主体——制造业之间表现出的紧密关联、相互影响、相互促进的状态，新时期流通服务业与其上游制造业之间表现出高度渗透、融合的新特点，这正是本书所关注的。

二、流通服务业与制造业互动融合的三个层次

流通业作为服务业的子行业，其与制造业互动融合的发生、发展正是在经济日益服务化的背景下出现的。基于上述分析，本节将根据经济发展的不同阶段，并结合工业化进程的实践，对流通服务业与制造业之间互动融合的过程发展作一粗线条的勾勒，以期为后文具体展开分析做好准备。

历史地看，人类经济社会的发展经历了传统农业社会、工业社会、服务社会①三个阶段（黄少军，2000）。

（一）农业化时期

农业化末期，商品交换不论从深度还是广度上都比早期农业社会有了更大的发展，伴随着农业以及手工业的进步，社会分工进一步细化，服务业的子行业——商业率先从生产部门中独立出来，出现了以商品交换为专门职能的商人阶层。此后，随着分工进一步深化，服务业内部各行业从无到有，逐步分化发展。但这时的服务业主要以传统的商业、个人服务和家庭服务为主，所提供的都是较为低级的服务——单纯依靠人力，如理发、维修，服务的范围和层次也很有限。这一时期，制造业极不发达，生产以手工劳动为主，生产效率低下，工业产品尚很缺乏。因此，此时的流通业主要是为日渐丰富的农产品（和资料）提供疏散渠道，为工业化的到来准备市场条件。流通服务业与制造业之间的交互很少。

---

① 对于"服务社会"这一说法的提出，学术界曾发生论争。D. Bell（1974）提出"后工业社会"理论，认为不是服务社会而是新的供应生产技术和组织方式下的新的工业社会；Gershuny 则认为未来社会的发展是服务社会。

（二）工业化时期

工业化开启了流通业与制造业产业间互动融合的序幕。18 世纪
60 年代由蒸汽机的推广应用所引发的产业革命，正式宣告了工业化
时代的到来。在产业革命推动下，机器化大工业逐渐取代农业和手
工业成为社会经济发展的主导力量，服务业也伴随着工业化的推进
而逐步壮大。按照工业化发展进程，我们把工业化划分为前期和中
后期两个阶段。① 在工业化前期，制造业发展刚刚起步，借助于机
械力生产，此时的工业品产品有了大幅度提高，生产效率不断增
进，尤其是电力的应用使得流水化作业方式成为可能，大大提高了
劳动生产率。然而，对机器化生产的追求导致工业产品种类单一，
幸运的是由于人们刚从传统农耕中解放出来，物质产品还很不丰
富，因此消费需求同质化程度较高，此时的工业产品尽管种类单一
仍然供不应求。这一时期，伴随着生产力的提高，服务业的产值和
就业人数不断增加，服务的层次逐步提高，作为服务子行业的流通
服务业也获得了长足发展，出现了专门从事商品流通的企业（黄维
兵，2003）。不同于农业社会流通业与制造业的较少交互，工业化
发展前期，流通业与制造业开始了日益频繁的市场接触：制造业通
过流通服务业与市场联系，制造企业生产产品；流通服务企业作为
制造企业与消费者的媒介，帮助制造企业完成商品"惊险的一跳"。
流通业充当生产与消费的媒介与桥梁，自然经济下分散的直接交换
被社会化生产下由流通商串联的间接交换所取代，交易效率提高，
交换的范围更加广阔。这一时期，流通服务业与制造业间通过简单
的产业间协作完成商品价值的最终实现，共创收益。

以 20 世纪 50 年代电子信息技术应用为标志的信息技术革命大

---

① 考虑到本书考察的对象是流通服务业与制造业的互动融合（当然这种互动融合
是在工业化推进和服务业发展壮大过程中产生的），因此对工业化进程做了粗略的划分。
一般认为工业化过程分为初期、中期、后期阶段（H. 钱纳里等，1989），国内学者又增
加了前工业化阶段和后工业化阶段（陈佳贵，黄群慧，钟宏武，2006）。事实上前工业
化就是农业社会时期，后工业化就是服务社会时期。

大加快了工业化进程。工业化中后期阶段，随着电子信息技术的飞速发展，生产的社会化程度日益加深，生产迂回链条不断增加，工业化快速发展而带来的大量中间需求导致生产性服务业开始大量涌现。这一时期的流通服务业功能也日益深化，作为制造企业服务外部化的承接者，流通企业不仅承担基本的买卖功能，而且专业化承担着制造企业转移出来的市场调研、研究与开发、采购、产品检测、市场营销和售后服务等生产的扩展活动，流通企业与制造企业相互依赖加深，产业间联系加强；流通业与制造业表现为深化了（紧密了）的分工协作互动，两者共生依赖，不可分离（李美云，2007）。

（三）服务化时期

20 世纪 90 年代以来是服务业的崛起时期，在信息技术推动下，服务业获得了迅速发展，其产值和就业比重大幅度上升，一跃成为国民经济主导部门。据统计，大部分 OECD 国家服务业增加值比重基本从 20 世纪 60 年代的 45% ~ 55% 稳定上升到 1995 年的 65% ~ 75%；就业比重从 35% ~ 50% 上升到 50% ~ 70%。[1] 在这一背景下，流通服务业也获得了飞速发展，流通商的力量不断增强，出现了众多大型跨国零售企业。同时，这一时期主要的生产方式是以订单驱动、柔性生产为特征的丰田制、温特主义。由于社会产品的极大丰富，消费者权力提升，消费日趋多样化与个性化。在此背景下，流通商与消费者距离最近的优势得以强化和凸显，为了适应多变的市场，积聚了力量的流通商开始向上游制造商延伸，流通服务业开始成为制造业的整合者，商业资本日益向产业资本渗透，与制造企业在同一市场上展开竞争；与此同时，随着服务价值在制造企业内部比重的增加，制造企业也开始调整其原来的业务结构，实行服务化战略，不断向产业下游延伸，根据客户的需求提供包含产品和大量服务在内的

---

① 数据转引自李美云. 服务业的产业融合与发展 [M]. 北京：经济科学出版社，2007.

一体化解决方案，甚至在产品设计阶段就根据客户的需求提供定制化设计，从而与相关服务企业形成竞争关系。这一时期，流通服务业与制造业间的互动主要以产业间相互延伸为主要形态。

进入 21 世纪，服务业开始向其他行业广泛渗透。随着工业化大生产所积累的物质产品极大丰富，全球生产开始进入全面过剩时代，而与此相对应的是，由人们追求个性化、多元化及使用产品过程中所派生出的服务需求则方兴未艾。服务业成为国民经济增长的引擎，对许多制造业部门而言，来自下游服务环节的收益是出售产品的 10 ~ 30 倍（Wise，1999），制造业利润的来源已不再是规模和产量，而是来自于附加于产品之上的服务。在这一背景下，出现了服务型制造这一新型制造模式，即制造企业以提供服务为核心理念，致力于为顾客提供一体化解决方案，而不是单纯的产品。同时，服务业本身也吸收制造业思想，实现服务产业化的标准化生产模式①。流通服务业与制造业通过理念导入型的互动融合，不断创新经营模式，带来生产组织方式的根本性变革。

综合以上所述，流通服务业与制造业互动融合的过程事实上就是人类社会经济发展演变的过程。在不同的经济发展阶段，伴随着生产方式和流通方式的变革和消费需求的改变，流通服务业与制造业相互作用的模式不同，表 3 - 4 简单梳理了流通服务业与制造业的这一互动融合过程。② 总体来看，流通服务业与制造业的互动融合过程可以划分为产业间的分工协作（其中又分为简单的协作和深化的协作）、产业间延伸融合、理念导入融合三种基本形态。这三种形态既是流通服务业与制造业在发展演进过程中相互作用、相互影响的基本类型（模式），同时也构成时间和关联紧密程度上的一定层次性。从时间维度来看，产业间分工协作出现得最早，接下来

①　在这方面，最经典的例子就是商业连锁的标准化扩张模式。
②　本节只是概述性地简单梳理了流通服务业与制造业互动融合的三种模式（形态），每种模式后两大产业间具体的关联特征（包括生产技术方面的和组织制度方面的等）、背后的动因、利益创造与分配这些具体分析则在后续章节中进行。

随着经济发展，才相继出现了产业间的相互延伸和理念融合；从关联的紧密程度上来看，产业间分工协作较为松散（当然深化后的协作比起简单协作要紧密得多），而延伸融合由于涉及产权则较为紧密，理念融合是制造和流通服务企业观念的根本性转变，是更深层次的融合形态。我们还要指出，在流通业和制造业不同的发展时期，两者互动以某一形态为主，三个层次之间并不是完全替代的，后一时期可能同时存在前面时期所产生的融合形态，这主要取决于经济现实的复杂性和企业的战略选择。若以细分行业的观点来看，同一时期的不同行业，或者同一行业的不同时期流通服务业与制造业的主流关联形态有可能不同。

表 3 - 4　　　　　　　流通服务业与制造业互动融合过程

经济发展阶段		制造业发展状况	流通业发展状况	消费需求特点	流通业与制造业互动融合模式
农业化时期（18世纪产业革命前）		手工工业，效率低下，工业产品匮乏	萌芽；主要从事农产品疏散	同质	较少的交互
工业化时期	工业化前期（20世纪50年代信息革命以前）	机器大工业起步，效率有所提高，产品种类单一	较快发展，出现了企业制度；生产和消费的媒介	同质	简单的分工协作
	工业化中后期（20世纪50年代以后）	生产迂回化，效率大幅度提高，产品种类开始丰富	快速发展；功能深化，成为服务承包商	开始多样化	深化的分工协作
服务化时期（21世纪以来）	服务业崛起期（20世纪90年代以来）	生产柔性化，产品极大丰富	流通商力量不断增强，规模增大	多样化、个性化	产业间延伸融合
	服务业广泛渗透期（21世纪）	以提供服务为核心	产业化发展	多样化、个性化	理念导入型融合

资料来源：作者归纳整理。

三、基于分工的整合性命题

我们指出，从产业分立协作到延伸融合，再到基于理念的深度融合，流通服务业与制造业这种产业间关系的演变均是分工深化的结果。分工深化不仅推动了产业自身的发展，还对产业之间的关系产生了重要影响。分工是促成流通与制造产业间关系演变的重要动力，从分工的角度可以为产业间关系发展提供统一的解释。

（一）分工与产业演化的关系

分工是一个包含多种内涵的范畴。这里所说的"分工"，是马克思论述中的所谓"社会分工"（与自然分工相对），既包括企业内部分工，也包括企业外部的一般社会分工（即产业间分工和产业内部各子行业间的分工）。产业演化是对产业向高级化演进的描述，产业的高级化演进一方面表现为产业的高度分工，即不断涌现出新的产业部门；另一方面表现为产业的高度融合，即不同产业之间交叉渗透。

分工与产业演化之间具有密不可分的关系。产业演化是社会分工深化的结果，产业伴随着社会分工的产生而产生，并伴随着社会分工的发展而发展（苏东水，2000）。事实上，很多学者在讨论分工时已经暗含了产业分析的思想。

斯密在《国民财富的性质和原因的研究》中提出"劳动分工受市场规模限制"的论断。他在强调分工和专业化对提高经济效率的意义的同时，指出分工的进一步深化会受到市场范围的制约，并以制针业为例加以说明："凡能采用分工制的工艺，一经采用分工制，便相应地增进劳动的生产力。"在当时的历史条件下，制针过程可以被分解成不少于18种不同的作业工艺。他进一步指出："一个国家的产业与劳动力的增进程度如果是极高的，则其各种行业的分工一般也都达到极高的程度。"① 按照斯密的逻辑,只要市场范围能够不断拓展,复杂的工作任务就能够不断分解为越来越精细的简单作业,也就是作业工艺的不断细化,为产业演化提供了基础。

杨格(Yong,1928)在斯密劳动分工思想的基础上提出了"迂回生产"的概念。他认为,市场容量与分工水平是相互作用的,分工水平依赖于市场的扩大;反过来,市场的进一步扩张又取决于分工的继续深化。他指出,最重要的分工形式是生产迂回程度的加强及新行业的出现。产业间的分工使迂回生产链条加长,从而扩大了市场规模,而扩大的市场会进一步促进分工的深化。为此,他使用三个概念来描述分工。第一是个人专业的专业化程度,当个人缩小活动范围,他的个人专业化水平就会提高;第二是迂回生产链条的长度;第三是每条迂回生产链中间产品的种类数。

施蒂格勒在《市场容量限制劳动分工》一文中在用垂直一体化验证斯密定理时提出了著名的产业生命周期假说。他将产业发展过程分为三个阶段:新生期、成长期、衰落期。在产业的新生期,市场空间狭小,导致再生产过程中各个环节的规模也较小,还不足以一一分化出来由独立的专业化企业承担,所以这个时期该产业的企业大多是全能型的,分工主要表现为企业内部分工——企业参与从原材料生产到产品销售的全过程;随着产业的发展和市场规模的扩大,产业进入成长期,当各再生产环节的规模大到足以独立进行时,企业内部的分工便转化为不同性质的企业间即产业间分工,各专业化企业共同承担各再生产环节;在产业衰落期,随着市场和生产规模的缩小,那些起辅助、补充作用的分支产业也会衰落,从而该产业中的残存企业不得不承担起那些不足以维持独立企业的各再生产环节功能,社会分工又转化为企业内部分工。通过对产业生命周期的描述,施蒂格勒在斯密的劳动分工思想基础之上进一步论证了分工与产业演进的关系,从而扩展了"斯密定理"。

<hr>

① 亚当·斯密. 国民财富的性质和原因的研究 [M]. 北京:商务印书馆,1997:7.

除了以上学者外，制度经济学从产业变迁和制度安排的角度对分工和产业演化进行了研究。制度经济学认为，劳动分工和制度安排的变化是产业变迁的根本原因之一，具体包括职业专门化、生产机器化与标准化及交易费用等因素。社会分工程度演化和市场因素扩大影响了个人职业的专业化过程，因此，专门化的职业实际上也就扩大了产业门类。生产的机器化和标准化是推动产业结构演变的基本力量。其用资产替代劳动，把劳动力配置到生产率更高的新兴产业中，以此来实现对产业演变的推动作用。交易费用对产业变迁的推动作用则体现在，产业结构改变的先后次序以及结构转换的程度决定于生产交易活动中，降低谈判、监督费用的制度创新的难易程度。因此，在制度经济学看来，产业的演化与分工、交易成本密切相关。交易效率越高，分工演进则越快，而分工的演进会直接推动产业中间产品的增多，从而推动产业门类的细化与增加；与此同时，交易成本降低，企业组织作为资源配置机制的优势就会消失，企业规模随之缩小，中间产品交易层次随之增加，这也意味着原来的产业分解成更多的产业。可见，交易成本的降低促进了产业分化，增加了产业的数量。

（二）产业演进：分—合—分的历史逻辑

为了后文更好地分析，首先要理解分工的完整定义，即分工本身是包含多个层次的，并且分工也是有成本的。

1. 分工的层次性：产业间分工与产业内部分工

从不同角度理解，分工具有多种形态或者种类，如国家间的分工、地区间的分工、企业间的分工等等。区别不同层次的分工具有重要理论意义，然而这一点却被很多经济学者所忽视。最早对分工的不同形态进行区分的是马克思，他在《资本论》中明确区分了工场手工业内部分工（即企业内部分工）和社会分工（即企业间分工、市场分工），并指出了两者的联系。马克思对分工形态的划分对产业组织研究具有重要意义。基于马克思对分工的划分，本书从产业角度出发，给出产业间分工的定义。

由于产业是具有相同特征的一群企业的集合①，因此，从产业角度出发，本书把隶属于不同产业的企业之间的分工定义为产业间分工。具体来说，产业间分工要靠企业间分工来实现，不同产业的企业间的分工是产业间分工的具体表现。相对应地，产业内部分工由隶属于某产业的微观企业内部分工来实现，即企业内分工是产业内分工的具体表现。

2. 分工的成本

分工并不是只有好处，也并不是越细越好。分工是有成本的，分工的成本主要体现为交易费用和协调成本。

首先，分工越细，则可能带来越多的交易费用。不管是企业内分工，还是不同产业的企业间分工，分工越细则意味着企业所专注的操作环节越局部，或所生产的产品成为中间品的可能性越大。因此，企业必须与外界相交换，才能最终实现产品的价值，获得分工的利益。而交换活动越多、越频繁，则可能产生的交易费用就越多。杨小凯（2003）区分了内生交易费用和外生交易费用。外生交易费用是指在交易过程中直接或间接发生的、不受制于决策者利益行为的费用。外生费用在人们作决策之前都能被观察到，它同各种自利决策之间利益冲突产生的经济扭曲没有任何关系。比如在商品运输过程中所耗去的资源是一种直接的外生交易费用，而用于生产运输、通信以及交易过程中的交易设施（计算机、汽车、信用卡）则是一种间接外生交易费用。内生交易费用则是由决策者的机会主义行为导致的，可以看作是市场均衡同帕累托最优之间的差别。企业间的交易活动越频繁，所导致的内生交易费用和外生交易费用就会越高昂，从而形成对分工网络大小的制约。

其次，知识与协调成本。Becker & Murphy（1992）提出了一个分析劳动分工、协调成本以及知识之间关系的框架。与斯密强调分

---

① 芮明杰. 产业经济学 [M]. 上海：上海财经大学出版社，2005.

工受市场范围的限制不同，他们指出，虽然分工能够获得专业化经济利益，使那些从事专门化生产的工人，可以获得比非专门化工人多的报酬。但是，需要认识到的是，只有在不存在协调成本或者协调成本相对较低而市场又相对较小的情况下，分工才会受到市场规模的限制。而现代经济市场范围较广，分工和专业化更经常地决定于其他原因，尤其是某些专门的知识。因此，在现代经济中，协调成本成为制约分工发展的主要因素，是分工深化所引致的主要成本。

由此可见，分工并不是越细越好，企业选择分工的程度（企业与市场的边界）取决于分工收益与成本的比较。在明确了基本事实之后，我们来进一步阐释产业的分化与融合及其内在的分工微观作用机制。这里事实上存在两个需要解释的问题。

首先，分工的深化带来了产业发展的高度分化。社会分工不断深化的过程也是产业门类不断产生、新产业不断涌现的过程。我们以大家熟知的三次社会大分工为例。远古时代，生产工具极其原始，生产力水平极其低下，人类只能过着群居生活，他们所有的生产劳动几乎就是采集和狩猎等维持生存的基本活动，没有劳动分工，不存在不同的生产部门，产业无从谈起。随着旧石器时代向新石器时代的发展，人类的生产活动出现了重要的转折，人类开始饲养未吃完的野兽，开始种植未吃完的野果的种子，从而产生了劳动分工，使农业生产活动从人类的狩猎和采集活动中分离出来。随着农业逐渐成为社会生产的主要部门，又相继发生了三次社会大分工，形成了畜牧业、手工业、商业的独立化。在随后的工业化进程中相继爆发的三次产业革命，更是掀起了产业分化的高潮，微电子、航空等一大批新兴产业部门不断涌现，产业演化不断走向高级化。由此可见，产业的不断分化是社会分工深化发展的结果，将原本置于企业内部的分工转化为企业外部分工能够产生更高的效率，极大地提高劳动生产率，分工的收益远远高于分工成本造成的。

其次，作为产业演进的另一方面，经济现实表明，一些产业在高度分化之后又开始出现融合趋势，即以前各自独立、性质迥异的产业或同一产业内的不同行业在边界处融会成具有共同特性的新型产业（李美云，2007）。特别是进入 21 世纪以来，信息化数字技术的发展使原本使用不同技术基础的电信、广播电视和出版业实现了数字化融合，引领了产业间融合发展的潮流。随着经济社会环境的变化，除了信息产业，许多其他传统产业的融合趋势也日渐明显。正如我们在前面指出的产业分化的出现是企业间分工转化为产业间分工的利益大于成本的结果一样，高度分化基础上的产业融合乃是产业间分工转化为企业间分工的利益大于成本的结果。

　　上述分析表明，无论是产业分化还是融合，都是分工作用的结果，是企业经济理性选择的产物。分抑或合都是分工在不同层次的表现。产业分化意味着分工由企业内转化为企业外部（不同产业之间），产业融合则正好相反，是企业间（从而不同产业间）分工转化为企业内分工的过程①。具体采用何种方式，取决于企业对分工收益和分工产生的成本的比较与权衡。

（三）基于分工视角的流通业与制造业互动关系演进

　　在对产业演进与分工关系进行一般分析之后，我们来具体考察分工视角下流通服务业与制造业的互动关系演进。

1. 流通与制造业的产业间分立协作：社会分工的深化

　　原始社会中后期，人类历史上经历的三次社会大分工分别产生了农业、制造业和商业服务的雏形。在狩猎采集社会，劳动分工比较简单，男人负责狩猎，而采集则由女人来干。到公元前 2000 年，手工艺的专业化分工已很发达，陶工、金属工、纺织工、泥瓦匠、木匠、造船匠、铜匠和金匠都是迈锡尼文化铭文中所列出的专门职业（伦弗鲁，1972）。近代发生的产业革命，导致越来越多的企业专门从事从生产商到消费者之间的交易，这些交易就包括了我们今

---

① 因此，融合并不是分工的倒退，而只是分工不同层次的转化。

天所说的大部分流通服务。另据历史统计，1860～1960年，美国从事贸易的就业人数增加了两倍。[①] 历史表明，随着社会分工与专业化程度的加深，分工导致的劳动生产率的提高，使劳动力不断地从农业部门释放出来，依次向制造业、流通服务业部门转移。

由此可见，流通服务业这一专业化提供市场交易的产业，正是社会分工逐渐细化、市场化水平不断提高的结果，是分工深化的内生产物。导致这种产业分化内生实现的机制在于得自社会分工的收益（产业分化使生产效率大大提高，产出增加）大于分工所产生的交易费用（不同产业间进行市场交换，产生交易费用）。理解这一点并不困难，人类社会早期生产力低下，因此劳动分工所释放的生产力是巨大的，对生产效率的提高作用显著，远远超过不同产业间交换所导致的交易费用，因而才有了社会分工的继续深化和细分产业的不断涌现。

2. 流通与制造业的产业间渗透融合：产业间分工的内部化与企业内分工的外部化

流通与制造业的产业间融合意味着原本位于（某特定产品）产业链上、下游的制造企业和流通企业进行跨产业的延伸，使原本清晰的产业边界变得模糊，产生融合。单纯从分工的角度来看，融合即意味着原来由两个（多个）人或组织去干的事情，现在由一个人或一个组织去完成。由此，我们指出，流通与制造业的产业间渗透融合，其实质是产业间分工内部化，即产业间分工转变为产业内分工的过程和结果。这至少包含着以下几层含义[②]。

首先，原来不同产业之间的分工发生了模糊甚至消失。原有产业中具有较大产业影响力的代表性企业，或者是产业中的多数企业，开始由原来的单一经营转为融合意义上的多元经营，也就是

---

① 道格拉斯·C·诺思. 经济史中的结构与变迁 [M]. 上海：上海三联书店、上海人民出版社，1994.

② 本部分内容参考了胡永佳的分析。参见胡永佳. 产业融合的经济学分析 [M]. 北京：中国经济出版社，2008.

说，这些企业向融合的另一方产业扩展了自己的经营范围。比如，在我国，许多家电制造企业不仅依靠独立流通商（如苏宁、国美）进行产品销售，还自行营建终端销售网络诸如 4S 旗舰店（或者兼并原本某一独立的流通企业）来销售自己的产品，为消费者提供更加专业的服务。家电企业这种前向扩展的行为使制造企业扩大了边界，扩展了经营范围（由以前的纯粹生产扩展到生产和销售兼营），实现了制造与流通服务的一体化。

其次，原来不同产业内的企业在融合时，发生业务交叉和市场竞争。事实上，竞争不仅仅是融合结果，竞争本身就是融合的标志，竞争还促进了融合。"两个或两个以上过去各自独立的产业，当它们的企业成为直接竞争对手时就发生了融合"（Mallhotra，1999）。在上例中，家电制造企业自建销售渠道，其必然与独立的流通企业在市场上产生竞争。

最后，在已经实现融合的产业内，仍然存在分工。一方面，存在融合产业内企业和企业之间的分工。另一方面，融合企业内出现了新的分工，即原有业务与融合创新业务之间的分工，其实质就是社会分工（市场分工）转化成了企业内的分工，是一种特殊类型融合双方的一体化。在上例中，家电制造企业将流通企业一体化后，家电企业内部出现了生产部门与销售部门的新的分工。原来产业间的分工消失了，但是融合后企业内部的分工却增加了。

需要指出的是，在这一互动的关系层次中，流通与制造业间在延伸融合的同时也存在着另一个相反方向的互动，即企业内部分工的缩小和不同产业企业间分工的增加。在经济实践中，这主要体现为企业将非核心业务外包出去。上例中家电制造企业将销售服务环节外包，而家电企业就把原本置于企业内部的分工转变成了与外部专业化流通企业间的产业间分工（产业间分工由不同产业的企业间分工加以实现），即企业内部分工的外部化过程。现实经济中，制造企业将服务外包的现象还是比较普遍的，这主要与企业的资源限制、竞争策略（Mathieu，2001）、其他成本和非成本因素有关

（Beyers，1996）。

因此，从分工的角度来理解流通与制造业的互动融合其实包含了两个相反的过程：产业间分工的内部化和企业内分工的外部化。企业对于"分、合"的取舍①取决于分工收益与成本的比较。指出这一点，有利于我们更好地理解流通与制造业间互动演进的关系。

---

① 或者说企业具体采用哪种分工形式的问题，站在企业角度，如果采用企业内分工方式，那么从产业角度来看，就意味着融合；反之，如果企业采用企业间分工即市场分工的方式，那么对产业而言就意味着分工。

第四章

流通服务业与制造业的产业间
分工协作：互动分析之一

第一节　流通服务业与制造业基于分工的
产业间协作互动特征

一、流通功能的深化：从媒介交换到综合服务

流通服务业与制造业的产业间分工协作关系经历了两个阶段：简单的协作与深化了的协作。这种关系的演变与流通功能的深化演变是相一致的。

流通业从制造业中分离，历史地承担了商品交换的功能。制造商专司商品的生产，流通商则负责将商品转移到消费领域（B—C），抑或从一个生产领域转移到另一个生产领域（B—B）①，充当生产者与

---

① 从生产领域到消费领域是生活资料的流通，生产领域之间的流通则是生产资料流通。无论是生活资料的流通还是生产资料的流通，流通业企业充当生产与消费、不同生产者之间的媒介，是一类典型的平台企业（platform firm）。在此过程中，流通服务业与制造业形成产业间的简单协作关系。

消费者，或者不同生产者之间的桥梁与媒介。流通业与制造业通过这种产业间简单的分工协作，完成商品价值的最终实现和各自产业自身功能的实现。流通服务业与制造业基于分工的简单协作如图4－1所示。

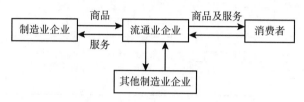

图 4－1　流通服务业与制造业的简单协作

资料来源：笔者设计绘制。

随着社会经济的发展，生产的工业化趋势加速，全社会进入机器大工业生产的时代。生产的社会化使部门"放宽"，生产序列"拉长"，对最终消费来说，生产部门或企业的产品大都以中间产品、局部产品的形式出现。这时，只有通过流通过程连接，生产对消费才有意义。对生产者或消费者来说，它的生产和消费过程在流通领域"继续"或者"提前"的活动，如加工、运输、保管、包装、装卸等的数量在大量增加，同时，需要向流通领域投入和取出大量信息，需要各种生产性、技术性、商业性服务。因此，流通在完成商品买卖基本职能的同时，完成着由此派生出的其他职能，如售前售后服务、广告业务、租赁业务、贮运加工、技术咨询、商业预测和其他社会服务等，流通从交换中介人变成"综合服务商"。特别是20世纪以来信息技术的发展，制造企业为了适应多变的需求而将原本置于企业内部的服务活动外包。基于这一背景，许多大型流通商凭借自身优势成为承接制造企业外包服务的重要主体，承接由制造商转移出来的生产性服务，包括批发物流配送、产品研发设计、销售与促销服务等等，从而实现流通对生产的引导、促进、组织与控制，两大产业间的联系日益紧密。流通服务业与制造业基于分工的深化协作互动关系如图4-2所示。

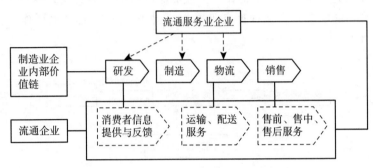

图4-2　流通服务业与制造业的深化协作

资料来源：笔者设计绘制。

从图4-2中可以看出，流通服务业企业深入到制造业企业内部价值链各环节，凭借其自身信息优势及规模优势参与或直接承接由制造企业内部转移出来的中间服务活动，从单纯的中间商演变为综合服务提供商。从产业角度来看，流通服务业与制造业形成深化了的复杂产业间协作关系。

二、生产性关联：从独立可分到相互交换

在简单的产业间分工协作阶段，流通产业与制造产业拥有独立可分的技术与知识。其中，流通企业拥有顾客、市场和交易的专业化知识，而制造业企业则拥有生产技术与工艺流程的专门知识。简单的产业间分工协作，制造商专注于大规模生产，流通商作为专业化交易的提供者媒介生产与消费，两大产业分工独立，通过合作完成商品从生产领域到消费领域的转移。在此过程中，两产业间的知识与技术是独立的，并不产生交集。

随着社会分工的深化和技术条件的发展，制造业将原来置于企业内部的某些服务活动与职能交由外部专业服务企业提供。制造业

与流通业基于生产性服务的供求机制，产生了相互依赖，"你中有我，我中有你"的紧密协作共生状态（胡晓鹏，2008）。一方面，制造业作为需求方需要借助生产性服务的投入使生产过程更加专业化，资本更加深化，生产的迂回度增加，并借以提高劳动和其他生产要素的生产力；另一方面，流通服务业作为供给方在改变制造业生产组织过程和提升要素生产效率的同时，拓展了自身的市场规模，提升了创新效率，实现了规模经济效应。在外包—接包的过程中，流通业与制造业形成了更加复杂、深入的分工协作关系，两产业间的技术与知识也从独立可分向相互交换转变。

三、制度性关联：从短期契约到长期契约

流通业与制造业在简单产业间分工协作阶段的制度性关联主要以市场交易为主，即两者间的关系多为市场治理模式，体现为以契约为纽带的关联形式，这一形式伴随从两产业间简单协作到深化协作的发展过程，也经历了从短期契约到长期契约的改变。这是因为在工业化发展初期，流通服务单一，同时制造业奉行大规模生产，流通业与制造业的接触不是很频繁，资产的专用性也比较低（由此产生的双方机会主义行为出现的概率较低），从而两者通常采用临时或短期合约的模式。到了以外包—接包为主要特征的流通业与制造业的深化分工协作阶段，由于接触的频率上升和生产柔性化而引起的资产专用性程度的增强，使流通业与制造业间的制度性关联主要以长期契约或供应链协作模式为主。

第二节　流通服务业与制造业产业间分工协作的动因

在现实经济中，流通服务企业不但是社会商品顺利流转的保

证，承担着交易媒介职能，而且越来越多的流通企业凭借自身优势承接由制造企业内部转移出来的诸如物流配送、市场销售等生产性服务活动，制造企业的内部分工由制造企业与流通企业的外部分工所代替，从产业角度来看，表现出制造业行业与流通服务行业产业间分工的进一步深化。

关于服务外包的动因，学者们进行了多方面的探讨。Lawrence & Venkatraman（1992）认为，服务外包的动力包含宏观、行业、企业三个层面。在宏观经济层面，暂时的经济周期和趋势推动企业通过签订外包合同来实现 IT 基础设施管理的合理化；在行业层面，竞争压力迫使企业与重要的供应商建立"以伙伴关系为基础的"关系；在企业层面，对竞争优势的追求推动了外包决策。Lacity & willcocks（1994）认为，服务外包的原因包括财务原因（成本降低、增加成本控制等）、业务原因（回归核心竞争力等）、技术原因（获得技术人才等）、政治原因（证明效率、证明新资源的正当性等）。Costa（2001）则指出服务外包的动因主要是降低成本、技术因素以及关注核心竞争力。国内学者陈菲（2005）以美国服务外包情况为例，从外部环境（技术、经济和市场）和内部推力（节约成本、关注核心竞争力）两个方面解释外包的动因。来有为（2005）针对具体行业进行了分析，认为大幅度削减成本、获得专业技能和资源、增强企业资源配置能力、降低开发风险、减少资金消耗是推动软件外包市场发展的主要因素。

尽管学者们对服务外包这一现象给予了很多关注，但多数研究均是从发包方的制造业企业出发，探讨制造企业将原本自我提供的内部服务进行外部化的原因，而缺乏对接包方服务企业的关注。基于此，本书从流通服务业企业的角度出发，分析作为接包方的流通服务业企业在承接制造企业生产性服务过程中的特有优势，进而揭示流通服务业与制造业产业间分工深化的真正动因。

一、流通服务企业具有服务成本上的比较优势和服务资源、功能上的竞争优势，吸引制造企业实施外部化战略

（一）流通服务企业具有成本上的规模经济和范围经济

服务供给能否实现规模经济主要取决于服务供给者在具体服务流程上的最小经济规模能否被满足（卢锋，2004）。制造企业由于自身生产条件和资金、人员等因素的限制，达不到具体服务流程上的最小经济规模，使企业内部服务成本高昂，得不偿失，这也是许多中小制造企业不能建立专业化的销售队伍或信息化的物流配送中心的原因所在。与制造企业不同，从事专业化交易的零售商则可以通过汇集众多零散的制造企业的配送与销售需求，满足具体服务流程上的最小经济规模要求，从而获得服务投入的规模经济。此外，从制造商角度来看，在经营实践中，对于某些具体服务工序环节而言，制造商为追求产品生产总成本最小化，可能会放弃对具体服务流程规模经济要求量的追求，而将具体的服务流程外包给流通服务企业。流通服务企业的范围经济主要体现在多个客户共享设备，节约了安装和建设费用，同时为不同客户提供类似外包服务项目，大大节约了服务成本。

（二）流通服务企业具有服务资源和功能上的竞争优势

流通服务企业遍布各地的销售网络、稀缺的货架空间、交通便利的营业位置、准确及时的产品需求信息构成了其在服务资源上的竞争优势。现代流通商通过连锁经营方式实现了自身销售网络的广泛覆盖，并借助信息传输技术和信息网络大大降低了大规模物流配送和需求信息采集成本。流通企业广布的营业网点，齐备、专业化的销售设施是制造商自建销售渠道所无可比拟的，加之销售设施的固定投入较大，且受企业产品竞争力、产品销售周期、竞争强度等

的影响，众多制造企业出于成本最小化的考虑，往往收缩活动范围，精简销售人员，减少在相应销售服务方面的投入，而将原有的销售服务转向服务供给成本上拥有比较优势的流通商。流通服务企业在服务功能上的优势则主要体现为其所拥有的生产者服务供给方面的专业化知识和技能，能够通过产品销售信息和顾客需求信息的准确把握和分析，在产品价值增值中充当专家角色，指导制造商进行产品改良、产品促销等。

二、技术变化带来生产复杂性增加、不确定性加剧，促使制造企业实施外部化战略

除了上述成本因素以外，新技术使生产的复杂性增加，生产环境动态变化，制造企业面临的不确定性大大提高，从而使企业对外部联系的依赖性增强，众多制造企业不得不依赖外部专业化服务企业以满足制造企业的专业服务需求，如会计审计、信誉评估、质量认证等（Beyers，1996），生产性服务企业在制造业企业技术创新方面开始发挥越来越重要的作用。对于流通服务企业而言，由于其最接近市场，从而能够准确掌握销售和需求信息，可以为制造企业提供即时的市场信息反馈，因此，为了适应多变的市场环境，提高竞争力，越来越多的制造企业乐于将销售、物流配送等服务活动外包给流通服务企业。

以上分别从供给和需求角度分析了流通服务业与制造业实现产业间分工的原因，除此之外，政府规制和贸易壁垒也是促使流通服务业成为制造业服务承接商的重要原因。总之，流通服务企业承接制造企业服务外包，密切了流通商与制造商的关系，制造企业与流通服务企业共同参与问题的解决，并通过利益共享机制保证接包企业的收益，发包企业也从中获得降低成本、提高产品质量、提升组织柔性的收益，制造企业和服务企业在这种共同协作的体制下良性互动，双方共同受益。

第三节 流通服务业与制造业产业间分工协作的价值创造机理

流通与制造业在产业间分工协作互动层次的价值创造主要来源于产业间分工所产生的效率。

随着社会分工的日趋细化与复杂化，分工效率理论也不断深化。对于分工为何会产生效率的思想始于斯密的精辟阐释。斯密用制针的例子雄辩地证明了个人专注于同一种操作会增加劳动的熟练程度，从而对生产效率产生巨大促进。此后，分工效率理论的演进经历了三个阶段：从专业化优势角度下的分工效率，到规模经济角度的分工效率，再到协调经济下的分工效率。李嘉图通过对国家间贸易状况的考察，认为国家间的贸易分工来源于专业化的比较优势，一国应生产并出口其具有相对成本优势的商品，进口那些本国生产具有成本劣势的商品。马歇尔从规模经济的角度解释了分工的效率，他认为组织内部或外部成员对某种资源的共同使用而产生了规模收益，从而降低了成本，分工是组织集聚的动力，外部经济则是企业间分工所导致的客观结果。进入现代经济社会以后，随着现代生产迂回程度的不断提高，分工的效率更多体现为基于组织间协调的效率。传统分工所形成的差异化在人类劳动之间产生了强烈的联系需要，分工效率的实现不再直接产生于分工本身，纯粹的分工并不一定会带来效率的提高，而是越来越多地依赖于不同目的劳动之间的协同，效率的高低主要取决于分工之后的协同与合作。

从上述分工效率思想的三阶段演进我们可以看出，无论是比较优势所产生的分工效率还是组织分工强化和生产要素的稀缺所直接形成规模经济的分工效率，其实都可以从协调角度加以解释：优势经济体现的是个体之间分立劳动的协调以期取得互补优势；规模经济体现了组织内外资源的协调。由此可见，分工能否产生效率，关键取决于分工后关系的协调。对于产业发展而言，基于分工的产业间协作是提高收益、促进产业健康快速发展的重要途径，流通服务业与制造业正是在现代生产体系中通过产业间紧密协作所产生的巨大效率推力实现价值的创造。

一、简单分工协作的专业化利益

简单分工协作阶段，分工的效率主要体现为流通商作为专业化交易的承担者，解决了生产和消费的时空矛盾，并通过自身的规模化经营大大提高交易效率，节约了交易成本，以此实现专业化分工利益。流通业与制造业简单分工协作，即体现为流通商作为交易/交换的专业化承担者，媒介生产与消费——制造企业生产出的产品通过流通分销渠道与消费者见面，商品通过流通企业的多次交换，最终实现价值。流通企业在此过程中通过交易服务的提供创造价值，借以实现与制造企业的分工。此阶段分工的利益主要体现为流通商集中交易带来的成本节约，流通商专业化技能、规模经营带来的交易效率的提高，从而节约成本。

人类社会第三次大分工将商人从生产领域独立出来，分担生产者转移出来的交易任务，凭借专业化的渠道、设施、人才、管理，通过专业化、规模化活动，为生产企业提供服务，缩短了生产流通时间，增加了产品价值，提高生产的专业化水平，从而提高了社会的劳动生产率。在市场经济中，完成大量商品的交易活动，需要"构建一个巨大而复杂的商业机制"，"通过一个有效的商业机制可以使交易所需的土地、劳动力、资本及企业资源等交易要素按质量和数量的合理分配、相互协调、彼此相连、有机组合起来"（布莱尔，1990）。商品交换中，流通商（中间商）的出现大大提高了交易效率，降低了交易费用，流通商及其聚合而形成的流通服务业通过专业化交换职能的承担为制造商节约了成本，创造了价值。交易费用的降低来源于流通商集中交易的好处，有以下几个方面。

首先，流通商以集中交易代替了生产者的分散交易，减少了接触次数。由于有了流通商集中交易，可以使生产者不需要直接相互交易，每个生产者都只和流通商交易，这无疑减少了交易次数，从而降低了交易费用。我们可以通过作图看出这种交易次数的变化。假设一个产品市场上存在4个制造商、10个消费者（见图4-3）。

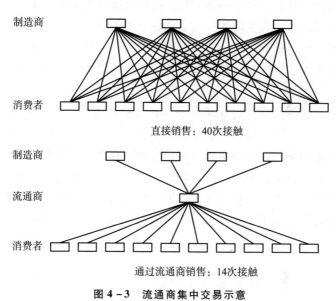

直接销售：40次接触

通过流通商销售：14次接触

图4-3　流通商集中交易示意

从图4-3可以看出，当不存在流通商时，制造商与消费者之间接触的次数为40次；当存在流通商时，制造商通过一个流通商与消费者接触，此时制造商与消费者总共只有14次接触（包括间接接触和直接接触）。与之前没有流通商的商品销售相比，流通商的集中交易极大地减少了制造商与消费者之间的接触次数，从而降低了交易费用。

其次，流通商集中交易通过缩短交易距离而节省交易费用。商业网络在实施扩张时，流通商总是倾向于把商业网点设置在交通便利、人口稠密、人流量比较大的地方，政府在建设集贸市场时也会有同样的考虑。这是因为在上述地点进行交易可以实现各方总体上最短的交易距离。总体上交易距离的缩短显然节省了交易费用。

再次，流通商集中交易有利于降低总体上的交易风险。由于商业的集中交易，专业化的生产者不再需要和众多的其他最终需求者一一交易，而只需和中间商交易，接触次数的增多使双方熟悉程度增加，彼此依赖程度增加；为了维持合作关系，双方交易中的机会主义行为倾向就会减少，交易的风险进而大大降低，如此便节约了交易双方为了降低交易风险所进行的事前活动支出，从而有效地减少了交易费用。

最后，流通商的出现还有利于扩大市场范围，促进分工深化。专职商人的出现，使生产者在选择专业化生产时不需要了解所有最终需求者的信息，产品生产出来后也不需要和众多的最终需求者讨价还价，而只需从中间商那里获悉市场行情并实现交易，从而使得产业间分工的专业化利益增加，更大的专业化利益使原来潜在的因交易费用限制而不可行的分工，现在变得可行（柳思维、李陈华，2003）。

二、专业化外包的分工利益

对于"外包"（outsourcing）的定义，目前在学术界还没有达成统一的共识。美国商务词典把"外包"定义为："企业为了降低成本从外部供应商或生产者处获取产品或服务的一种经济活动。"[①]Domberger（1998）认为，外包是企业把原来由内部实现的活动，签约给外包承接者来完成的一种市场组织形式。Corbett（2004）则认为，外包指大企业或其他机构将过去自我从事（或预期自我从

———————————

① 转引自 Mary Amiti and Shang - Jin Wei. Fear of Service Outsourcing: Is It Justified? IMF Working Paper。

事）的工作转移给外部供应商。Besanko 等（1996）把外包定义为，很多传统（内部）功能由外部承包商来完成。组织不仅要进行企业内部协调，而且要进行与企业维持长久联系的外部供应商和销售商的协调。学者们尽管对外包定义的描述不尽相同，但都表达了同一个意思，即外包是企业活动的从内到外的转移。[①]

　　根据外包对象的经济属性，可以将外包区分为制造外包和服务外包。制造外包意味着外包转移和交易对象属于制造加工零部件以及中间产品工序活动，或是利用中间品、半成品、最终产品的某种组装或总装活动。服务外包具体又包含两种情况。一是外包转移对象是服务商品生产过程的某些投入环节，比如 IBM 本身就是信息服务提供商，在信息服务提供过程中需要作市场调查，它又将这一调查服务外包给专业的市场调查公司，这就是服务外包。二是外包转移对象是制造业部门生产过程的服务投入流程。制造业产品的生产除了加工制造部门，还有诸多的辅助服务部门。随着信息技术的发展和消费者需求的变化，现代生产过程更加柔性化（flexible），越来越多的制造企业为了取得在国内和国际市场上的竞争力，将原来在企业内部进行的服务活动（service-type activities）转为由外部专业化企业来提供，从而导致了对生产性服务的大量需求，形成了服务外包。对制造企业而言，随着制造系统日益复杂，为了适应市场需求、竞争和创新环境的改变，企业开始将一些业务外包。在过去一段时间的发展中，外包的范围已大大扩展，从常规的、非增值性的环节如安全、保洁，到重要的支持和价值增值环节如信息技术、物流运输、会计，再到核心的制造相关环节如产品设计和某些生产流程。服务外包不仅表示着从外部组织购买服务、获取资源，也同时意味着商务流程职能和相关知识（包括隐性知识和显性知识）的转移（Ian McCarthy & Angela Anagnostou，2004）。

---

① 需要指出的是，这种转移不是企业活动的"一揽子"转移，而是某些投入环节活动的转移（卢锋，2007）。

　　本书这里所研究的服务外包，主要指后一种情况，即制造业内部生产过程中的服务投入流程的外包。

　　在由分工深化导致的制造企业内部服务活动外置这一过程中，流通商凭借自身优势承接制造商转移出来的诸如产品设计、营销策划、品牌包装、储运加工、售前售后服务等多种生产性服务活动，形成了与制造企业更加密切的关联，不仅在技术上实现共享，在组织关联上也由通过市场交易完成的短期临时性古典契约转变为长期重复交易的关系型契约。

　　众多学者对专业化外包利益来源的分析主要围绕三个方面：规模经济效应、专业化学习效应和生产柔性。

　　（1）规模经济效应。一方面，制造企业将非核心业务（流程）分离，从而有利于实现更多工序流程达到最佳规模（卢锋，2007），并且企业规模缩小也有利于组织成本的节约；另一方面，对某项服务而言，外部专业提供者同时为多家制造企业提供相同或类似服务，供给的集中也有利于规模经济的实现（Kakabadse，2000）。

　　（2）专业化学习效应。长期专业化从事某项服务提供的企业，其经验积累和专家技能会更加丰富，员工在重复性的工作中对任务的熟悉程度提高，完成相同工序的速度加快，浪费越来越少。同时，相比由制造企业自己提供该项服务，外部专业化企业的资本投入也会更多，从而有利于学习经验的进一步积累和提升（endor - Samuel，1998），提高了产出的效率。

　　（3）生产柔性。外包带给制造企业的柔性主要体现在企业从外部购买的是快速发展的新技术、时尚产品或复杂生产系统的大量要素（Carlson，1989；Harrison，1994）。企业可以从供给者处购买到昂贵而无法内部复制的技术，网络供给者能够使制造企业具备以较低的成本向上或向下调整生产规模和产品范围的能力，从而快速响应市场需求变化（Carlson，1989；Harrison，1994；Domberger，1998）。

　　此外，还有学者通过实证研究指出，服务外包通过技术创新效率的提升提高了制造业生产率。

必须指出的是，服务外包在给制造企业带来利益（上述三种效应作用的结果）的同时，也引致了额外的交易成本。这些交易成本[1]包括服务要素提供者（专业化服务企业）和最终产品生产者（制造企业）在匹配过程中发生的摩擦和不确定性、要素提供者所面临的潜在的敲竹杠的威胁（Grossman & Helpman，2002）。

由此可见，制造企业服务外包实质是企业在"购买或自制"决策中作出的选择（威廉姆森，2002）。与外包相对应的是一体化，即企业自行生产提供中间服务。下面本书将借助 Grossman & Helpman（2002）的模型来分析产业在实现一体化均衡和外包均衡时的条件。

模型描述：

——纵向一体化与外包是两种不同的产业组织形式。一个产业所生产的不同消费品既可以由一个一体化企业来提供，也可以由多个专业化企业共同提供，每一项产品的生产都需要专业化投入要素，纵向一体化可以自行生产所需要素（即"自制"），但面临较高的科层治理成本；专业化企业（即"外包"）制造成本较低，但搜寻合作伙伴的费用高昂（市场上的交易成本），并且中间服务投入者由于产出的专用性面临潜在的敲竹杠威胁。

——一单位最终产品需要一单位专门投入要素，不同的最终产品所需投入要素不同。市场进入存在固定成本，分别是：产业 j 中的一体化企业为 k_{jv} 单位劳动；专业化中间产品生产者为 k_{jm} 单位劳动；专业化最终产品生产者为 k_{js} 单位劳动。假设一体化企业成本不低于专业化生产者，即 $k_{jm} + k_{js} \leq k_{jv}$。

——生产中间产品的企业可以以高成本生产高质量中间产品（最终产品的投入要素），也可以低成本生产低质量的产品。J 产业

---

① 在外包发生的初期，这种交易成本会增加，随着双方长期合作关系的建立（进入战略外包阶段），交易成本增加到一定程度后会减少。

中的一个一体化企业生产一单位高质量中间产品需要 $\lambda_j \geqslant 1$ 单位的劳动。

——契约不完备。中间产品的质量只能由合作双方观察到,却不能由法庭观察到。因此,中间产品制造商存在道德风险(通过削弱产品质量而降低成本),最终产品制造商须从销售收入中提取一部分对中间产品制造商进行补偿,提供对方生产高质量产品的激励。

——潜在"敲竹杠"。一旦中间产品生产者专业化为某特定最终产品生产,这些中间产出对其他企业就没有价值。此时,最终产品生产者可威胁中间产品生产者拒绝购买该要素,除非价格足够低。中间产品制造者因此处于弱势谈判地位。当中间产品生产者预见到这一点时,他就没有足够的激励去生产有效率的产量。

行动顺序:

①企业先进入。作为中间产品生产者、最终产品生产者、抑或一体化生产的企业进入市场。

②匹配。专业化中间产品生产者寻找最终产品生产者;最终产品生产者寻找中间产品生产者。匹配随机发生,每个生产者(无论是中间产品还是最终产品)有相等的可能性找到对方。

③中间产品生产。

④讨价还价。中间产品生产者和最终产品生产者议价的摩擦成本为 w_j。

⑤最终产品的生产和销售。

基本模型:

假设经济中有 J 个产业,每个产业中企业都生产连续的不同产品。代表性消费者的效用函数为:

$$u = \sum_{j=1}^{J} \mu_j \log\left[\int_0^{N_j} y(i)^{\alpha_j} di \right]^{\frac{1}{\alpha_j}} \tag{1}$$

其中,$y_j(i)$ 是 j 产业中产品 i 的消费量(需求量);N_j 为 j 产业产品的不同种类数;μ_j 为消费者总支出中对 j 产业的消费份额;α_j

是 j 产业中各最终产品的差异化程度或替代性，$\alpha_j \in (0, 1)$。

需求函数为：

$$y_j(i) = A_j p_j(i)^{-\frac{1}{1-\alpha_j}} \tag{2}$$

式中，$A_j = \dfrac{\mu_j E}{\int_0^{N_j} p_j(i)^{-\frac{\alpha_j}{1-\alpha_j}} \mathrm{d}i}$；$p_j(i)$ 是 j 产业中产品 i 的价格；E 为总支出。

假设我们只关注特定产业 j，因此在后面的分析中省略下标 j。v，s，m 分别表示产业均衡时一体化企业数量、专业化最终产品生产者数量和专业化中间产品生产者数量。$n(s, m)$ 表示最终产品生产者和中间产品生产者匹配成功的可能性，$n(s, m) \leqslant \min\{s, m\}$，$n(.)$ 为增函数。则 $n(s, m)/s$ 表示每一个专业化最终产品生产者匹配成功的概率，$n(s, m)/m = \eta(r)/r$ 表示每一个专业中间产品生产者匹配成功的概率，定义 $\eta(r) \equiv n(1, r)$，$r = m/s$，可知 $\eta(.)$ 是 r 的增函数，$\eta(r)/r$ 是 r 的减函数。

匹配成功后，中间产品制造者生产 $x(i)$ 单位中间产品，则它的合作者将生产 $y(i) = x(i)$ 单位产品 i，销售收入为 $p(i)x(i)$。一旦中间产品被生产出，所有的成本都是沉没成本，因此双方未来维持合作关系，在议价中会分割联合收益 $p(i)x(i)$，假设中间产品生产者获得的份额为 w。

运用逆向归纳，回到中间产品生产者决策生产多少和生产质量的阶段。中间产品生产者预见到生产 $x(i)$ 单位高质量产品会得到 $wp(i)x(i)$ 收益；相反地，生产低质量产品将无交易发生，产生大量沉没成本。因此，中间产品生产者通过选择生产多少高质量产品实现利润最大化。

对称均衡中所有的价格都相等，因此，专业生产者所生产的最终产品价格为：

$$p_s = \frac{1}{\alpha w} \tag{3}$$

由 (2)：
$$y(i) = x(i) = A(\alpha w)^{1/1-\alpha} \qquad (4)$$

最终产品的专业化生产者的期望利润为：
$$\pi_s = \eta(r)(1-w)A(\alpha w)^{\frac{\alpha}{1-\alpha}} - k_s \qquad (5)$$

中间产品的专业化生产者的期望利润为：
$$\pi_m = (1-\alpha)\frac{\eta(r)}{r}wA(\alpha w)^{\frac{\alpha}{1-\alpha}} - k_m \qquad (6)$$

一体化企业利润最大时的价格：
$$p_v = \frac{\lambda}{\alpha} \qquad (7)$$

销量为：
$$y_v = A\left(\frac{\alpha}{\lambda}\right)^{\frac{1}{1-\alpha}} \qquad (8)$$

则一体化企业预期利润为：
$$\pi_v = (1-\alpha)A\left(\frac{\alpha}{A}\right)^{\frac{1}{1-\alpha}} - k_v \qquad (9)$$

均衡时，所有企业的预期利润均不大于零，即 π_s, π_m，$\pi_v \le 0$。
由式 (2)、式 (3)、式 (7)，可得产业的需求水平 A 为：
$$A = \frac{\mu L}{v\left(\frac{\alpha}{\lambda}\right)^{\frac{\alpha}{1-\alpha}} + s\eta(r)(\alpha w)^{\frac{\alpha}{1-\alpha}}} \qquad (10)$$

均衡的类型：

理论上有三种可能的均衡：①产业中的企业全部一体化。②产业中的企业全部实现专业化外包生产。③同时存在一体化和外包两者组织形式。可以证明，混同均衡（同时存在一体化和外包）是不存在的，对于某种具体产品而言，其产业组织形式要么完全一体化，要么完全外包。

a. 混同均衡。

$\pi_s = 0$，$\pi_m = 0$，由式 (5)、式 (6) 可得外包时的唯一解：
$$r_0 = \frac{w(1-\alpha)}{1-w} \cdot \frac{k_s}{k_m} \qquad (11)$$

$$A_0 = \frac{(\alpha w)^{-\frac{\alpha}{1-\alpha}} k_m}{w(1-\alpha)} \cdot \frac{r_0}{\eta(r_0)} \quad (12)$$

由式（9），$\pi_v = 0$，可得一体化时的产业需求水平：

$$A_I = \frac{\left(\frac{\lambda}{\alpha}\right)^{\frac{\alpha}{1-\alpha}}}{1-\alpha} \quad (13)$$

从式（12）、式（13）可以看出，A_0 和 A_I 互不相容。因此，没有产业同时存在一体化和专业化生产两者情况，即混同均衡不存在。

b. 一体化。

一个产业采用一体化组织，当且仅当 $A_0 > A_I$，此时 $m = s = 0$。

由 $\pi_v = 0$ 和式（12）、式（13），可得：

$$v_I = \frac{(1-\alpha)\mu L}{k_v} \quad (14)$$

c. 外包。

此时，$r = r_0$，$A = A_0$，$v = 0$，由式（10）至式（14）：

$$s_0 = \frac{(1-w)\mu L}{k_s} \quad (15)$$

$$m_0 = \frac{(1-\alpha)w\mu L}{k_m} \quad (16)$$

由式（15）、式（16）可以看出，经济（L）或产业规模（μ）越大，专业化生产的企业数目 s_0，m_0 越多；各项固定成本越大，从事专业化生产的企业数目越少。中间产品生产商的议价能力（w）对专业化最终产品生产者（s_0）和专业化中间产品生产者（m_0）的影响相反，w 越大，s_0 越小，而 m_0 越大。产业各产品的替代弹性（α）越大，专业化中间产品提供者越少。

作为本章的小结，表 4－1 列出了流通服务业与制造业产业间分工协作的类型、特征、动因等。

表 4 – 1　　　　　　　流通服务业与制造业产业间分工协作

类型	关联特征		动因	价值创造及分享
	知识、技术关联	制度关联		
简单分工协作	独立可分。流通企业拥有顾客、市场和交易的专业化知识，制造业企业则拥有生产技术与工艺流程的专门知识	契约联结（个别交易/短期或临时契约）	产业分工深化所致	专业流通商集中交易节约了成本，提高了交易效率
深化了的分工协作（服务外包）	相互交流、交换。流通企业和制造企业在紧密协作过程中产生知识与技术的交换	契约联结（重复交易/长期契约）	专业化流通流通企业具有成本上的比较优势和资源、功能上的竞争优势；技术变化使生产复杂性提高、不确定性增加，促使制造企业实施外包	服务外包规模经济效应、专业化学习效应和生产柔性所带来的优势

资料来源：笔者归纳整理。

第四节　案例分析：冠生园集团的物流外包

　　物流业是流通服务业的重要组成部分，据统计，2008 年，我国制造业物流总额占全社会物流总额的 88.8%，[①] 物流业与制造业的互动发展不仅有利于节约制造业物流成本、提高制造效率和核心竞争力，最终实现制造业产业升级，而且有利于提高物流业自身的服务能力和水平。物流业务外包是制造业与物流业实现互动发展的重要形式。制造企业将物流业务外包给专业化物流企业，物流企业承接制造业物流的一体化运作，通过专业化运作，优化了供应链资源

---

① 数据转引自《经济日报》，2009 年 10 月 26 日。

配置，提高了双方的经营效率，实现双赢。

作为国内著名的老字号食品生产集团，冠生园集团每年生产的产品有 2000 多个品种，拥有近百辆货运车，销售部门要承担上海市 3000 多家大小超市和门店的配送，同时还要负责运往外地如北京、太原等地的产品运输。然而在实际经营中，销售部门运输车队的资源配置出现了季节性的不均衡状况，每当夏天销售淡季，运力闲置空放，而当春节前后的销售旺季时又明显忙不过来，每年维持车队的费用要上百万元。

2002 年年初，冠生园集团下属的合资企业达能公司率先将产品配送运输全部外包，结果发现不仅配送及时准确，而且运输费用也要比过去节省许多。达能公司将节省下来的资金投入到新产品开发与产品包装的改进上，使企业又上了一个新台阶。由此，集团销售部门决定在集团内部推广达能公司的做法，并最终委托上海虹鑫物流有限公司作为第三方物流机构承担整个集团的产品运输配送业务。与虹鑫合作后，虹鑫物流的专业人员每天一早就从电脑中输入冠生园的相关配送数据，然后制定出货最佳搭配装车作业图，安排准时、合理的车流路线。另外值得一提的是，物流外包不仅提高了效率，还在一定程度上转移了风险。集团在与虹鑫物流的合同中规定，在运输途中，一旦遇到货物损坏，物流公司需按规定赔偿。例如有一次，有个司机在运往河北的途中，不慎将整整一车糖果翻入河中。为此，该司机支付了 5 万元，将掉入河中损耗的糖果全部买下作为赔偿。

据统计，实行物流外包之后，通过铁路运输发往北京的货物由原来的 7 天缩短到 2~3 天，而且是"门到门"的服务，5 个月就节省了大约 40 万元。由于配送及时周到、保质保量，商品流通速度大大加快，使集团的销售额和利润都有了较大幅度增长。更重要的是使企业从非生产性的包装、运输中解脱出来，集中精力抓好生产主业。

第五章

流通服务业与制造业的产业间延伸
融合：互动分析之二

流通服务业与制造业的产业间延伸融合是指流通业与制造业相互交叉、相互渗透，在竞争合作中逐步形成新的商业模式的动态过程，具体表现为制造商涉足流通，流通商参与生产（蔡勇志，2006）。本章在第三章基础上，考察延伸融合的具体形式、延伸融合形成的动因、延伸融合的价值创造。

第一节　流通服务业与制造业延伸融合下的互动特征

一、生产性关联：低可分性与强依赖性

信息技术广泛应用于流通服务业和制造业，不仅为两大产业的融合发展提供了条件，同时也彰显出不同产业间跨越边界发展的特征，即生产技术与服务知识的低可分性与强依赖性。一方面，制造企业内部各生产环节联结紧密，流通服务（包括原材料、半成品、成品的运输、配送；研发设计与生产阶段的专家指导）成为连接制造企业内部生产的黏合剂，制造企业体现出对外部专业化流通服务的强依赖。另一方面，在信息经济中，需求相关知识显得尤为重

要，从营销部门的直接反馈信息对于产品研发部门将是无价之宝，基于这种知识的传递，也使流通服务商这一中间角色的地位更为重要。对于流通服务企业而言，由于其所提供的服务产品的无形性，流通服务企业必须与所服务的对象客户进行密切联系，才能为顾客提供更好、更恰当及时的服务。因此，流通服务企业不仅要将终端需求信息经过汇总、筛选分析后传递给制造企业，还需要与上游制造企业紧密联系，深入沟通，结合企业实际提供有针对性的专业化服务知识。流通服务企业与制造业企业表现出生产技术和服务知识的低可分性与很强的相互依赖。大规模定制生产的出现便是最为生动的例证。

二、制度性关联：产权联结与契约联结

不同于流通服务业与制造业产业间协作中的单纯以契约为纽带的联结，流通服务业与制造业的产业间延伸融合从组织形态上来看，除了长期契约以外，还存在多种形式的产权联结。

（一）产权联结

1. 企业自办延伸

一方面，制造企业向产业链下游延伸自建销售网点，打造自己的连锁专卖体系，实现产销一体。如化妆品市场上的雅芳、佰草集，一直以来都是走生产商自设门店（或在商场中设立专柜）的路线；家电市场上的美的，2009 年保持了 200～400 家的自营店扩张①。另一方面，流通企业自办生产基地，实现向产业链上游的延伸。比如一些大型超市设立自己的加工车间，将散装或裸装的初级产品进行深加工或二次加工，进行重新包装，并贴上零售企业自己的牌子出售赚取利润（蔡勇志，2006）。

---

① 转引自销售与市场（渠道版）［J］.2009（4）.

2. 并购延伸

产权联结的第二种形式是流通业企业与制造业企业间通过产业间纵向并购实现对下游（上游）的完全控制，即纵向一体化。并购通常与不确定性相联系，比如在市场需求波动剧烈的行业，为了减少信息不确定性带来的存货风险，企业会有前向一体化的动机；当投入物不确定时，企业会有动机进行后向一体化（Arrow，1975；Carlton，1979）。资产专用性所导致的机会主义从而较高的交易成本也是纵向一体化的重要原因（Williamsion，1985）。资产专用性越强，投资的沉淀成本越高，为避免沉淀资本投资的潜在损失，供应商和重复购买者便存在合并的动机。纵向一体化可以为企业带来市场势力，跨产业的企业一体化并购推动了流通服务业与制造业的产业间融合（于刃刚，2006；胡永佳，2008）。流通服务业企业与制造业企业的并购延伸行为如图 5－1 所示。

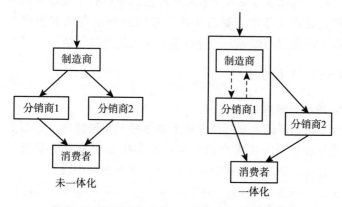

图 5－1　流通服务业企业与制造业企业间的并购

资料来源：笔者设计绘制。

流通企业与制造企业间的并购可以是制造企业向下延伸实施前向一体化（forward intergration），也可以是位于产业链下游的流通企业向上延伸实施后向一体化（backward intergration）。如图 5－1

右图中分销商 1 与制造商间存在并购行为，向下的虚线箭头表示制造商将原本独立的分销商 1 兼并，实行前向一体化；向上的虚线箭头则正好相反，是分销商 1 兼并制造商实现自行生产的后向一体化行为。

一体化是极端形式，现实中更常见的是流通企业与制造企业间相互参股，以相互入股的方式组建产销联合的所有权式的战略伙伴关系（杨慧，2006）。此外，制造企业还通过授权设立加盟店的方式介入连锁销售领域，如 2005 年国内电视机制造商 TCL 推出的"幸福树电器连锁"，采取加盟连锁经营方式大举进入河南和湖南等地的三、四级市场（蔡勇志，2006）。

（二）契约联结

1. 制造企业与流通企业形成动态联盟

一方面，流通企业通过定制、包销、招标等方式实现与产业链上游制造企业的融合，充分利用市场机会，形成动态联盟；另一方面，位于产业链上端的制造企业为了扩大销路，提高市场占有率，也会主动、积极地与下游的流通企业联合。流通与制造企业的战略联盟是长期契约下双方互惠合作的组织表现，按照联盟主导权[①]的不同，可分为制造商主导和流通商主导两类。

（1）生产商为主导的动态联盟。

传统工业经济以产品生产为主，奠定了生产商的主导地位。在传统线性分工下，组织生产的方式抑或是市场，抑或是企业科层，其中起关键作用的是交易成本[②]。

---

①　所谓联盟主导权，指的是在商品流通网络联盟中，能够控制商品流通网络，并且联盟成员为自己的市场营销策略效力，能够行使这种权力的生产商或流通商，则具有该联盟的主导权。

②　由于市场交易总是存在成本的（包括搜寻费用、谈判费用、签约费用等），因此，如果生产一件产品，市场交易成本大于企业内部组织生产的管理协调成本，则企业就会选择自行生产，如果市场交易成本低于企业管理协调成本，则此产品适合通过市场交易来获得。

现代信息经济为生产的模块化发展奠定了基础。模块化分工的
出现从本质上改变了传统分工的内涵和方法，并在此基础上形成了
新的网络状产业链结构（青木昌彦，2003）。模块化分工是以功能
划分为标准的，其可以超越前后关系，把完成同一功能系列工序结
合起来构成"功能模块"形成子模块之间平行式的立体网络状关系
（朱瑞博，2003）。与传统分工不同，模块化分工已经从线性的生产
工序、生产工艺的分工发展演变为立体的或平面的网络功能分工。
不同模块之间基于功能性形成分工，进而构成企业间网络状的关联
结构。在网络状产业链中，不同产业的企业之间紧密结合，形成多
种介于市场与企业科层的中间组织形态。生产商为主导的网状产业
关联模式如图 5 - 2 所示。

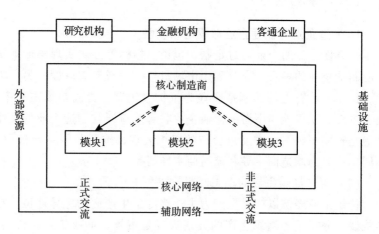

图 5 - 2　生产商主导的非线性产业关联模式

资料来源：笔者设计绘制。

在图 5 - 2 中，制造商位于核心网络位置，主要制造商即模块
集成商，是网络中的核心企业，其他制造商生产不同功能的模块，
是网络中的子模块企业。流通商和研究机构、金融机构等处于辅助
网络的位置，为制造网络提供基础设施和外部资源，核心网络与辅

助网络之间通过正式交流与非正式的交流建立沟通渠道。

（2）流通商为主导的动态联盟。

近年来，流通商垄断势力不断增强。流通商主导下的产业关联模式，以流通商为核心企业，通过与制造商和其他成员组成供应链联盟，实现信息共享和知识交互，从而促进彼此实现协同创新。如图 5 - 3 所示。

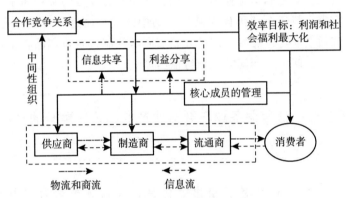

图 5 - 3　流通商主导的动态联盟

资料来源：作者改编自庄尚文．论零售商主导的供应链联盟［D］．南京财经大学硕士学位论文，2006.

2. 流通商自有品牌

这是基于流通商垄断势力的一种纵向约束行为。流通商通过自有品牌，实施定制化生产，参与制造。

流通商自有品牌是流通商垄断势力的体现（张赞，2007），也是流通企业为了避免同质化价格竞争所采取的差异化战略。世界上很多大型的流通企业均拥有自有品牌商品。20 世纪 90 年代中期以来，沃尔玛、家乐福、特易购等大型量贩店均开始大规模地创造自有品牌，随后波及便利店、药妆店、家居中心等几乎所有的零售业态（陈立平，2009）。另据统计，国际零售巨头沃尔玛 30% 的销售额、50%的利润均来源于自有品牌①。目前，流通企业自有品牌商品的生产方式主要包括订购生产、委托生产及自主开发生产等（王静等，2005）。自有品牌商品鼓励零售商与自有品牌商品制造商建立更加紧密的联系。在自有品牌的开发过程中，流通企业常常需要从商品企划、原材料采购、对生产厂家的选择、价格交涉、交货期管理、质量管理到物流管理和最终销售的进行全过程的监管，从而需要流通企业与制造企业建立长期合作关系，双方的契约纽带关联十分紧密。流通企业不仅仅是单纯的中间商，通过自有品牌开发，贴有流通企业自己品牌的产品开始与同类的制造企业产品在市场上展开竞争，两大产业间的融合特征凸显。

第二节　流通服务业与制造业产业间延伸融合的动因

一、技术创新及其溢出效应是产业间延伸融合的基础

对于技术创新的概念，理论界向来没有一个统一的定义。但是，需要认识到的是技术创新绝不是一个纯粹的科技概念，也不是一般意义上的科学发现和发明，而是一个经济学概念。借鉴相关文献研究（傅家骥，2001；柳卸林，1993；杨东奇，2000），我们认为，技术创新是指与技术相关的创新活动，包括产品创新和工艺创新，即与新产品的制造、新工艺过程或设备的首次商业应用有关的技术的、设计的、组织的、制造的以及商业的活动。总之，技术创新是科学发明的首次商业化，其始于研究与开发，终于市场实现。只有技术上的突破，没有进行商业运用，或者进行了商业运用但没

---

① 数据转引自朱丽萍．科斯定理与流通产业的融合［J］．市场营销导刊，2008（3）：13－17.

有获得商业价值，就不是严格意义上的技术创新。

技术创新具有外溢效应，即一项技术创新一旦被首次使用，就会被大量地传播、学习、模仿，使该项技术创新的使用范围不断扩大。正如阿罗所指出的，由于知识本身具有易传播的性质，任何技术创新产业的收益都不可能完全被创新者所独占，总是会通过企业间人员流动、有形产品传播等途径溢出到其他产业的企业中，从而使其他产业的企业从中获利。

技术创新及其外溢效应是推动产业融合的根本原因。首先，技术创新在不同产业之间的扩散导致了技术融合，而技术融合改变不同产业的生产技术和工艺流程，使不同产业的成本结构变得十分相似，消除了不同产业之间的技术性进入壁垒，使不同产业形成了共同的技术基础，不同产业间的技术边界趋于模糊；此外，技术融合还使不同产业所提供的产品或服务具有相同或相似的特性或功能，满足消费者相同或相似的需要，此时不同产业所提供的产品或服务成为替代品（进而原本分立的产业出现竞争），最终导致产业融合产生。事实上，早期产业融合就表现为产业间的技术融合（Ames & Rosenberg，1977），比如我们经常所说的信息、传媒、通信业的三网融合，就是在数字信息技术通用化基础上三网的技术渐趋一致所形成的。

其次，技术创新开发出了替代性或关联性的技术、工艺和产品，这些具有替代或关联性的技术通过渗透扩散融合到其他产业之中，改变（改进）了原有产业产品或服务的技术路线和生产工艺，因而改变了原有产业的生产成本函数，为产业融合提供了动力。

最后，技术创新改变了市场的需求特征，给原有产业的产品创造了新的市场需求，从而为产业融合提供了市场的空间。

技术创新及其外溢对流通服务业与制造业间实现相互延伸融合的影响在于数字通用技术的发展为流通服务业与制造业提供了实现实时交流的平台，从而促进了双方在业务边界和市场边界的交叉与融合。比如零售巨头沃尔玛早在 20 世纪 80 年代就建立起自己的商用卫星系统。现在，沃尔玛每一家连锁店都能通过卫星传送信息，每一辆运货车上都配备全球定位系统，借助于发达的信息网络覆盖，在公司的卫星通信室里，就可以对全球 4000 多家门店的商品库存、上架、销售量情况盘点一遍，还可以查到当天信用卡入账的总金额，并为每一商品保存长达 65 周的库存记录。凭借发达的信息网络，沃尔玛与供应商建立了 EDI 数据交换系统，供应商可以接入沃尔玛的数据库系统，一旦产品出现缺货提醒，便可及时补充库存，实现自动订货。到 1990 年，沃尔玛已与它的 5000 余家供应商中的 1800 家实现了电子数据交换，成为全美最大的 EDI 技术用户。

二、流通商与制造商各自对市场势力的攫取诱发产业间延伸融合

市场势力（market power）是企业通过对产品价格的影响与控制所体现出的某种市场支配力量。具有市场势力的企业通常通过采取差异化产品的竞争方式，获得一定程度的市场控制力，这种控制力表现在对价格、产量的自由决策权或扩张市场份额的能力上，是一种优势的议价能力（优势谈判能力/地位）。需要指出的是，与垄断势力（monopoly power）来源于规模结构不同①，市场势力是由企业的经济绩效决定的，也就是说，市场化势力是企业在市场竞争中通过其建立在产品、销售条件或购买者偏好某种特性基础上的优越性决定的。因此，企业的技术和产品开发能力是其获得市场势力的关键。市场势力的本质是市场竞争过程中对产品的控制力。本书指出，在流通业与制造业的纵向关系中，流通商与制造商各自对市场势力的攫取是促成流通服务业与制造业融合的重要动因。

---

① 严格说，市场势力与垄断势力两个概念是有区别的。拥有垄断势力的企业可以采取非市场调节的方式限制竞争进而获得市场控制权，非市场调节方式主要体现为其在定价和产出决策上的相互依赖、默契或公开合谋以及对竞争的克制行为上。因此，具有市场势力的企业不一定是垄断企业，市场势力更多强调的是一种基于技术与产品的控制力，而非对排他性竞争的限制。

其一，一体化并购意在消除不确定性以增强控制力。

纵向一体化是指企业将产业链上游或下游的企业合并组建成新的企业，向产业链下游的合并称为前向一体化，向产业链上游的合并被称为后向一体化。纵向一体化又称为企业间的并购。企业实施纵向一体化的一个重要原因是获得市场势力，提高自己的议价能力，特别是在市场需求波动的行业为保证原材料的供给或最终产品的销售，企业往往会进行一体化以"保证供给和市场份额"（Arrow，1975；Carlton，1979）[①]，如一些钢铁企业为了降低电力供应不稳定的风险，投资建设自己的自备电厂。

企业为了构建市场势力而实施的纵向一体化行为（并购行为）促进了产业融合的产生与发展。企业间通过兼并收购拓展了原有业务的范围，在技术基础具备之后，不同产业的企业在原有传统业务基础上开发新业务，开展一揽子相同或相似业务来满足消费者需求。这种基于一体化的业务融合使不同产业的产品或服务具有替代性，间接推动了产业融合的发展。

在流通服务业与制造业的产业融合实践中，我们也经常能够看到制造企业前向一体化掌控分销渠道，抑或流通企业后向一体化的情形。如 2005 年，家电连锁零售巨头苏宁电器斥巨资并购重组"玉环"和"伯乐"两家国企，建成年产能 100 万台的小家电和冰箱制造基地，正式进军家电生产行业。而早在 2001 年 3 月，苏宁就已投资 5000 万元与美国飞歌国际、香港力胜国际在南京联合兴建飞歌空调，苏宁控股 50%，上演了一出"卖而优则造的好戏"，充分表现了商业资本向制造业的渗透。

其二，流通商与制造商通过产业链延伸获得产品定价权（品牌溢价）和渠道主导权。

[①] 当然，根据交易费用理论的观点，为避免由于信息不对称和契约不完全所导致的高昂交易成本也是纵向一体化发生的重要原因。同时，一体化自身也存在组织成本，因此交易费用理论对一体化的理解均是围绕"自制还是购买"（make or buy）的决策展开（williamson，1971）。

随着渠道主导权的转移，流通企业力量增强，开始向产业链上游延伸①，主要体现为自建生产基地。流通商自建生产基地在农业生产产业化方面最为明显，出现了生鲜超市这一新型的流通组织。生鲜超市在农副产品基地设立收购点，与农副产品基地对接，甚至一些实力较强的超市直接建立自己的农产品基地，形成生产、加工、销售一条龙的产业链。如创建于1998年的福建永辉超市集团，以经营生鲜农产品超市为特色，目前拥有连锁量贩、生鲜、折扣店、社区便民店等多种业态的连锁超市50多家。为了加强生鲜、果蔬等农产品的采购和供应，永辉通过上游产业扩张，建立自己的农业生产基地，其在闽侯南屿租赁了近300亩试验田，开展种植品种、技术指导、检测监管、施肥与采购等活动，农民则成了产业工人。同时，永辉还与当地农户合作进行"订单"农业生产，签订长期包销协议，初步形成了"基地—加工—市场"的产业链，不但保证自己的农产品及时地、优质地供应，还大大推动了农业产业化，解决了农民"卖难"的问题（蔡勇志，2006）。在工业制造方面，流通商的产业链向上游延伸，主要体现为流通商自有品牌战略的实施。

自有品牌又称为中间商品牌（Private Brand，PB），是零售企业通过搜集、整理、分析消费者对于某类商品的需求信息而开发出来的新产品的品牌。零售商自有品牌商品在功能、价格、造型、包装等方面突出设计要求，零售商通常自设生产基地或选择合适的生产企业进行加工（加工外包，制造贴牌），并使用自己的商标对该产品注册，在本企业销售。与自有品牌商品相对应的是使用生产企业品牌的商品，即厂商品牌商品（National Brand，NB），或制造商品牌商品（Manufacture's Brand）。零售商通过开发自有品牌，可以获得对产品的定价控制权，同时享有品牌声誉带来品牌的溢价，进

---

① 本书所指的产业链延伸，是狭义的。例如，流通业涉足制造业，既可以通过资本并购的方式（一体化），也可以自建。本书将这两种方式区分开来。

而获取比生产商品牌商品更高的利润。

从制造商角度来看，在买方市场环境下，作为对零售商势力的"抗衡"，有些制造商开始倾向于自己建设销售渠道，以此来摆脱大型零售商的控制，争夺渠道话语权[①]。如竞争激烈的家电行业，很多生产商包括美的、创维、海尔等都有自己的直销门店；2008 年，美的还开始升级自建渠道的模式，以单品专卖店转变为大综合专卖店。[②]

综上可以看出，无论是流通商还是生产商，为了获取市场控制权而进行的各种向对方产业领域渗透的行为，在客观上无不促进了双方跨产业边界的业务重组、交叉融合，换句话说，正是对市场势力的攫取诱发了流通服务业与制造业间的产业融合现象的发生。

三、政府管制的改革与放松为产业融合提供了条件

长期以来，一些传统上被认为是自然垄断的产业如水、电的供应业，以及能源、金融业等特殊产业一直受到各国政府的经济性管制，构筑起这些产业之间森严的进入壁垒，从而强化了这些产业之间的边界。20 世纪 80 年代以来，在西方发达国家开始的自由主义经济思潮的主导下，纷纷放松政府管制政策，成为这些行业开始实现融合的激发因素。以邮电通信产业为例，长途业务的潜在进入者和信息服务提供商需要接入在位的本地网络。这些潜在的运营商进入长途业务不仅受到行业管制，而且存在进入壁垒。如果没有接入的限制，那么铁路公司、电力公司、燃气公用公司等潜在运营商都可以通过建立自己的网络来开展长途业务。随着管制的放松、进入壁垒的降低，原电信公司将面临如铁路、燃气、电力和自来水公司等有能力提供传输设备单位的潜在竞争。并且，由于信息技术的快

---

① 现实经济中大型零售商通常对制造商采用收取通道费等形式，对制造商实施约束与控制。

② 转引自搜狐新闻网，2010 - 10 - 8。

速发展，使这些产业逐渐与邮电通信产业实现融合。

第三节　流通服务业与制造业产业间延伸融合的价值创造

一、基于产权联结的价值创造机理

传统理论认为，产权的强联结所体现的经济效率主要表现为对外部市场交易费用的节约、权威决策的效率和由产权所引致的剩余控制权对事前专用性投资的强激励。

（一）市场交易费用的节约

根据交易成本理论，纵向一体化实质是用企业内部科层治理取代市场，把从原材料、零配件、产成品到销售的整个过程都纳入企业内部，通过管理来协调各项活动职能。纵向一体化是用长期契约替代短期契约，用稳定契约替代不稳定契约，从而节约了交易费用，主要包括收集市场信息的成本，市场交易过程中的销售、谈判和交易成本，由价值链各交易环节的不确定性带来的交易成本等等。此外，在交易成本理论不完全契约和有限理性的框架下，由于信息不对称所导致的委托代理问题（这类委托代理问题比如双重加价、搭便车等行为）也构成产权联结一体化形式的重要优势来源①（Mathewson & Winter，1984；Chandler，1977；Arrow，1975；Crocker，1983；Williamison，1975）。最后，在知识日益重要的现代经济中，科层治理所拥有的对稀缺技能、知识等要素的间接定价一定

---

① 当然，科层治理也会带来诸如组织成本增加、高退出成本、经营灵活性和弹性的降低等问题。经济实践中，对于科层或市场的选择，取决于两者成本的比较，而不是一蹴而就的。

程度上形成了对创新者的保护，也是产权联结经济效率的重要体现。

对于流通服务企业与制造企业而言，机器化大生产造就的大量生产必须与大量销售有机结合，当其中的某一环节成为"瓶颈"时，无论对于制造企业还是流通企业，都会产生向对方延伸的激励。正如钱德勒所指出的："生产与销售相结合，使制造业者有机会通过有效地管理生产过程和流通过程以及协调经过这些过程的货物流量的办法，以降低交易费用和其他成本并提高生产率。但是，最早将这两个基本过程加以结合的工业家却并不是为了获取这种经济效益而这样做的。他们这么做是因为现有的销售商无法销售和分配他们生产出来的如此大量的产品。"

（二）集中式决策的效率提升

产权和市场契约的一个重要区别在于，当不可预料情形出现时，可以由权威机构授权作出决策。如通过一体化获取专用性投资的拥有权，拥有者可以使用剩余索取权来实现其目标，或者当一个企业内部不同部门经理之间进行谈判的时候，企业可以凭借清晰的产权关系解决这些问题。另外，一体化企业在监管、控制机会主义行为方面更有优势。一体化的管理者有权力使用一系列监管和信息收集机制来尽快解决问题，企业内部的审计机构有很大的权力来识别哪些行为与企业的目标不相符。最后，一体化企业可以更有效地解决企业内部冲突。如 Williamson（1996）所述，企业内部企业同独立企业的仲裁和诉讼程序有很大不同，独立企业必须花费大量时间和金钱，邀请第三方解决问题；而一体化企业，无论是 CEO 还是分支机构经理，都可以用简单快速的内部程序解决冲突，而不需要第三方介入。

（三）企业剩余控制权的强激励作用

由 Grossman、Hart 和 Moore 等发展的产权理论（简称 GHM 范

式）扩展了交易成本学说对企业一体化的解释。他们认为，契约不完全导致的交易费用主要源于事前的专用性投资激励不足，因此更强调纵向一体化对事前投资激励的成本与收益。产权理论认为投资激励是影响公司一体化的主要因素，而投资激励则与企业的资产所有权以及剩余控制权有关。基于产权联结的一体化具有对关系性专用投资的强激励，因为实施一体化的企业由于获得了更多的剩余控制权，所以它就将得到这种投资所创造的事后盈余增量的更大部分；相反，被并购的目标公司由于剩余控制权的减少，其对关系专用性投资的激励会减少，因为它只能得到由它投资所创造的事后盈余增量的较小部分。因此，企业的非一体化或者是一体化，实质就在于剩余控制权的归属问题。产权理论从资产专用性和契约不完全性的前提出发，采用剩余控制权推导出因所有权结构的不同而导致双方事前的投资激励扭曲，通过比较不同情况下投资激励的扭曲程度来计算一体化的收益和成本，揭示出公司选择一体化抑或非一体化的原因（Gorssmna & Hart，1986；Hart & Mooer，1990）。

在流通服务企业与制造企业互动的产权联结的各形式中（一体化、延伸自办、相互参股），产权的强激励作用体现在对双方对渠道利润（剩余索取）的争夺上。因此，为了获取利益以及避免关系性投资的沉没成本导致的套牢，基于产权强联结的双方关联便成为重要选择。

二、基于契约联结的价值创造机理

（一）联盟形式

1. 流通服务业与制造业通过知识共享和扩散共创价值

流通服务业的知识产生与扩散主要由以下三个阶段构成：首先是获取新的显性和隐性知识；然后将新知识和已有知识重新组合；

最后通过提供新的服务将新知识扩散到制造企业。流通企业由于最接近消费者，具有天然的市场信息的优势，而制造企业则具有产品生产、性能方面的专业知识。流通企业在与制造企业的交互作用过程中获得了关于产品的显性和隐性知识，这两种知识主要是为了解决制造企业面临的问题，通过学习所获得。流通服务企业将解决制造企业问题过程中获得的知识内部化（进行消化吸收），产生新的知识，同时和原有的服务知识相结合，通过重组产生新的显性化知识，包括新的服务项目、新的服务领域等。最后，流通服务企业通过交互作用过程，将这些新获得的知识传递给制造企业，完成知识的产生和扩散。而后，这一过程又重新开始，不断重复，通过循环累积不断产生新的知识。

以上我们从流通企业角度分析了知识的交互转化过程，事实上，这一过程在制造企业内部同时进行，所不同的是，制造企业在与流通企业的协同中获得的是关于市场潜在需求的隐性知识，通过对该知识的内化吸收，转化为产品的新设计、新功能等。流通与制造企业借以这种知识的动态交互与扩散，实现了资源共享和整体的协同创新。两者的知识交互过程可由图5-4表示。

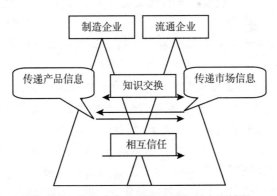

图5-4 流通企业与制造企业知识交互过程

资料来源：笔者设计绘制。

2. 流通与制造业企业在长期竞合关系中通过服务传递与技术创新实现价值创造

随着信息技术的全面渗透和先进管理经营技术的应用，流通服务业作为知识、技术密集型的生产性服务业，既是创新的源泉，也是创新的桥梁，在创新系统中承担着知识的传播、创造功能。

流通服务业对制造业创新的作用主要表现在两个方面。

首先，流通服务企业作为知识创新的创造者、传播者，通过与制造企业的相互接触，促进双方创新能力的增强。一方面，制造企业通过购买分销等流通服务，可以为企业注入新的知识、信息、技术等要素，帮助企业进行研究、产品开发、工程设计等活动。在这一点上，流通服务业可看作制造企业与环境之间的桥梁，是增强制造企业创新能力的催化剂（Muller & Zenker, 2001）。另一方面，流通服务企业通过为制造企业提供服务而在与企业交流和互动过程中形成了学习效应，这种学习过程会创造一些新的知识，促进流通服务企业的创新，进而又通过为制造企业提供服务传递给制造企业。

其次，基于高新技术的现代流通服务业本身就是一种创新源。电子信息技术的广泛应用使传统流通服务业发生了重大变革。现代流通服务不仅成为新技术最主要的推广者和间接的"知识传播者"，而且其强大的需求引力指引着现有技术研究和开发的方向。比如，未来有效的商品供应链管理将得益于 RFID（无线射频技术）的应用。RFID 电子标签由微型芯片和螺旋天线组成，若在运货托盘或单件商品上附加电子标签，将快速和方便地识别及清点商品库存，有效地提高商品物流效率。美国沃尔玛公司、德国麦德龙公司和英国塔斯科公司等，已经要求供应商在货物上附加 RFID 电子标签。西班牙专业服务零售商 Zara 公司通过敏捷供应链管理和企业间合作，每年可以推出 12000 多种新款服装，高效的物流配送使传统时尚服装业一改往日，正朝着快速、现代的方向发展。此外，现代流通服务业发展还促进了多项技术之间的融合，例如有些物流公司已经将传统的运输服务和咨询服务、软件服务进行系统集成,以便为客户提供更为周到、全面的服务。流通服务业与制造业的创新循环体系如图 5 – 5 所示。

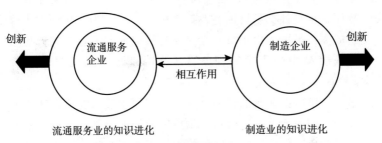

图 5 – 5 流通业与制造业的创新循环体系

资料来源:笔者设计绘制。

* 3. 流通与制造企业间的动态联盟通过节约交易费用创造更高价值

流通与制造业的融合在组织形式上体现为流通与制造企业通过组建供应链动态联盟实现长期合作关系。这种联盟是介于市场与科层之间的一种中间组织形态,其网络化效应主要体现在对外节约市场交易费用和对内节约组织管理费用上。

第一,供应链联盟的长期合作关系有利于节约市场交易费用。

在供应链联盟中,生产商、流通商等网络成员进行重复的交易可以降低交易成本。首先,与市场交易方式相比,网络组织成员之间的交易时间一般较长。在市场交易方式中,各交易方呈原子状态分散分布,买卖双方的碰面并且交易成功是"极其偶然的",由于双方并未建立起长期交易关系,因此一旦交易结束,买者和卖者又开始重新搜寻自己的客户,进行谈判、签订契约并监督契约的实施,因而交易成本较高。而在网络组织中,交易各方以自身为节点,呈放射状与外界相联系,生产商在经过比较后通常会选定几个供应商,供应商也会根据自身需要选择一些相对稳定的消费客户,交易关系的持续性大大节约了重复签约所引起的交易成本。其次,在网络组织中，由于交易是持续且重复进行的，因此，交易的任何一方违背契约或者机会主义行为的成本是非常高的，一旦有人一次违约，不仅会受到交易对方在日后的严厉的惩罚（因为交易是重复的，双方以后还会碰面），还会对自身声誉造成影响而蒙受长期损失，故而，重复性交易可以有效抑制机会主义行为，从而大大降低了交易成本。最后，由于重复性能交易可以使双方在未来有更多的机会矫正交易中的不平等现象，从而降低了事前的讨价还价的成本。

第二，供应链联盟的长期合作关系有利于节约内部管理费用。

首先，流通商与制造商通过供应链的长期合作关系形成的网络组织可以避免一体化下科层官僚组织由于资源与能力的无效率使用而形成的费用。在科层组织内部，资源积累具有时间路径上的不可逆性，也就是说，一旦企业作出关键性的决策，关于资源与能力的未来使用方向就被确定，资源、能力就会沿着既定的方向积累、发展，并在今后的发展中得到强化。当外部经营环境比较稳定时，这种因果累积会体现为报酬递增的正向反馈机制，不仅能够巩固和支持既有资源与能力的积累，而且还能在此基础上一环紧扣一环，沿着良性循环轨迹发展。然而一旦外部环境发生变化，上述循环累积的机制便会成为资源、能力向其他具有高效率的使用方向上转变或被别的使用方案替代的强大的阻碍力量，而且愈陷愈深，最终被"锁定"在某种无效率状态。与科层组织获取资源与能力的方式不同，供应链联盟的网络组织是通过成员间的合作来获取自己尚未拥有的、由对方所有且具有高度互补性的资源与能力，并在此基础上形成高度专有性的联合专有资产。由于成员间彼此的开放性和对外的强依赖性，网络组织还可以在新活动、新市场和新技术中，不断剥离原有资源与能力中的僵化与不良因素，甚至破坏原有能力和资源的束缚，实现熊彼特所说的"创造性破坏"。正因为如此，流通商与制造商的战略联盟网络能够积极吸收不同路径的知识和技能，重新调配和运用知识、诀窍及专有的互补资产，从而对新需求、新问题作出反应或引发创新过程。这就大大减少了由于资源与能力的无效使用而形成的费用。

其次，可以节约信息交流成本。一体化的科层组织，由于官僚层次多，信息传递链条长，加上管理体制的低效率，导致信息传递渠道不畅通。随着生产与技术复杂性的增加，加之经营环境的不确定性，信息进行有效交流与传递的矛盾就越加突出。因此，一体化的科层组织信息交流的成本比较高。网络组织则由于其组织结构的扁平化与多元化设计，加之网络本身的开放性，成员间信息交流与沟通具有较高的效率，故可以大大节约信息交流成本。

最后，可以降低组织内部的机会主义行为，减少监督成本。机会主义不仅会发生在组织外部的交易互动关系中，在组织内部也存在由于信息不对称所导致的机会主义行为。在一个层级较多的官僚式科层组织中，由于信息不对称，企业代理人往往会为了追求自身利益最大化（而非企业整体价值最大化）发生损害委托人利益的败德行为，如在位经营者过度消费、恶意经营以及大肆侵吞国有资产等。为了防止机会主义行为的产生，委托人必须对代理人进行适当的激励和监督组织，然而，正如 Gary Miller（1989）所指出的，任何机制设计都必然会带来企业的额外支付（具体包括激励成本、监督成本、保证成本和剩余损失），从而使企业陷入"科层管理的两难困境"（赵霞、周殿昆，2010）。网络组织则与企业科层不同，前者是一种非标准化的动态组织，其结构和模式均不固定，网络成员主要以契约为联系纽带、以共同利益为行为宗旨，从而缺乏官僚滋生的土壤，也就不会形成高额的监督成本。

（二）流通企业自有品牌

零售商自有品牌的出现，不仅影响零售商之间的关系，而且还显著地改变了制造商与零售商之间的关系。一方面，零售商和与其合作的代理制造商之间形成了产销同盟，通过强化产品定制和包销，提升了供应链价值；另一方面，自有品牌零售商与生产该商品的其他制造商则形成了竞争，从而有利于降低制造商品牌商品价格，促进质量提升。

1. 流通企业自有品牌有利于改善供应链效率

相对于制造企业而言，流通企业直接面对最终消费者，便于获得第一手消费信息，包括消费偏好、消费习惯、最新需求、购买不满的关键因素等等。零售商可以通过加大研发投入，运用 EPOS 系统，比制造商更及时地进行信息更新，开发出适销产品，最好地满足消费者的需求，减少浪费并增加消费者剩余（Bontems & Requillart，1999）。此外，零售商直接和实施定制生产的制造商打交道，减少了批发环节，节约了成本，改善了供应链的效率。比如 2006 年，我国最大的彩电生产企业 TCL 集团与家电连锁零售巨头国美电器合作，共同开发"国美牌"系列产品，内容之一是双方将在消费及家电产品市场上（彩电、冰箱、洗衣机、空调、手机、电脑等）进行联合开发定制。为此，国美与 TCL 彩电在物流和信息系统上实现对接，并在 2007 年实施基于 TCL 彩电与国美电器的 B2B 系统对接项目，强化推进供应链和信息的整合，建立畅通无阻和高效的供应链体系，强化产品定制和包销，优化提升供应链价值。①

2. 流通企业自有品牌对其他制造商商品形成价格约束的同时促进了制造商商品质量的提高

相较于制造商商品，流通企业自有品牌商品具有低价的优势（冯冈平，2004）。这是因为自有品牌通常以贴牌方式生产，没有中间环节，无须支付货架陈列费用。低价位的自有品牌商品形成了对高价位的制造商商品的替代，为了争取市场份额，制造商不得不降低商品价格。Mills（1995）指出，当零售商自有商品的市场份额增加时，制造商品牌商品的批发价格和零售价格都会下降，批发价格比零售价格下降得更多；自有品牌商品的质量相对制造商品牌的质量越高，批发价格降得越多。Steiner（2004）通过实证研究也指

---

① http：//news. sohu. com/20061023/n245957706. shtml

出，美国著名连锁零售商 A&P 公司通过销售其自有品牌的牛奶，与厂商品牌 Borden 竞争，能够从 Borden 处获得更低的批发价格。

零售商自有品牌促进制造商品质量改善主要在于以自己的声誉为质量保障的零售商自有品牌商品对消费者产生了巨大吸引力，加之其无与伦比的价格优势，迫使品牌制造商开发新产品、增加产品种类、尽可能提高产品质量，增加产品差异化，以赢得消费者，从而增进了消费者福利水平。

综上，我们从特征、动因、价值创造及分享几个方面分析了流通服务业与制造业产业间延伸互动融合的情形，由表 5 - 1 总结如下。

表 5 - 1　　　　流通服务业与制造业产业间延伸融合

类型	关联特征	价值创造及分享	动因
企业自办延伸	产权联结	1. 市场交易费用的节约 2. 集中式决策效率的提升 3. 企业剩余控制权的强激励	1. 技术创新及其溢出效应是产业间延伸融合的基础 2. 流通商与制造商各自对市场势力的攫取诱发产业间延伸融合 3. 政府管制的改革与放松为产业融合提供了条件
并购延伸	产权联结		
渠道战略联盟	契约联结	1. 通过知识共享和扩散共创价值 2. 长期竞合关系中通过服务传递与技术创新创造价值 3. 通过节约外部市场和内部组织费用共创价值	
流通商自有品牌	契约联结	1. 有利于改善供应链效率 2. 自有品牌商品对其他制造商商品形成价格约束的同时促进了制造商商品质量的提高	

资料来源：笔者归纳整理。

第四节　案例分析：国美进军制造业与
宝洁＆沃尔玛的战略联盟

一、国美进军制造业：产权强联结下的资本效率

2005 年 6 月 19 日，国美宣布将与爱多集团共同组建合资公司，

研发自有品牌的家电产品。当天，黄光裕还以爱多集团大股东的身份出现在汕头爱多集团新工业园一期的落成庆典上。爱多集团新闻发言人表示，黄光裕旗下的鹏润投资将收购爱多集团 51% 的股份，而原爱多旗下的深圳（爱多）高科技研发基地将在研发自主知识产权方面发挥作用。据悉，目前国美已为爱多工业园投入 3000 万元资金，计划还将投入 1.2 亿元。国美的这一合作计划，被认为是正式进入制造业。国美为什么进入制造业？这是否意味着国美已经开始了某种转型？事实上，国美的母公司鹏润投资和爱多集团将成立一家公司进行产品的合作研发，而不是买爱多的生产企业。这个公司生产的将会是大众化、个性化的产品，但相对而言，消费者可能对这些产品的品牌要求不高。爱多集团的品牌既不高又不低，而且有丰富的研发、制造经验，所以国美选择了和爱多合作。国美进入制造业，主要是因为国美希望减少流通环节，为消费者提供更为价廉物美的商品。但可以说明的是，国美不会大举进入制造行业，而主要通过战略联盟的方式间接进入制造业。据悉，新公司生产的产品将实行 OEM 方式，部分产品会贴松下、飞利浦等企业的品牌。当然，国美生产的产品以不冲击同类产品价格体系、不影响国美品牌为原则。

二、宝洁与沃尔玛的产销供应链联盟[①]

从传输销售数据到共建协同计划、预测与补货流程，再到全球数据同步，宝洁公司与沃尔玛公司的合作为我们提供了构建协同供应链的借鉴。

宝洁——全球最大的日用品制造企业，沃尔玛——全球最大的商业零售企业。它们之间的合作并非一帆风顺。曾几何时，有着"自我扩张欲的家伙"之称的宝洁与沃尔玛经历过长时间的"冷

---

① 本案例摘自育龙网 http：//zg. china－b. com/wls/wlal/20090706/125510_1. html。

战"。宝洁总是企图控制沃尔玛对其产品的销售价格和销售条件；而沃尔玛也不甘示弱、针锋相对，威胁要终止宝洁产品的销售，并把最差的货架留给它。

1987 年，为了寻求更好的手段以保证沃尔玛分店里"帮宝适"婴儿纸尿布的销售，宝洁的 CEO 戴耶和沃尔玛的老板沃尔顿终于坐到了一起。那个时刻被认为是"宝玛"合作的开始。

在信息对接方面，两个公司共同开发了电子数据交换连接系统，通过该系统，宝洁公司可以从沃尔玛公司的各零售店中收集其产品销售及存货情况，然后据此来调整自己的生产和补货计划。同时，宝洁公司还大胆地取消了销售部，设立了客户生意发展部，将财务、物流、市场等多个后方支持部门变为一线部门，实现了与战略联盟伙伴的共享。

在持续补货的基础上，宝洁又和沃尔玛合力启动了 CPFR 流程（Collaborative Planning，Forecasting and Replenishment，协同计划、预测与补货）。这是一个有 9 个步骤的流程，从双方共同的商业计划开始，到市场推广、销售预测、订单预测，再到最后对市场活动的评估总结，构成了一个可持续提高的循环。流程实施的结果是双方的经营成本和库存水平都大大降低，沃尔玛分店中的宝洁产品利润增长了 48%，存货接近于"零"；而宝洁在沃尔玛的销售收入和利润也大幅增长了 50% 以上。

在共享方面，双方充分运用了 UCCnet，并通过网络协议共享资源。宝洁公司将自己的产品数据，包括公司的内部产品号码、通用产品码、零件号码目录、量度单位等数据都发布到 UCCnet 上，以便与沃尔玛公司实现全球数据同步。另外，通过电子产品编码，宝洁公司第一个与沃尔玛公司尝试使用了 RFID 标签。对于宝洁公司来说，使用 RFID 标签的价值在于能够在沃尔玛的货架上找到自己的产品，有利于减少劳动力和库存成本。

基于以上成功的尝试，宝洁和沃尔玛接下来在物流仓储体系、客户关系管理、供应链预测与合作体系、零售商联系平台以及人员培训等方面进行了全面、持续、深入而有效的合作，宝洁公司甚至设置了专门的客户业务发展部，以项目管理的方式密切与沃尔玛等合作伙伴的关系，以求最大限度地降低成本、提高效率。

"宝洁—沃尔玛协同商务模式"的形成和实施，最终给双方带来了巨大的收益，并极大地提升了双方的市场竞争能力，巩固和增强了双方的战略联盟关系。

第六章

流通服务业与制造业的理念导入型
互动融合：互动分析之三

　　流通业与制造业的理念导入型融合是两者融合的最高形态，指的是双方价值观和理念的彻底和根本性转变，双方通过改善心智模式，相互借鉴、吸收对方先进的经营理念，创造新的经营模式，建立起快速响应市场需求的反应机制，共同创造价值、做大市场"蛋糕"。

　　一方面，一些制造企业开始不仅仅是单一地生产实物产品，而是同时提供与产品相关的服务，为顾客提供包括实物产品在内的一体化解决方案。制造企业从传统的"制造—销售"模式转移到了"顾客需求感知—解决方案并持续负责"，服务成为针对客户利益进行的特殊的知识和技能的应用，产品只是作为服务的载体（Haeckel，1999），这被称为制造业的服务化（Vandermerwe & Rada，1993）或"新制造"（Drucker，1990）。比如大家所熟知的 IBM 公司，通过整合内外部资源，提出"四海一家的解决之道"，为客户提供硬件、软件、服务三位一体的解决方案，成为全球最为成功的信息技术服务公司；国内的家电制造企业海尔也正在经历从制造商到服务商的转型，其提出的以用户需求为中心、以服务为统领的模式正是服务主导的生动体现。另一方面，一些服务企业在用大量的基于信息技术的高科技设施装备自己的同时，其服务传递过程吸收、借鉴了制造业标准化、集群化理念，这被称为服务业的制造化。最为突出的就是连锁零售企业配送中心的仓储自动化管理、店铺统一复制和基于业务流程再造的标准化服务，以及近年来出现的摩尔（Shopping Mall）这一零售业态则集中体现了工业化集群生产的思想。

第一节　流通服务业与制造业理念导入型
互动融合的特征

服务主导是流通业与制造业理念融合的本质特征。在服务主导逻辑下，许多制造企业从单纯地卖产品转变为卖服务。强调服务系统中各主体的价值共创则是流通业与制造业理念融合的衍生特征。

一、本质特征：服务主导的基本逻辑

服务主导逻辑（service-dominant logic）由美国学者 Vargo 和 Lusch（2004）提出，主要应用于市场营销领域，是对市场营销研究范式的一次革命。他们指出，所有的经济本质上都是服务经济，由此，市场营销的目的不是交换商品，而是交换服务。传统的营销观念（称为产品主导逻辑，good-dominant logic）以物质产品为标的，将消费过程与生产过程分开，视消费者为被瞄准、被俘获的对象，生产过程是唯一的价值增值的源泉。在服务主导逻辑中，所聚焦的不再是产品，而是服务，产品只是服务的载体或媒介；有限的物质资源（生产过程）不具有价值，价值只有在消费者的使用中才能被识别，因此，消费者也是资源的整合者，与生产者一起共同参与价值创造。

与传统的产品主导逻辑（good-dominant logic）不同，服务主导逻辑将服务交换（service exchange）视为社会经济的基本内容，不同于传统制造业将用户需求作为参照，服务主导逻辑下的制造业不仅将用户作为目标，而且将用户纳入企业生产过程；企业过程导向

（而非产出导向）的结果是用户或者顾客介入价值创造过程，由传统的产出引领转变为服务引领，制造企业服务化。与此同时，在服务主导逻辑下，流通企业通过服务增值活动一方面嵌入制造企业的服务产出的提供网络当中；另一方面凭借自身优势（距离消费者最近、网点众多）成为资源的整合者，流通服务日渐产业化。

服务主导逻辑把资源分为两类：对象性资源（operand resources）和操作性资源（operant sources）。对象性资源即自然资源，是人们加以利用以维持生存的要素（Malthus，1798），如各类原材料和物质中间产品；与对象性资源相对的是操作性资源，操作资源是驾驭对象性资源（或其他操作性资源）的资源，是人类智慧和创造性的体现，其中知识和技术[①]是最重要的操作性资源（Constantin & Lusch，1994）。对象性资源是有形的、静态的、有限的并有民族归属的；而操作性资源则是无形的、动态的、无限的，是可以跨越种族并且不断激活富有创造力的（Vargo & Lusch，2004）。产品主导逻辑聚集于对象性资源，将服务视为产出单元；而服务主导逻辑聚焦于对象性资源，将服务视为与其他实体的价值共同创造过程，服务的价值来源于操作性资源的交换和应用。Vargo 和 Lusch（2004）等将服务定义为"为他人或自身利益而实施的专业化能力（即操作性资源，知识和技术）的应用"，因此，经济交换的基础是服务，经济主体为对方提供服务的过程也是为了获得对方的服务，即"为了服务而交换"（Vargo and Lusch，2008）。所有的产出包括有形物质产品都是服务的实现工具，即能力（知识和技术）的媒介或载体，服务被直接（通过无形服务产品）或间接（通过有形物质产品）提供。

专注于具有能动、创造性的操作性资源是服务主导逻辑的思想基础，正是由于聚焦于知识、技术，服务主导逻辑才将服务（而非

---

①　这里的知识与技术是广义的，既包括组织知识（如组织文化、竞争力），也包括信息（关于市场、竞争对手的知识）和其他相关的知识（与竞争对手、供应商、消费者之间的关系）等（Hunt and Derozier，2004）。

物质产品）视为产出单元，从而将传统的生产导向转变为服务导向，消费者从被企业俘获的对象转变为企业的合作生产者，同时也是资源的整合者。以操作性资源为核心的产品主导逻辑和服务主导逻辑的主要区别如表 6-1 所示。

表 6-1　　　　　产品主导逻辑和服务主导逻辑的主要区别

	传统的产品主导逻辑	服务主导逻辑
交换的基本单位	产品，交换是为了获得产品	服务，交换为了获得服务（解决方案）
对服务的定义	产品的一种（即无形产品）	能动地利用资源以满足对方利益的过程
对产品的认知	产品是可被利用的资源（operand resource）；营销者所做的就是改变它的形式、位置、时间和所有权	产品是服务（体现为知识和技术）的媒介
对顾客的认知	顾客是可被利用的资源，是产品的接受者，是市场营销的目标。	是能够创造价值的资源（operant resource）；顾客参与价值创造过程，是市场影响价值创造的伙伴
价值的决定和意义	价值由生产过程决定，体现于产品中。	价值由消费者在消费过程中决定，企业通过服务（与顾客互动），以此来共同创造价值。
资源观	对象性资源（operand resource）：物质投入要素，静态的、有形的、有限的	操作性资源（operant resource）：知识、技术、创新等无形、动态、无限的资源（可以加倍利用自然资源，创造出更大价值）

资料来源：笔者根据相关资料整理制成。

服务主导逻辑虽然产生于营销领域，但是，我们认为这一思想对于分析流通业与制造业关系的问题具有重要的指导意义，特别是在当前服务经济趋势下（程大中，2002），其关于服务交换、以服务为中心的认知对于分析经济社会其他问题同样具有重要价值。

二、衍生特征：价值网络与价值共创

服务主导逻辑下，不论是企业（服务提供者）还是顾客（服务需求者）都是资源的整合者，在服务系统中具有重要作用（Vargo and Lusch，2006；Vargo，2008），即顾客也参与价值创造。不同于产品主导逻辑将消费者独立于生产过程之外，在服务主导逻辑中，不存在生产者和消费者的截然两分，所有的市场主体均参与服务网络（体系）的价值创造（Vargo and Lusch，2008）。消费者参与价值创造这一假设已由众多学者提及（Normann and Ramirez，1993；Prahalad and Ramaswamy，2004；Lessem and Palsule，1997；Toffler，1980），国内学者周殿昆（2006）、张闯（2007）在分析流通渠道关系时也提出要将消费者考虑进来，形成供应商、流通商、消费者三赢的价值链（周殿昆，2008）。Vargo and Lusch（2004）指出，消费者在购买使用了商品时才能作出价值评价，交换价值的大小总是取决于购买使用的经验，这一点与产品主导逻辑认为价值是加入到生产过程中的观点显著不同。正因为如此，服务主导逻辑强调与顾客的互动（以此共同创造价值），因而，顾客体验是重要的，顾客通过服务体验成为资源的整合者（Lush，2007）。此外，服务主导逻辑强调过程，从而要求顾客的介入，即使对于有形物质产品而言，生产也不仅以制造过程的完结而结束，制造只是中间环节，产品生产出来以后，消费者还要学习如何使用、维护以及改装以满足个人特殊需要等。总之，在使用过程中，消费者在不断地进行营销、价值创造和传递。消费者不再是价值的毁灭者，而是创造者，是能动的资源（Vargo & Lusch，2007）。服务主导逻辑强调经济主体之间的相互作用和价值创造的网络特性。现代经济的一个重要特征便是间接经济，生产迂回链条不断增加。因此，任何一项服务产出的提供，也必然涉及众多中间产品以及各经济主体（个人、家庭、企业、政府）之间的相互作用，服务产出是网络协作的共同结果①。"组织的存在即是为了将微观专业者的能力整合和转化为市场所需要的复杂的服务产出"（Lusch & Vargo，2006）。所有的经济主体都是资源的整合者，均在服务交换和价值创造过程中内生，"为了服务而服务"意味着价值创造的各方均处于相互作用和紧密联系的网络当中，都是价值的创造者和受益者，需求者和供给者的界限不再清晰。

三、两种具体形式：服务型制造和制造型流通

以上我们分析了流通服务业与制造业理念导入型互动融合的基本特征，接下来，我们进一步指出流通服务业与制造业理念导入型互动融合在经济实践中所具有的两种具体形式：服务型制造②与制造型流通，意指制造业和流通服务业分别借鉴、吸收对方经营理念而实现生产模式和经营业态的变革与创新。

（一）服务型制造

服务型制造是服务经济趋势下先进的制造模式，是制造业的服务化。孙林岩（2006）指出，服务型制造是制造与服务相融合的新产业形态，是新的生产模式。将服务和制造相融合，制造企业通过相互提供工艺流程级的制造过程服务，合作完成产品的制造；生产型服务企业通过为制造企业和顾客提供覆盖产品全生命周期的业务流程级服务，共同为顾客提供产品服务系统（孙林岩，2009）。服

---

① 网络意味着各个主体相互联结，共创价值，各主体是网络中的节点。斯密的劳动分工理论事实上是网络分析的思想源头，只有将各专业化分工整合才能提供完整产品，各从事专业化职能的个体则是网络分工中的节点。正如 Lush 和 Vargo（2008）所指出的，"随着劳动分工的增加，另一个重要的发展便是个体之间的联系也增加。个人的专业化使得我们变得更加依赖和取决于他人，因此，市场发育的程度和网络相互联结的密度而大大增强。"

② 见孙林岩. 服务型制造：理论与实践 [M]. 北京：清华大学出版社，2009.

务型制造是基于制造的服务，为了服务的制造。

服务型制造是服务与制造相融合的先进制造模式，与传统制造方式相比，其显著特点在于以下几个方面：[①]

（1）在价值实现上，服务型制造强调向客户提供有丰富服务内涵的产品和依托产品的服务，以及基于客户的整体解决方案，而不再像传统制造以提供物质产品为核心。

（2）在作业方式上，服务型制造主张由传统制造模式的以产品为核心转向以人为中心，强调客户、作业执行者的认知和相互间的知识融合，在此基础上通过有效挖掘服务制造链上的需求，实现个性化生产和服务。

（3）在组织模式上，服务型制造更关注不同类型主体相互之间通过价值感知，主动参与到服务型制造网络的协作活动中，这些主体包括顾客、服务企业和制造企业。上述三方在相互的动态协作中自发形成资源优化配置，涌现出具有动态稳定结构的服务型制造系统。

（4）在运作模式上，服务型制造强调主动性服务。企业主动将顾客引入产品制造和应用服务的过程中来，主动发现顾客需求，展开针对性服务。企业间基于业务流程合作，主动实现为上下游客户提供生产性服务和制造服务，协同创造价值。

制造服务、生产性服务、顾客的全程参与构成服务型制造的三个基石，三者共同创造企业价值和顾客价值。作为生产性服务的子行业（Gershary & Miles，1983；Martinelli，1991；Karaomerlioglu & Carlsson，1999；丁宁，2009），流通服务企业通过与制造企业的业务流程对接、整合，为制造企业提供包括产品储运、市场销售、售后服务等在内的多项生产性服务活动（见图 6-1）。

---

① 此处内容参见孙林岩. 服务型制造：理论与实践 [M]. 北京：清华大学出版社，2009：49.

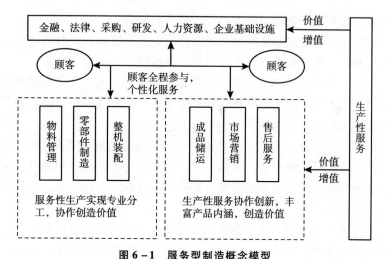

图 6 - 1　服务型制造概念模型

资料来源：改编自孙林岩. 服务型制造：理论与实践［M］. 北京：清华大学出版社，2009.

（二）制造型流通

制造型流通是指基于网络信息技术的便利条件，流通企业不断变革、创新，引入原本属于制造业的经营模式，变得越来越具有某些制造业的特征，即（流通）服务业的制造化。从经济实践中看，制造型流通主要体现为流通服务企业标准化程度的提高和商业集群的出现。

"福特制"的标准化生产在工业领域由来已久，产业标准化因其提高了产业内产品的兼容性，借此实现显著的规模经济和范围经济效益而一度盛行。19 世纪 50 年代连锁经营产生以来，流通业逐步吸收借鉴制造业领域的管理经验，采用标准化管理进行单店复制，实现了连锁经营的快速发展。连锁经营的标准化管理包括统一店面装修、统一进货渠道、统一服务流程、统一实施信息化管理等。

集群现象最早也出现于工业领域，如意大利米兰地区的服装业集聚、德国鲁尔地区的重工业集聚等。一般认为，外部经济性是产业集群产生的最重要原因（王辑慈，2001；徐康宁，2001；谢贞发，2005）。商贸流通领域集聚的出现则不能不说是流通业吸收借鉴制造业生产方式的又一例证。商业集群的形态很多，包括商业街、购物中心（Mall）、商业广场、步行街等，从集贸市场到各类批发市场、从小商品市场到专业市场及市场集群，从购物中心、商业街到 CBD 商业集群，等等，都是商业企业集聚的地方（彭继增，2010）。

通过以上分析，我们可以看出，流通服务业与制造业通过经营理念的传播、学习，创新了生产方式和经营机制，两者突破了产业间的技术和业务边界，"出现了兼具制造业和服务业特征的新型产业业态"（李美云，2007），即服务型制造和制造型流通。流通业与制造业的理念导入型互动融合事实上就是在以服务为中心的逻辑主导下，流通企业与制造企业通过跨组织的业务流程和工艺流程再造与双边知识平台的构建，高度融合形成基于制造的服务和为了服务的制造，以此实现资源的整合和整个服务系统网络价值的创造。在这一融合互动过程中，制造企业已不再是物质产品的生产者，而是服务的提供者，为用户提供包括制造品在内的一体化解决方案。

第二节　流通服务业与制造业理念导入型
互动融合的动因

流通服务业与制造业理念导入型互动融合是基于"企业重组"、"流程再造"等管理手段创新的推动下实现的，因此，流程再造，尤其是跨组织流程再造提供了两者间基于理念相容的互动融合的动因。

流程再造理论（BPR）认为，顾客、竞争和变化（3C）是企业进行彻底性流程变革的三大动因（Hammer，1993）。其一，市场的主导权已转入顾客手中。目前，市场的主导权已经发生了转移，从短缺经济下的卖方市场变为买方市场，商品不论数量、质量都有了极大的丰富，这意味着面对种类众多的商品，消费者有了更多的选择空间，消费者成为各方争夺的稀缺资源，其"用脚投票"的权力随之大增。因此，使顾客满意、为顾客创造最大的价值便成为企业的奋斗目标和一切工作的最终归宿。其二，竞争方式的变化主要体现在过去以生产效率为基础的简单竞争方式已被多层面、多领域的竞争所代替，主要包括按合同及时交货和保证新产品按时上市、设计质量满足顾客要求、生产成本低于竞争对手、售前咨询服务、售中问题响应及售后维护与升值服务等几方面内容，总之，在现代市场竞争中，谁能率先地提供独占性的产品和一流的服务，谁就能够赢得竞争。其三，消费者需求的多样性决定了市场需求的多变性，产品升级换代的频率越来越快，生命周期不断缩短；技术进步使企业的生产设施和服务系统发生经常性变化。因此，企业要想适应外界环境的迅速变化，要想在激烈的市场竞争中求得生存与发展，就不仅要采用先进的科学技术以改进生产工艺、提升产品质量，而且要尽快地改变与现代化生产经营不相适应的落后管理方法，建立起便于对外部环境变化作出灵活反应的管理机制和弹性组织结构。

除了上述三种因素以外，服务成为主要竞争手段是促使流通业与制造业进行理念融合、创新经营模式的又一重要因素。一方面，在当今科学技术普及、信息快速传播的条件下，不同企业生产的同类或近似产品，其设计、制造水准也不相上下，使一些有形产品的有形部分的属性如品质、功能、特性方面差异变小。在此种情况下，顾客对商品的选择与判断，已不再仅仅依据商品的有形属性，而在相当大程度上取决于无形方面，如有无长久的售后保障、齐备的配套服务和方便的安装调试等。服务已经成为企业间竞争、争夺顾客资源的重要手段，从而以服务为中心的服务型制造模式应运而生。正如 Levitt（1986）所评价的那样："我们只能说某些行业的服务比其他行业的多些或少些，从来没有一种东西能像服务这样无所不在，每个人都处在服务于被服务当中。"同时，由于制造业产品具有较高的渗透率和相比服务产品较长的生命周期，导致相当大的一部分附加价值已经由制造部门向产后服务领域转移，即出现了附加价值向下转移的现象。随着技术的复杂性和产的增加，这种趋势将越来越加强，并出现了对服务需求的指数性增长。因此，为了追逐服务的高附加值，越来越多的制造商开始实施服务扩展战略，从而促成了服务业与制造业的融合。

当然，信息技术条件下企业能力和资源边界的不断放大也是促使制造业服务化发展的重要内部因素。

第三节　流通服务业与制造业基于理念融合的价值创造机理

一、流通与制造企业通过跨组织的流程管理与再造，完成基于制造的服务和为了服务的制造

（一）流程管理与流程再造理论概述

流程是对组织内外各种资源间运作逻辑的抽象和刻画。企业的所有运作资源均可视为分别分布于各种不同的具有动态交互能力的流程上，简言之，企业中所发生的任何一项活动都有其所对应的执行流程，如新产品研发流程、物料配送流程、产品制造流程、客户服务流程、财务管理流程等。正如 Dvaenport（1989）所指出："流程是系列的特定工作，有一个起点，一个终点，有明确的输入资源与输出成果。"即流程由为完成某一任务的若干相互关联的环节构成；构成流程的环节必须是有限的，有起点也有终点；流程存在资源的输入和成果的输出。流程管理则是对企业的流程进行优化、组

合的各种管理活动的统称。

业务流程是流程的子集，主要是针对企业而言①，指为完成企业的某一个目标或任务而进行的一系列逻辑相关的跨越时间和空间的活动的集合（Dvaenport & Short，1990）。这些活动把一个或多个输入转化为对顾客有价值的输出（Hammer，1990）。流程管理则是为提高流程运行效率而进行的，以提高产品和服务质量为目标的分析、改善、控制和维持流程的系统化、结构化方法。现有文献一般将流程管理思想的发展分为三个阶段：泰勒和福特时代的流程管理、信息时代初期的业务流程管理、第三代流程管理（蔡斌、赵卫东，2006）。

流程再造（BPR）是流程管理思想的派生和应用，是用于指导流程管理变革的一般性原则。1993 年迈克尔·哈默和詹姆斯·钱皮在其著作《再造公司：企业革命的宣言》一书中，首次提出了经典的业务流程再造定义：对企业的业务流程（Process）进行根本性（Fundamental）再思考和彻底性（Radical）再设计，从而获得在成本、质量、服务和速度等方面业绩的显著性的（Dramatic）改善。这个定义中，"根本性"、"彻底性"、"显著性"和"流程"是应关注的四个核心内容，也是业务流程再造的四个基本特征。

（二）流通企业与制造企业的跨组织流程再造

流通企业与制造企业通过跨组织的流程管理与再造，实现业务流程的对接。流程再造使双方的价值观和经营理念发生转变，改善心智模式，建立快速的供应链反应和适应市场需求的共同愿景，从而实现两者互动的理念融合。

流通企业与制造企业间基于工艺流程和业务流程合作的生产性服务与服务性生产活动贯穿于产前、产中、产后各环节，通过联合

---

① 梅绍祖. 流程再造——理论、方法和技术［M］. 北京：清华大学出版社，2004。另，本书若无特别指出，流程均指的是企业的业务流程。

设计、制造和服务，可以丰富产品内涵，创造出产品的水平异质性、垂直异质性和技术异质性，从而有利于提升企业竞争优势，创造价值。流通服务企业与制造企业通过跨组织流程再造的效率提升主要体现在两个方面：

一是在信息流主导下的流通企业由于掌握市场需求信息的有利条件，业务流程的买卖次序发生颠倒，进而实现订单驱动下对制造企业生产的实时指引，大大节约了库存成本，提高了效率。

二是现代物流企业通过对制造业供应物流、制造物流、分销物流等的承接，帮助制造企业回归核心业务，在供应链协同的基础上加快原材料、在制品和制成品的流通节奏，提高了企业运营效率。

二、包含了消费者自主需求的产品（服务）提供模式是价值创造的重要路径

在流通与制造业的理念融合层次，流通与制造已无明显界限，服务成为交换活动的中心，通过引入顾客成为"合作生产者"，自发实现需求创造，摆脱了传统的制造模式将市场需求视为外生变量，被动应对市场变化的运作模式。传统的制造活动，技术导向性非常明显，制造厂商在价值链中占据着主导地位，市场及顾客是产品的被动接受者。厂商虽然也通过市场调查等方式将顾客引入价值创造过程，但由于介入程度有限，所起的作用并不明显。服务型制造模式更多以顾客需求为导向，通过企业与外部行为者（特别是顾客）的交互作用，引导顾客参与到产品的设计、制造和服务过程中，持续不断地改善"产品系统"，提高顾客满意度，实现产品创新和市场创新。因此服务型制造更多的是一种自主需求创造的制造模式。

顾客参与到产品系统的创造过程之中，可以更好地促进企业为顾客提供符合顾客需求的产品系统解决方案，从而实现企业价值和顾客价值。在信息经济时代，显性知识容易获得，对创新起关键作

用的隐性知识则不易获取。引入包含消费者自主需求的产品提供模式，顾客和企业频繁互动，相互参与业务流程，可以大大提高隐性知识的转移和创造，无疑能够促进"产品系统"的创新。对于产品提供者而言，在寻求和确定问题的过程中，顾客比企业发挥着更大的作用。具有一定技术的用户能够比企业提出更好的产品改进建议，甚至亲自参与产品的改进，从而为企业节约了成本，对企业形成示范效应，促进产品系统的创新。总之，服务型制造通过对客户价值的关注，依托分散化的资源集成，引导顾客参与到个性化的产品服务系统的生产过程中，实现了企业从简单的物理产品模式或无形服务向具有丰富服务内涵的产品服务系统模式的转变；也使企业完成了从产品或者服务供应商向综合性解决方案服务供应商的转变，延伸了企业的价值链，扩大了获利空间，促进了顾客效用和价值的提高。①

从流通企业角度，将消费者（顾客）关系纳入服务产品提供，有利于流通企业服务产品和服务流程创新，以及消费者价值增值。一方面，顾客与企业的强联结，意味着较高的信任和依赖水平，这大大节约了顾客的搜寻成本，降低了消费的不确定性，从而有利于提高流通企业的"顾客忠诚"。另一方面，较强的顾客关系联结有利于现代连锁流通企业的多单元组织创新。多单元组织创新是指：为了开发与满足新市场，在服务系统标准化的基础上，将其服务管理系统复制到另一地区，从而更好地实现规模经济效应。在流通企业连锁扩张过程中，顾客关系的强联结可以充分发挥信任和口碑传播的效应，有些顾客甚至会向周围的人推荐该企业，并为企业作出适当的保证，从而有利于提高其在新市场中潜在顾客对该流通服务企业的认可和采用速度，提升创新绩效。

---

① 李刚，孙林岩，李健. 服务型制造的起源、概念和价值创造机理 [J]. 科技进步与对策，2009（7）.

三、知识动态能力是服务型制造价值创造的源泉

（一）企业成长的知识视角与服务型制造网络的知识构成

企业成长离不开投入要素。关于核心生产要素的认识，经济学经历了从土地和劳动力到资本、再到知识三个阶段。随着外部环境的变化，尤其是伴随知识经济的出现，越来越多的学者指出企业成长所依赖的资源由有形物质资源向知识这种无形资源转变。知识因为其无穷的创造力，在企业价值创造中发挥着越来越大的作用，知识和与知识相伴生的企业家精神正在替代其他生产要素成为企业"超常规"成长的重要推动力。与此同时，市场竞争规则也在发生变化。那些能够基于知识、最大化实现顾客价值的企业将成为市场上最终的胜者。

在充分认识到知识资源要素的重要作用的基础上，学者们开始从知识视角诠释企业核心竞争能力的培育和企业成长。20世纪80年代产生的资源基础观认为，企业是由一系列具有各种用途的资源组成的集合，企业的竞争优势源于企业所拥有的资源情况。资源基础观将关注的焦点从企业外部环境中行业结构对公司竞争行为和竞争战略的影响逐渐转移到组织内部的资源、能力对企业建立和维持竞争优势的作用上。随后的能力基础理论发展了资源基础观，因为资源可以在竞争较充分的市场交易中获得，而只有隐藏在资源背后的企业配置、开发和保护资源的能力才是企业竞争优势的深层来源。由此，能力基础观认为企业如果能开发、利用和保护好其独有的隐藏在资源背后的资源配置、开发和保护的能力，就能够创造并保持竞争优势。而企业的能力主要包括员工的技能、经验和知识。德姆塞茨指出，隐藏在能力背后并决定企业能力的是企业所掌握的知识。由此我们可以看出，从资源到能力再到知识，影响企业获得

竞争优势的关键在于企业所拥有的知识资源。

　　理念融合下的流通企业与制造企业通过业务流程的对接、整合形成价值创造的共同体，亦即服务型制造网络。服务型制造网络中的知识主要表现为技术知识、制造过程知识和顾客知识，对这些知识的学习、积累和运用，成为服务制造网络成长和获取竞争优势的关键。其中，技术知识主要是行业技术标准、技术发展、产品设计原则、界面标准等技术规则知识；制造过程知识通常指的是产品（包括有形物质产品和无形服务产品）在生产过程中所需的资源配置、工艺流程、人员管理、质量控制等和生产过程密切相关的知识；顾客知识则包括市场调查、顾客需求与偏好、品牌推广、销售渠道、物流配送等和终端顾客相关的知识。不同的知识资源在网络价值曲线中呈异质性分布，我们借用微笑曲线描述出服务制造网络中的知识分布，如图 6 - 2 所示。

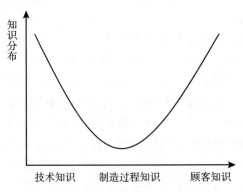

图 6 - 2　服务制造网络中的知识分布

资料来源：笔者设计绘制。

　　上述知识从性质上看，又可分为显性知识和隐性知识。显性知识可以用规范的、定义过的文字与编码来描述，从而通过文件传输就可以实现共享和传播；隐性知识则不可编码，存在于人的行动、信念当中，与具体的情景相关。一般认为，隐性知识更有价值（赵曙明、沈群红，2000），是企业形成特有竞争优势的源泉。因此，服务型制造网络的竞争优势的获取关键在于隐性知识的学习、积累与转化，下面我们将具体分析基于知识动态能力的服务型制造网络竞争优势的获取。

（二）基于知识动态能力的服务型制造网络竞争优势的获取

企业的竞争优势来源于被嵌入在不断发生变化的各类组织（网络）过程中的能力。企业要随着环境的变化不断地进行整合和重构，形成动态能力，才能保持竞争优势。本书借用李刚（2008）提出的"网络嵌入—知识积累（企业内、外部学习）—动态知识能力（企业制造及服务能力发展所需要的知识和企业积累的隐性知识的匹配）—制造模式演化（制造战略、业务模型、组织惯例）"的演化模型来分析服务型制造网络竞争优势的获取过程。

1. 网络嵌入

企业嵌入服务型制造网络，和价值链其他环节的厂商实现协作，通常源于其具有的资源优势。这类资源优势通常表现为：①成本优势，包括劳动力成本优势和原材料成本优势；②本地市场知识优势；③社会资本优势。在开放的市场经济中，资源的自由流动和市场需求的增长，会自发地吸引企业实现资源和知识优势的互补，促进企业间业务协作。通常，企业会借助于本地的劳动力和原材料成本优势，从事劳动密集型的非核心零部件的加工；企业也借助于对本地市场知识的掌握，为行业领先企业提供分销及零售服务；企业还可以借助企业家网络等社会资本优势，为领先企业提供制造及服务协作，以嵌入服务型制造网络。在初期网络嵌入阶段，企业提供的产品及服务蕴含的知识量很低，很容易被竞争对手模仿，在制造网络中议价能力很低。

流通企业由于其天然地接近消费者，并且凭借其广布的销售网

点和信息技术的运用而具有市场优势。比如，苏果超市曾于1998
年斥巨资引入管理信息系统，现在南京380多家苏果直营连锁店的
6800台收银机全部联网，实现前台收银和后台补货系统互动。现
在，苏果的补货订单的准确率高达98%，对市场信息的及时掌握使
零售商节约了大量成本。制造企业由于大批量采购与生产，则通常
具有原材料成本优势。总之，流通与制造企业以各自不同的优势嵌
入服务型制造网络当中。

2. 知识的积累

企业掌握的通用性知识往往容易因为市场交易的改变而老化，
顾客需求的个性化也促使提供产品服务系统企业的存量知识发生老
化。因此，企业必须通过培育、开发等手段，积极积累产品设计、
制造、销售及服务过程中的新知识，以促进企业服务能力的提高。
对于显性知识，企业可以通过外来人员招聘、内部员工培训和设备
投资等活动获得。对于锁定于特定企业的组织方式、人员构成当中
的企业文化价值观念、沟通交流机制等隐性知识，企业可以通过内
部学习和外部学习过程进行培育和开发。内部学习包括通过研发、
员工培训、知识管理、部门合作来积累内部经验，外部学习过程包
括员工招聘、与供应商交流等。由于不同的顾客对产品及服务的设
计、质量、成本等存在不同的偏好，因此企业在和客户的协作中，
可以学习和积累关于顾客偏好的隐性知识。此外，知识的积累与获
得还可通过建立生产线，在与竞争对手、供应商、客户的交互中学
习和改进现有生产过程管理知识；通过合作联盟，并购、技术特许
等方式也可以快速地获取外部知识；通过行业内部人力资本的流动
帮助企业积累起该产业的工作经验和知识，促进企业劳动生产率的
提高。当拥有合理的人力资本结构时，那些难以言传的隐性知识就
可能会通过与某种熟知的易于表达的媒介相连接而实现显性化，积
累成为企业在产品设计、生产过程、顾客需求、服务等方面的内部
知识。

流通企业与制造企业知识交互与积累过程我们在本书第五章中

（动态联盟）也曾分析过，但那时更强调在联盟这一长期关系契约形式下两者间的作用过程。而在服务主导逻辑下，流通企业与制造企业之间的合作以服务为中心，两者在相互学习并不断将对方隐性知识转化为自身显性知识的过程中创新经营模式，共同建立起长效的相互信任和学习机制。

3. 基于知识的动态制造能力和服务能力

在通过积累和学习形成知识资源优势的过程中，企业需要对知识进行整合和创新，以实现企业拥有的知识资源与发展制造及服务所需的知识资源之间的匹配，将知识资源转化为实际的制造及服务能力，形成企业的动态能力优势。通过简化、分解、集成等手段，把隐性的、复杂的知识转化为显性的、标准化的内部知识，以便企业成员掌握并据此开发企业的制造及服务能力，形成可以重复应用的模式。企业通过供应链的重构、组织及业务流程再造、生产线改造、持续制度改进、组织设计等方式形成业务流程、组织惯例、制度及业务战略等动态能力，形成产品服务系统的研发、生产、销售等方面的动态能力。并通过在不同的地域的扩张，对这些知识和能力进行进一步的积累和检验，开发并强化企业的动态制造及服务能力优势。

4. 制造模式演化

在制造及服务能力发展的基础上，通过重组和优化供应链平台、制造平台、技术平台、服务平台、客户平台和信息系统平台，企业将形成一套高效率、低成本的服务型制造模式，成为物料供应、产品设计、制造、物流、分销、售后服务等环节的核心厂商。依托这些平台，企业可以将其在一个地区、一个产品领域的服务型制造模式迅速地加以复制、转移、扩张到另一个相似的地区，或者具有类似技术特性的其他产品服务系统的制造及服务过程中，实现低成本、高效率的扩张，进一步强化其制造及服务能力，增强竞争优势，实现企业绩效的提升。

企业的服务型制造模式的演化过程表现为企业的边界、结构、行为绩效的演变。企业的边界变化表现为企业的产品服务系统模式的演进，在物理产品中嵌入的服务内涵增加，服务增值空间的加大。企业结构的变化表现为产品服务系统生产模式的变化，企业通过构建基于技术知识、制造过程知识、顾客知识等动态能力，在服务型制造网络价值曲线上的一个或多个环节发挥核心作用，并随着企业动态制造及服务能力的演变在服务型制造网络中进行迁移。企业行为的变化主要表现为企业制造与服务业务发展模式及业务协作流程的变化。随着企业边界、结构及行为的变化，企业的制造模式也随之升级，从传统的制造商发展成为能够为客户提供集成产品服务系统的厂商，企业的绩效得以不断成长，竞争优势得以延续。

表 6 - 2 总结了流通服务业与制造业理念导入型互动融合的基本类型、特征、动因与价值创造模式。

表 6 - 2　　　　服务流通业与制造业理念导入型互动融合

类型	关联特征	动因	价值创造模式
服务型制造	服务主导的基本逻辑	顾客、竞争和变化；服务成为主要竞争手段；企业能力和资源边界的不断放大	跨组织的流程管理与再造，实现业务流程对接；包含了消费者自主需求的产品（服务）提供模式；知识动态能力
制造型流通	网络型、开放式		

资料来源：笔者归纳整理。

第四节　案例分析：海尔的流程再造与虚实网络结合的创新经营模式①

海尔是我国著名的家电制造企业。1984 年初创之期的海尔还是一个只有 600 名员工、资不抵债的集体小工厂，经过 20 多年的发

① 案例整理自《经济日报》2010 年 6 月 17~19 日。

展，海尔已经成为全球拥有员工总数 6 万多人、营业收入接近 200 亿美元的全球化跨国集团公司。海尔的成功在很大程度上得益于其始于 2007 年 4 月底的一场史无前例的大规模流程再造。

为了全面提高生产效率，经过充分的调研之后，以张瑞敏为领导的企业管理层认为需要在公司内部进行一场全方位、深层次的大规模流程再造。

一、作业层面的流程再造

海尔在认识到产品的质量问题后，决定开始推行全面质量管理（TQM），并在生产经营中提出了 OEC 的管理方法，即 Over-all，Every 和 Clear，对企业的经营管理进行全面、全方位、全景式的扫描。通过实施 OEC，海尔优化了局部业务流程，企业内的作业效率得到了提高，有力地塑造了海尔品牌，并且为以后进一步的流程再造打下了思想和实践基础。在组织结构设计方面，为了适应多元化发展战略，海尔将直线职能制的组织结构转变为事业部制，进而又转变为产品本部制。

二、以"市场链"为纽带的经营层流程再造

"市场链"是把外部市场经济对企业间的利益调节机制引入企业内部，把从前业务流程中不同岗位之间的上下级关系和同事关系转变为市场订单关系，即把内部顾客外部化。市场链的经营结构强调以首尾相接的、完整连续的整合性业务流程来取代过去被各种职能部门分割的、不易看见也难于管理的破碎性流程，每一个流程都有直接的"顾客"（指内部顾客和外部顾客），为顾客提供最直接的服务；流程的行为是"直接做"，而不是等待向上级请求后再做。海尔基于市场链的流程再造以追求顾客满意度最大化为目标，以"订单"为凭据，重新整合管理资源与市场资源，在 OEC 管理平台

基础上形成每一个人都有自己的顾客、每一个人都与市场零距离、每一个人的收入都由市场来支付的管理运营模式，从而大大提高了企业经营效率和响应市场速度。

三、组织结构调整与改造

组织结构调整之前，海尔为纵向流程的事业本部制。集团下设六个产品本部，每个本部根据产品的不同分设不同的事业部，各事业部分设人事、销售等部门。进行了以"市场链"为纽带的业务流程再造后，为了适应"市场链"式的流程，海尔建立了新型的横向网络化结构。首先，海尔把原来分属于每个事业部的财务、采购、销售业务全部分离出来，整合成独立经营的资金流推进本部、物流推进本部、商流推进本部，实现统一结算、统一采购、统一营销；接下来把集团原来的职能管理资源进行整合，以集团的职能中心为主体，注册成立独立经营的服务公司，整合后集团形成直接面对市场的、完整的物流、商流等核心流程体系和资金流、企业基础设施、研发、人力资源等支持流程体系。最后把这些专业化的流程体系通过"市场链"连接起来，设计索酬、索赔、"跳闸"标准。再造后，原来的各职能部门被改造成了独立的子公司，以内部价格为基础接受其他子公司的订单，提供相关服务。

四、战略层的再造

海尔为了适应国际化发展的战略目标，提出了扁平化、网络化和信息化的"三化原则"，并建立了全员 SBU（战略事业单元）的战略执行机制和 SST（索赔、索酬和"跳闸"）的市场激励机制；将企业的持续改善和不断创新的理念融合到企业的经营管理文化中，使之成为企业不断进化的不竭动力。

进入 2010 年，在流程再造完成 1000 天的日子里，海尔成功完成了两个转型：基于人单合一的商业模式转型和零距离下虚实网结合的服务业转型。

所谓"人单合一双赢模式"，是海尔对消费者家电产品需求个性化这一市场现状作出的重大生产策略调整。从大规模制造向大规模定制转型，海尔传统的"生产—库存—销售"模式由此转变为用户驱动的"即需即供"模式。为此，海尔对组织结构作出了相应调整，由市场销售人员及研发、企划、物流等各职能部门人员共同组成的自主经营体来掌握企业生产、销售决策权，每个员工变被动经营为自主经营，在相同的目标指引下，员工可以自运转、自驱动、自创新。海尔希望以这种方式在复杂多变的市场竞争中求胜。

海尔的另一个转型即企业转型——从单纯的制造业向服务业转型，从卖产品向卖服务转型。为了实现这一目标，海尔将企业定位为"美好生活解决方案提供商"，通过"虚、实网结合"在第一时间满足消费者需求。作为向服务业转型的重要内容，海尔提出通过"零距离下的虚实网结合"实现"零库存下的即需即供"的目标。"虚网"即互联网，海尔通过互联网搭建与用户零距离的互动平台，了解用户需求，用户可以根据海尔提供的模块自行设计想要的产品；"实网"指营销网、物流网、服务网，通过这三张"网"将用户需要的产品和服务在第一时间配送到位。

如今，海尔的营销网络已覆盖到 10 万个村、2.4 万个乡镇，拥有 5000 多家县级专卖店，物流网可以做到 150 公里、24 小时内准时送达，服务网变等客上门为送服务上门。这三张网像滴灌一样渗透到市场的"根系"之中，能够更准确、快捷地把握需求、送达需求。

第七章

流通服务业与制造业互动融合的
实证研究：以中国为例

根据前面的分析，流通服务业与制造业相互影响、相互作用，在产业分工逐渐深化的过程中衍生出多种关联，并伴随着外部环境的改变，这一联系机制不断演化，从产业间协作的业务供求到产权维系的组织供求和契约供求，再到以知识技术性质为基础的理念供求，流通服务业与制造业经历了协作型互动融合、延伸型互动融合、理念导入型互动融合三个层次。本章将在前面理论分析的基础上，以中国为例，对流通服务业与制造业间的互动融合关系进行实证研究。

第一节 流通服务业与制造业相互依赖关系的
初步判定：2000~2007 年

本小节拟采用面板数据模型，利用 2000~2007 年我国流通服务业和制造业发展的相关指标，对流通服务业与制造业间的关系进行定量考察。考虑到数据的可得性，我们此处采用社会消费品的批发零售总额（以下简称零售额）作为流通业发展的衡量指标，同时用工业生产总值作为制造业发展的衡量指标。所使用的数据均来源于国家统计数据库，个别省份数据来源于各省的统计年鉴或统计公报。为了剔出价格变动的影响，本书采用工业品出厂价格指数对工业总产值进行了调整，社会消费品零售额则采用零售价格指数进行调整，分别定义为序列 pgycz 和 plse。关于流通对制造业影响的面板数据分析，分为两个层面，一是全国样本的面板分析；二是分地区（东、中、西部）次级面板分析。

一、全国样本分析

选取全国除西藏和东北三省之外的 27 个省、市工业总产值和批发零售总额数据（单位亿元），时间跨度为 2000～2007 年，共216 个观测值。

为了防止伪回归，根据面板数据的单位根检验的结果，我们对进行一阶差分后的序列 dpgycz 和 dplse 进行分析，单位根检验的结果见表 7 – 1，估算结果见表 7 – 2。

表 7 – 1 单位根检验结果

变量	检验类型	统计量	p 值	检验结果
pgycz	含截距项	32. 1515	1. 0000	非平稳
dpgycz	含截距项	– 2. 5973	0. 0047	平稳
plse	含截距项	9. 4915	1. 0000	非平稳
dplse	含截距项	– 34. 1191	0. 0000	平稳

注：（1）为了保证可比性，单位根检验均采用 LLC 检验方法，检验形式为包含截距项。
（2）检验结果在 5% 的显著性水平下。

表 7 – 2 流通业对于制造业的影响

	混合普通最小二乘 (2.1)	固定效应 (2.2)	随机效应 (2.3)
c	– 85. 0438	516. 2492 *	– 22. 7242
	（ – 0. 5925）	（3. 1026）	（ – 0. 1576）

续表

	混合普通最小二乘（2.1）	固定效应（2.2）	随机效应（2.3）
dplse	6.54007*	4.0535*	6.2824*
	(16.6677)	(7.2812)	(16.4480)
R²	0.5977	0.7145	0.5557
D. W.	1.9682	1.6794	1.9613
obs	189	189	189

注：* 表示在 1% 的水平上显著，括号内为 t 统计量值为节省空间，本表只报告了个体效应，未报告时点效应。

总的来看，流通业发展会影响制造业产出，三种模型解释程度达到 50% 以上，分别为 59.7%、71.45%、55.57%。回归系数也都通过了显著性检验，零售额每增加一个单位，会导致制造产出增加 6.54、4.05、6.28 个单位［式（2.1）至式（2.3）］。由此可以看出，就全国范围而言，流通业对制造业发展起到正向作用，社会商品流通越发达，制造业发展越迅速。

二、地区次级样本

为了更清晰地分析流通产业对制造业发展的影响，我们将以上 27 个省市样本按照地区划分为东部、中部和西部三个板块①，以便考察产业发展的地区差异。

（一）变量的统计描述

对各区域样本的描述性统计结果见表 7－3。

---

① 东部地区包括北京、天津、河北、上海、江苏、浙江、福建、山东、广东、海南 10 个省市；中部包括江西、湖南、湖北、安徽、河南、山西 6 个省份；西部包括陕西、宁夏、甘肃、四川、重庆、云南、贵州、广西、青海、新疆和内蒙古 11 省市区。本书未考虑西藏、吉林、辽宁和黑龙江 4 个省份。

表 7 - 3　　　　　　　　　　　各地区描述性统计

地区	东部地区				中部地区				西部地区			
统计值	平均值	标准差	最大值	最小值	平均值	标准差	最大值	最小值	平均值	标准差	最大值	最小值
工业总产值	14414.2	13872.8	61954	132	4281.7	3336.2	18010.6	923.1	2181.3	1812.5	10632.4	216.3
零售额	2478.9	1870.9	8618.8	104	1461.8	791.7	3561.9	435.9	657.3	560.2	2952.7	55.3

分地区来看，东部地区各变量的均值水平最大，高于中部和西部地区的平均值水平，工业总产值平均值和零售额分别为 14414.2 亿元和 2478.9 亿元；衡量变量变动的标准差也最大，分别为 13872.8 和 1870.9，说明东部地区的制造业和流通业发展水平三个地区中是比较高的。中部地区发展次之，工业总产值和零售额的均值分别为 4281.7 亿元和 1461.8 亿元，西部最慢，分别为 2181.3 亿元和 657.3 亿元。

（二）估算

经检验，各地区变量的一阶差分序列是平稳的，故对其相应差分序列进行分析。表 7 - 4 是分地区回归的结果。

为了保证可比性，表 7 - 4 列出了三种模型回归的结果。从固定效应来看，东部地区和西部地区模型的拟合程度比较高，分别达到了 76% 和 94%，各系数均在 5% 及以上的水平上达到显著。其中，东部地区流通业增长一个单位，制造业相应增长 4.814 个单位；西部地区流通业增长一个单位，制造业相应增长 3.769 个单位。可见，东部和西部地区，流通业对制造业发展的正向影响是比较明显的，体现出了流通的先导作用。从中部地区来看，三种模型的拟合程度均不高，各回归系数未通过显著性检验，表明中部地区流通业对制造业的促进作用不明显。整体来看，三大地区流通业对制造业发展的影响是正向的，即流通越发达，制造业发展得也越好，这从三大地区流通业对制造业的回归系数均为正可以看出；但是地区之间存在差异，东部地区流通对制造业的促进作用最明显，西部次之，中部地区流通的促进作用表现最弱。

表 7 - 4　　　地区次级样本回归

地区	东部地区			中部地区			西部地区		
回归值	混合回归 (4.1)	固定效应 (4.2)	随机效应 (4.3)	混合回归 (4.4)	固定效应 (4.5)	随机效应 (4.6)	混合效应 (4.7)	固定效应 (4.8)	随机效应 (4.9)
c	324.098	1087.310*	329.974	412.852	482.074	12.852	191.728***	-296.286**	-63.987
	(1.058)	(3.091)	(1.164)	(0.854)	(0.861)	(0.819)	(1.805)	(-2.540)	(-0.466)
dplse	6.727*	4.814*	6.713*	1.944	1.641	1.944	3.027*	3.769*	3.416*
	(11.805)	(6.471)	(12.749)	(1.099)	(0.769)	(1.053)	(24.549)	(23.760)	(25.878)
R^2	0.67	0.76	0.67	0.03	0.08	0.03	0.88	0.94	0.86
D.W.	2.079	1.608	2.077	1.705	1.761	1.705	0.750	1.471	1.087
obs	70	70	70	42	42	42	88	88	88

注：1. 经 Hausman 检验，除中部地区外，东部和西部地区检验的 H 统计量的值均大于相应的卡方临界值，故东部和西部地区建立固定效应模型，而中部地区应建立随机效应模型。

2. *、**、*** 分别表示在 1%、5%、10% 的水平上显著，括号内为 t 统计量值。

前文的分析结果表明，从全国数据来看，零售额每增加一个单位，会导致制造产出增加 4.05 ~ 6.54 个单位，影响显著。从各地区次级样本来看，零售额每增加一个单位，会导致制造产出增加分别为东部地区 4.8 ~ 6.7 个单位，中部地区 1.6 ~ 1.9 个单位，西部地区 3.0 ~ 3.7 个单位，东部地区高于全国水平，而中、西部地区低于全国水平。从回归结果来看，东、西部地区回归系数在 1% 水平上显著，而中部地区回归系数不显著，由此可以得出以下结论：

首先，生产和流通是密不可分、休戚相关的统一体，流通对生产具有极大的反作用，流通领域的运行效率直接决定了生产领域的运行状况。这进一步打破了传统的"生产决定论"或"流通无用论"的禁锢，证明在市场经济中，流通不仅不是生产的依附，而是生产的先导。本书的实证结果支持了刘国光（1999）、黄国雄（2005）等人提出的流通产业的先导（基础）产业论。

其次，流通产业对制造业的影响存在着明显的地区差异。东部地区流通产业对制造业的引导促进作用最为明显，这很可能与东部较高的经济发展水平有关。完备的物流基础设施、先进的信息技术平台以及生产高地所引发的资金集聚效应，构成东部地区发达的流通产业体系，从而反过来进一步促进了生产的发展。西部地区由于经济发展水平较低，构建发达流通产业的各项条件均有限，从而流通对制造业的影响水平小于东部地区。

第二节　我国流通服务业与制造业互动的投入产出分析

在经济服务化背景下，流通服务业作为生产性服务的重要组成部分，其与制造业之间的结合更加紧密，从过去单纯的联系生产和消费的媒介转变成为上游生产商和下游消费者提供"解决方案"的综合性服务商。特别是随着信息技术的发展，制造企业为了适应多变的市场需求而将原本置于企业内部的服务活动外包，许多大型流通商凭借自身优势成为承接制造企业外包服务的重要主体（丁宁，2009），由此形成了两大产业基于产品和服务供求的广泛交换，产业间的相互依赖与互动关系日益加深。为此，本节拟运用投入产出模型测算并分析我国流通服务业与制造业的产业关联特征，并在此基础上采用多年份数据进行纵向的动态比较，以期为判定我国流通服务业与制造业互动联系的现状提供量化依据，从而为相关部门制定产业政策有效促进两者协调发展提供思路。

一、产业关联指标的选取

投入产出法是由美国经济学家瓦西里·里昂惕夫（W. Leontief）创立的，其通过编制投入产出表和构建投入产出模型，能够清晰地揭示国民经济各部门或产业结构之间的内在联系，以此来反映产业间的相互依赖程度。

（一）后向关联

后向关联是从投入角度考虑流通服务业与制造业的关联影响，指该产业（作为下游产业部门）对那些向其供应产品作为其中间消耗的产业或部门（作为上游产业部门）的影响。后向关联指标包括直接后向关联指标和完全后向关联指标，由于完全消耗系数较直接消耗系数更能全面反映产业间的联系，本书用完全后向关联指标衡量流通服务业对制造业的需求拉动作用。其计算公式为：

$$B = (1 - A)^{-1} - I \qquad (1)$$

式中，B 是由全部完全消耗系数 b_{ij} 组成的矩阵；A 为直接消耗系数矩阵；I 为单位阵。

（二）前向关联

前向关联是从产出角度来说明流通服务业与制造业的关联影响，是某产业对那些将本产业的产品或服务作为中间投入的部门的影响。前向关联指标也包括直接前向关联指标和完全前向关联指标，本书用完全前向关联指标衡量流通服务业对制造业的支撑作用，以此来反映流通服务业对制造业的贡献程度。其计算公式为：

$$W = (1 - H)^{-1} - I \tag{2}$$

式中，W 是由完全分配系数 w_{ij} 构成的矩阵；H 为直接分配系数矩阵；I 是单位阵。

（三）感应度系数

任何一个产业的生产活动通过产业之间相互联系的波及效果，都会影响和受影响于其他产业的生产活动。感应度系数表示如果国民经济各个部门每增加一个单位最终产品，某产业因此而受到的需求感应程度，也就是需要该产业部门为其他部门生产而提供的产出量。当感应度系数大于 1 时，表明该部门所受到的感应程度高于社会平均感应程度，该部门提供给其他部门的中间使用越多，受到的国民经济其他部门的带动作用越强，则该产业越具有基础产业的特征。感应度系数 S_i 的计算公式为：

$$S_i = \frac{\displaystyle\sum_{j=1}^{n} \bar{B}_{ij}}{\dfrac{1}{n} \displaystyle\sum_{i=1}^{n} \sum_{j=1}^{n} \bar{B}_{ij}} \tag{3}$$

$$i, j = 1, 2, \cdots, n$$

式中，$\bar{B}_{ij}$ 表示 $(I - A)^{-1}$ 中的第 i 行第 j 列的系数。

（四）影响力系数

影响力系数反映了某一产业部门最终需求增加一个单位时，对国民经济其他产业部门所产生的生产需求的波及程度和影响能力，这种影响能力表现为该产业对国民经济发展的拉动能力。当影响力系数大于 1 时，表明该部门生产对其他部门所产生的波及与影响程度超过社会平均的影响力水平，也就是说该部门对国民经济各部门产出的拉动作用很大，对社会生产的辐射能力也就越大，因而成为国民经济发展的主导产业。

$$T_j = \frac{\sum\limits_{i=1}^{n} \bar{B}_{ij}}{\frac{1}{n}\sum\limits_{i=1}^{n}\sum\limits_{j=1}^{n} \bar{B}_{ij}} \qquad (4)$$

$$i, j = 1, 2, \cdots, n$$

式中，$\bar{B}_{ij}$ 表示 $(I-A)^{-1}$ 中的第 i 行第 j 列的系数。

二、数据与变量说明

迄今为止，我国官方发布的正式投入产出表有 1987 年、1992 年、1997 年、2002 年、2007 年表，还有在此基础上编制的 1990 年、2000 年以及 2005 年延长表。我国投入产出表统计口径不完全一致，为了保证可比性，本书原则上采用各年 42 部门制作的投入产出表。由于各年的表中对行业划分有细微差异，在我们的研究中，流通服务业包括交通运输仓储业、邮政业和批发零售贸易业，在做整体研究时流通服务业基本流量数据是这三个行业的归并。在细分部门的研究中，以功能的相似性为原则，本书将流通服务业划分为交通运输仓储业和邮政业（简称为物流运输业，以 L 表示）以及批发零售贸易业（简称为批发零售业，以 D 表示）两大子行业。制造业的门类相对固定，根据行业划分标准，本书选取 16 个制造业细分行业，以 M 代表制造业，加以数字 1~16 分别表示 16 个制造业细分行业。同时借鉴陈健、史修松（2008）的做法，进一步将细分的制造行业按照产品的最终用途划分为消费品制造业、资源加工业和资本品制造业三大类。具体制造业各行业代码及分类如表 7-5 所示。我国各年投入产出原始表来源于相应的中国统计年鉴和中国投入产出学会网站。本书中基本流量数据均按照当年价格计算。

表 7 - 5　　　　　　　根据产品最终用途的制造业行业分类

消费品制造业	食品制造及烟草加工业（M1）、纺织业（M2）、纺织服装缝纫及皮革羽绒制造业（M3）、木材加工及家具制造业（M4）、造纸及文教用品业（M5）
中间品制造业（资源加工业）	石油加工炼焦及核燃料加工业（M6）、化学工业（M7）、非金属矿物品业（M8）、金属冶炼及压延加工业（M9）、金属制品业（M10）
资本品制造业	通用专用设备制造业（M11）、交通运输设备制造业（M12）、电器机械及器材制造业（M13）、通信设备计算机及其他电子设备制造业（M14）、仪器仪表及文化办公用机械制造业（M15）、工艺品及其他制造业（M16）

资料来源：笔者根据相关文献整理。

　　由于逢 2 和 7 的年份我国都要进行投入产出调查，数据更为准确，因此我们采用 1987 年、1992 年、1997 年、2002 年、2007 年五个年份的投入产出表资料来进行实证研究。总体来说，本书的研究按照先整体后部分的思路展开。首先，通过各项指标的测算，分析我国流通服务业与制造业两大产业整体的产业关联特征；其次，将流通服务业和制造业分别进行行业细分，将流通服务业分为物流运输业（L）和批发零售业（D），分别分析其与 16 个制造业子行业的产业关联特征。细分行业为我们区分不同行业特征提供了便利，而多年份投入产出分析的纵向比较则有利于我们把握我国流通服务业与制造业互动演进的动态发展规律，以便把握流通服务业与制造业互动发展的轨迹，预知未来发展变化的特点。

三、流通服务业与制造业的产业互动与关联特征：整体分析

（一）后向关联效应和前向关联效应

　　由表 7 - 6、图 7 - 1 可知，各年来看，流通服务业与制造业的

后向关联效应均远远大于其前向关联效应，后向关联系数各年均维持在 0.6 以上，平均水平达到了 0.7747；相比于后向关联系数，我国流通服务业与制造业的前向关联效应较小，各年在 0.2 左右水平上波动，平均值仅为 0.2146。从变动趋势来看，除 2002 年略有下降外，流通服务业与制造业的后向关联呈上升趋势，特别是 2007 年达到了峰值 0.9966；流通服务业与制造业的前向关联则总体较平稳，除 1992 年略有上升之外，其余年份变化波动幅度不大。

表 7 - 6　　　流通服务业与制造业各年的后向关联效应和前向关联效应

年份	完全后向关联系数	完全前向关联系数
1987	0.6926	0.1667
1992	0.7638	0.2666
1997	0.7713	0.1990
2002	0.6492	0.2190
2007	0.9966	0.2216

数据来源：根据各年投入产出表计算所得。

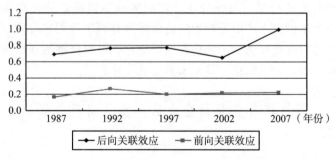

图 7 - 1　　制造业与流通服务业各年的后向关联和前向关联效应

实证结果表明，我国流通服务业对制造业的后向拉动作用明显，即产业链中流通服务业作为下游产业对上游制造业产品的中间消耗是比较大的，换句话说，制造业为流通业的发展提供了大量的直接和间接中间产品。流通业作为连接生产与消费的桥梁，其本身并不生产产品，而是通过在产品分销环节的附加服务增加产品价值并以此获得利润，因此流通业产出中的很大一部分事实上为制造业产品的产品成本所占据。我国流通业的行业利润率向来不高，特别是近年来全国范围内竞相发生了供应商和流通商之间的冲突，导致产品成本提高，故而后向消耗系数升高。相比较而言，流通服务业与制造业的前向消耗系数较小，表明流通服务业对制造业的支撑作用较弱。即流通服务业产出作为制造业的中间投入是比较小的，1987 年每生产 10000 元制造业产品所需的流通服务产出为 1667 元，2007 年这一数据为 2216 元。流通服务业对制造业的支持不足，一方面是由于我国流通服务业服务水平低下，满足不了制造业的需求；另一方面我国加工制造业产业链条短，对知识含量高的生产性服务的需求不足也是导致流通服务业支撑作用较低的重要原因。

（二）感应度系数和影响力系数

根据表 7-7、图 7-2、图 7-3，从横向看，各年中制造业的感应度系数和影响力系数均大于其相应年份的流通服务业指标，表明相对于流通服务业而言，现阶段我国国民经济发展中，制造业扮演着举足轻重的作用，制造业对其他产业部门的前向和后向关联都比较强，其发展更能带动其他部门的发展，同时，由于较强的关联作用，其他产业发展对制造业的影响也较大。这一结论符合当前我国以制造业为重、尚处于工业化中后期阶段的产业发展现实。这也从反面证明现阶段我国流通服务业发展水平滞后，尚没有起到对国民经济的极大带动作用，流通服务业正日益成为我国国民经济发展的瓶颈。

表 7 - 7　　　　　　　　流通服务业与制造业各年的感应度系数和影响力系数

年份	感应度系数		影响力系数	
	制造业	流通服务业	制造业	流通服务业
1987	1.6633	0.5383	1.0051	0.7541
1992	1.7715	0.6772	0.9752	0.6772
1997	1.7687	0.5856	0.9621	0.7426
2002	1.5845	0.7007	0.9182	0.7836
2007	1.9456	0.5609	1.0354	0.7423

数据来源：根据各年投入产出表计算所得。

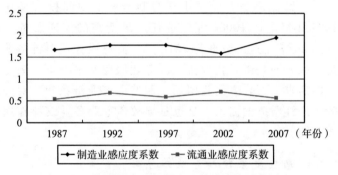

图 7 - 2　制造业与流通服务业的感应度系数对比

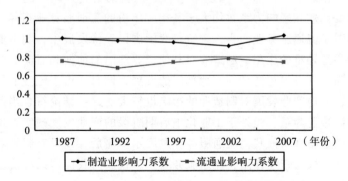

图 7 - 3　制造业与流通服务业的影响力系数对比

从纵向看，制造业各年的感应度系数均大于社会平均感应程度，且有上升的趋势，表明随着我国工业化进程的加深，制造业作为基础性产业的特征越来越明显；流通服务业各年的感应度系数均小于社会平均感应程度，各年呈现波动趋势，特别是从 2002 年的 0.7007 陡然下降到 2007 年的 0.5609，说明我国现阶段流通服务业对国民经济其他部门的支撑作用尚不明显，流通服务业还没有发挥出其应有的带动作用。影响力指标方面，制造业各年的影响力系数除 2002 年略有下降外，其余各年均稳定在 1 左右，平均影响力达到了 0.9792，表明制造业仍然是我国经济发展的主导产业，对国民经济发展的促进作用较为明显；流通服务业影响力系数各年在 0.8 水平以下波动，平均值为 0.7399，对国民经济的辐射推动作用不及制造业。

四、流通服务业与制造业的产业互动与关联特征：细分行业

（一）后向关联效应和前向关联效应

1. 物流运输业与制造业

根据表 7-8、图 7-4、图 7-5，总体来说，批发零售贸易业作为最终产出对制造业各行业的需求拉动作用并不十分明显，表现为大多数行业在多数年份的后向关联系数在 0.1 以下。具体来看，1997 年，除纺织业（M2）以外，批发零售业对其余制造业行业表现出历年后向关联的峰值，化学工业（M7）为 0.1375、金属冶炼及压延加工业（M9）为 0.0735、通用专用设备制造业（M11）为 0.0591、电器机械及器材制造业（M13）为 0.0639；2002 年，交通运输设备制造业（M12）和计算机及其他电子设备制造业（M14）达到了峰值，分别为 0.0744 和 0.0579。从行业分布上看，批发零售贸易业对化学工业（M7）、造纸印刷及文教体育用品制造

表 7 - 8　　物流运输业与制造业各细分行业的后向关联和前向关联系数

行业		完全后向关联系数					完全前向关联系数				
		1987 年	1992 年	1997 年	2002 年	2007 年	1987 年	1992 年	1997 年	2002 年	2007 年
消费品制造业	M1	0.0069	0.1465	0.0110	0.0075	0.0343	0.1226	0.0547	0.0532	0.1011	0.1142
	M2	0.0410	0.0573	0.0335	0.0123	0.0243	0.0452	0.0471	0.0572	0.1020	0.1050
	M3	0.0083	0.0069	0.0124	0.0088	0.0167	0.0408	0.0507	0.0529	0.1065	0.1065
	M4	0.0085	0.0156	0.0093	0.0061	0.0094	0.0429	0.0650	0.0816	0.1525	0.1230
	M5	0.0220	0.0494	0.0347	0.0263	0.0224	0.0411	0.0538	0.0631	0.1144	0.1015
资源加工业	M6	0.1408	0.0201	0.1080	0.2075	0.3152	0.0708	0.1020	0.1049	0.2111	0.1289
	M7	0.0969	0.0961	0.1147	0.1006	0.2103	0.0490	0.0630	0.0800	0.1328	0.1210
	M8	0.0123	0.0500	0.0247	0.0109	0.0177	0.0429	0.0676	0.1047	0.1595	0.1275
	M9	0.0441	0.0997	0.0869	0.0901	0.1247	0.0528	0.0655	0.1166	0.1519	0.1052
	M10	0.0124	0.0218	0.0267	0.0184	0.0272	0.0459	0.0644	0.1236	0.1493	0.1060
资本品制造业	M11	0.0330	0.0422	0.0750	0.0796	0.0895	0.0404	0.0575	0.0846	0.1313	0.1073
	M12	0.0693	0.0431	0.0833	0.1428	0.1468	0.0441	0.0541	0.0840	0.1177	0.1045
	M13	0.0150	0.0196	0.0672	0.0232	0.0236	0.0429	0.0551	0.0912	0.1346	0.1112
	M14	0.0096	0.0095	0.0366	0.0264	0.0304	0.0307	0.0497	0.0688	0.1138	0.1024
	M15	0.0044	0.0038	0.0111	0.0059	0.0085	0.0298	0.0482	0.0821	0.1242	0.1049
	M16	0.0106	0.0711	0.0125	0.0051	0.0055	0.0422	0.0637	0.0831	0.1179	0.1060

资料来源：根据各年投入产出原始表整理、计算。

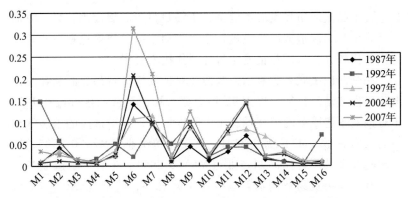

图 7 - 4　物流运输业与制造业各行业的后向关联系数

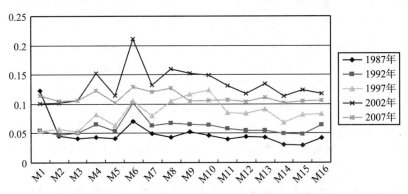

图 7 - 5　物流运输业与制造业各行业的前向关联系数

业（M5）、金属冶炼及压延加工业（M9）的消耗比较大，此三个行业五年的平均后向关联系数分别为 0.1089、0.0633 和 0.0617，资本品制造业中的通用专用设备制造业（M11）、交通运输设备制造业（M12）也对批发零售贸易业表现出相对较强的依赖。上述情况表明，我国绝大多数制造业产品并不经过批发零售贸易环节进入消费领域或者再生产领域，由此表现为制造业产品作为批发零售业的中间投入的后向关联系数不大，这一方面揭示出我国生产资料尤其是资本品流通市场发展不健全，市场数量少、规模小；另一方面也反映出我国制造业产品在进行营销活动中的自建渠道和自我营销的比重比较大，从而与批发零售环节连接不紧密。

完全前向关联系数显示，制造业对批发零售贸易业的消耗表现出随年份波动的特征。以 1992 年为分水岭，制造业各行业在 1992 年对批发零售服务的消耗均有了大幅度增长，其中最高的服装缝纫与羽绒制品业（M3）为 0.3191，其次为纺织业（M2）0.2985，造纸印刷及文教体育用品制造业（M5）0.2953。此后，制造业各行业对批发零售贸易业的消耗表现出下降态势，特别是 2007 年，各行业数据到达五个年份中的最低值，绝大多数行业在 0.1 以下。表明尽管近年来我国国内贸易不断发展，各类商品交易市场数量和贸易额大幅度增长，但是批发零售贸易对制造业的支撑能力却在下降，或者说国内市场建设的速度还远远没有跟上制造业发展的速度，国民经济发展中流通业的"瓶颈"效应日益明显。从行业分布来看，消费品制造业对批发零售贸易服务的消耗比较大，特别是纺织业和服装缝纫与羽绒制品业在各年份都表现出相对较高的前向关联系数，表明这两类产品在生产过程中需要消耗较多的批发零售服务，体现出批发零售的生产性服务特征。此外，资本品制造业中的通信设备计算机及其他电子设备制造业也表现出对批发零售贸易的高依赖，表明我国居民对计算机通信设备的消费日益旺盛，消费能力不断增长。

2. 批发零售贸易业与制造业

根据表 7 - 9、图 7 - 6、图 7 - 7，总体来说，批发零售贸易业作为最终产出对制造业各行业的需求拉动作用并不十分明显，表现为大多数行业在多数年份的后向关联系数在 0.1 以下。具体来看，1997 年，除纺织业（M2）以外，批发零售业对其余制造业行业表现出历年后向关联的峰值，化学工业（M7）为 0.1375、金属冶炼及压延加工业（M9）为 0.0735、通用专用设备制造业（M11）为 0.0591、电器机械及器材制造业（M13）为 0.0639，2002 年交通运输设备制造业（M12）和计算机及其他电子设备制造业（M14）

达到了峰值，分别为 0.0744 和 0.0579。从行业分布上看，批发零售贸易业对化学工业（M7）、造纸印刷及文教体育用品制造业（M5）、金属冶炼及压延加工业（M9）的消耗比较大，此三个行业五年的平均后向关联系数分别为 0.1089、0.0633 和 0.0617，资本品制造业中的通用专用设备制造业（M11）、交通运输设备制造业（M12）也对批发零售贸易业表现出相对较强的依赖。上述情况表明，我国绝大多数制造业产品并不经过批发零售贸易环节进入消费领域或者再生产领域，由此表现为制造业产品作为批发零售业的中间投入的后向关联系数不大，这一方面揭示出我国生产资料尤其是资本品流通市场发展不健全，市场数量少、规模小，另一方面也反映出，我国制造业产品在进行营销活动中的自建渠道和自我营销的比重比较大，从而与批发零售环节连接不紧密。

完全前向关联系数显示，制造业对批发零售贸易业的消耗表现出随年份波动的特征。以 1992 年为分水岭，制造业各行业在 1992 年对批发零售服务的消耗均有了大幅度增长，其中最高的服装缝纫与羽绒制品业（M3）为 0.3191，其次为纺织业（M2）0.2985，造纸印刷及文教体育用品制造业（M5）0.2953；此后，制造业各行业对批发零售贸易业的消耗表现出下降态势，特别是 2007 年，各行业数据到达五个年份中的最低值，绝大多数行业在 0.1 以下。表明尽管近年来我国国内贸易不断发展，各类商品交易市场数量和贸易额大幅度增长，但是批发零售贸易对制造业的支撑能力却在下降，或者说国内市场建设的速度还远远没有跟上制造业发展的速度，国民经济发展中流通业的瓶颈效应日益明显。从行业分布来看，消费品制造业对批发零售贸易服务的消耗比较大，特别是纺织业和服装缝纫与羽绒制品业在各年份都表现出相对较高的前向关联系数，表明这两类产品在生产过程中需要消耗较多的批发零售服务，体现出批发零售的生产性服务特征。此外，资本品制造业中的通信设备计算机及其他电子设备制造业也表现出对批发零售贸易的高依赖，表明我国居民对计算机通信设备的消费日益旺盛，消费能力不断增长。

表7-9　批发零售贸易业与制造业各细分行业的后向关联和前向关联系数

行业		完全后向关联系数					完全前向关联系数				
		1987年	1992年	1997年	2002年	2007年	1987年	1992年	1997年	2002年	2007年
消费品制造业	M1	0.0247	0.0461	0.0550	0.0230	0.0232	0.1472	0.1811	0.1360	0.1400	0.0843
	M2	0.1216	0.0530	0.0584	0.0169	0.0243	0.1857	0.2985	0.1470	0.1427	0.0719
	M3	0.0120	0.0042	0.0198	0.0176	0.0212	0.1838	0.3191	0.1524	0.1597	0.0701
	M4	0.0214	0.0092	0.0192	0.0131	0.0126	0.1365	0.2669	0.1819	0.1472	0.0750
	M5	0.0829	0.0421	0.0736	0.0764	0.0414	0.1398	0.2953	0.1482	0.1358	0.0729
资源加工业	M6	0.0217	0.0125	0.0393	0.0457	0.0584	0.0656	0.2459	0.1429	0.1395	0.0739
	M7	0.0904	0.0926	0.1375	0.1194	0.1049	0.1315	0.2302	0.1375	0.1279	0.0741
	M8	0.0319	0.0437	0.0315	0.0092	0.0074	0.0990	0.2218	0.1423	0.1266	0.0701
	M9	0.0502	0.0652	0.0735	0.0636	0.0560	0.1109	0.2308	0.1239	0.1265	0.0680
	M10	0.0238	0.0272	0.0283	0.0177	0.0119	0.1199	0.2566	0.1266	0.1271	0.0744
资本品制造业	M11	0.0290	0.0367	0.0591	0.0518	0.0304	0.1150	0.2442	0.1025	0.1229	0.0799
	M12	0.0161	0.0093	0.0613	0.0744	0.0541	0.1218	0.2532	0.1160	0.1289	0.0950
	M13	0.0156	0.0178	0.0639	0.0348	0.0229	0.1294	0.2533	0.1372	0.1365	0.0852
	M14	0.0089	0.0060	0.0543	0.0579	0.0298	0.1412	0.2866	0.1475	0.1487	0.1086
	M15	0.0030	0.0026	0.0067	0.0043	0.0035	0.1012	0.2320	0.1285	0.1334	0.0913
	M16	0.0223	0.0181	0.0182	0.0049	0.0035	0.1497	0.2737	0.1397	0.1546	0.0735

资料来源：根据各年投入产出原始表整理、计算。

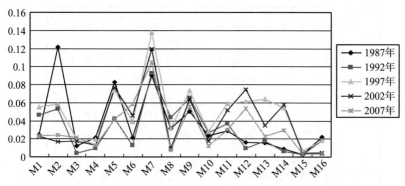

图 7 - 6　批发零售业对制造业各行业的后向关联系数

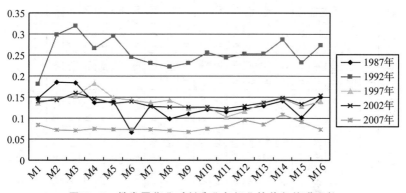

图 7 - 7　批发零售业对制造业各行业的前向关联系数

（二）感应度系数和影响力系数

为了清晰地看出物流运输业和批发零售贸易业对制造业各细分行业的感应度和影响力，借鉴胡晓鹏、李庆科（2009）的做法，本书将感应度和影响力计算式分解为制造业、物流运输业和批发零售贸易业三者之和，如此，感应度系数和影响力系数都成为三个组成部分，其中分别包括物流运输业和批发零售业与制造业相互作用的感应力和影响力。计算结果如 7 - 10、表 7 - 11 所示。

表 7 – 10　　　　各产业的感应度系数及其分解

产业	2007年 式(1)	2007年 式(2)	2007年 式(3)	2002年 式(1)	2002年 式(2)	2002年 式(3)	1997年 式(1)	1997年 式(2)	1997年 式(3)	1992年 式(1)	1992年 式(2)	1992年 式(3)	1987年 式(1)	1987年 式(2)	1987年 式(3)
M1	0.733	0.007	0.011	0.580	0.009	0.003	0.631	0.004	0.021	1.259	0.054	0.171	0.732	0.003	0.011
M2	1.182	0.008	0.008	1.155	0.007	0.005	1.656	0.013	0.023	1.653	0.021	0.020	1.996	0.018	0.052
M3	0.517	0.007	0.005	0.530	0.007	0.003	0.546	0.005	0.008	0.441	0.003	0.002	0.569	0.004	0.005
M4	0.631	0.004	0.003	0.645	0.005	0.002	0.615	0.004	0.007	0.516	0.006	0.003	0.617	0.004	0.009
M5	0.758	0.013	0.007	0.858	0.030	0.010	0.876	0.013	0.028	0.761	0.018	0.016	0.974	0.009	0.036
M6	1.062	0.019	0.102	0.897	0.018	0.080	0.771	0.042	0.014	0.542	0.007	0.005	0.725	0.061	0.009
M7	2.867	0.034	0.068	2.487	0.046	0.039	2.427	0.044	0.053	2.006	0.036	0.034	2.226	0.042	0.039
M8	0.647	0.002	0.006	0.625	0.004	0.004	0.631	0.010	0.012	0.813	0.019	0.016	0.748	0.005	0.014
M9	2.429	0.018	0.040	2.123	0.025	0.035	2.086	0.033	0.028	2.230	0.037	0.024	2.048	0.019	0.022
M10	0.744	0.004	0.010	0.769	0.007	0.007	0.881	0.010	0.011	0.701	0.008	0.010	0.728	0.005	0.010
M11	1.032	0.010	0.029	1.000	0.020	0.031	1.092	0.029	0.023	1.211	0.016	0.014	1.207	0.014	0.012
M12	0.740	0.018	0.048	0.815	0.029	0.055	0.830	0.032	0.024	0.716	0.016	0.003	0.749	0.030	0.007
M13	0.644	0.007	0.008	0.730	0.013	0.009	0.796	0.026	0.025	0.758	0.007	0.007	0.818	0.006	0.007
M14	1.238	0.010	0.010	1.161	0.022	0.010	0.964	0.014	0.021	0.710	0.004	0.002	0.896	0.004	0.004
M15	0.432	0.001	0.003	0.469	0.002	0.002	0.465	0.004	0.003	0.480	0.001	0.001	0.554	0.002	0.001
M16	0.416	0.001	0.002	0.482	0.002	0.002	0.610	0.005	0.007	0.679	0.026	0.007	0.617	0.005	0.010
L	0.579	0.368	0.047	0.820	0.466	0.032	0.537	0.412	0.019	0.425	0.434	0.013	0.405	0.440	0.009
D	0.414	0.015	0.331	0.850	0.028	0.411	0.885	0.024	0.443	1.710	0.050	0.422	0.998	0.022	0.458

注：式(1)、式(2)、式(3) 分别表示来自其他制造业、物流运输业和批发零售业的感应度系数。

资料来源：根据各年投入产出原始表整理、计算。

表 7 - 11　　　　各产业的影响力系数及其分解

产业	1987 年			1992 年			1997 年			2002 年			2007 年		
	式（1）	式（2）	式（3）	式（1）	式（2）	式（3）	式（1）	式（2）	式（3）	式（1）	式（2）	式（3）	式（1）	式（2）	式（3）
M1	0.731	0.053	0.063	0.733	0.020	0.067	0.734	0.020	0.052	0.709	0.039	0.054	0.742	0.037	0.027
M2	1.063	0.019	0.080	1.042	0.017	0.111	1.005	0.022	0.057	1.025	0.039	0.055	1.093	0.034	0.023
M3	1.052	0.018	0.079	1.044	0.019	0.118	0.996	0.020	0.059	1.037	0.041	0.062	1.079	0.034	0.023
M4	0.982	0.018	0.059	0.958	0.024	0.099	0.984	0.031	0.070	0.936	0.059	0.057	0.983	0.040	0.024
M5	0.969	0.018	0.060	0.931	0.020	0.109	0.951	0.024	0.057	0.895	0.044	0.053	0.990	0.033	0.024
M6	0.517	0.030	0.028	0.566	0.038	0.091	0.712	0.040	0.055	0.701	0.082	0.054	0.761	0.042	0.024
M7	0.945	0.021	0.057	0.908	0.023	0.085	1.003	0.031	0.053	0.968	0.051	0.049	1.027	0.039	0.024
M8	0.855	0.018	0.043	0.812	0.025	0.082	0.884	0.040	0.055	0.818	0.062	0.049	0.864	0.041	0.023
M9	0.957	0.023	0.048	0.869	0.024	0.086	1.017	0.045	0.048	0.934	0.059	0.049	0.967	0.034	0.022
M10	1.015	0.020	0.052	0.975	0.024	0.095	1.074	0.048	0.049	1.028	0.058	0.049	1.050	0.034	0.024
M11	1.006	0.017	0.049	0.951	0.021	0.090	0.996	0.033	0.039	1.014	0.051	0.048	1.052	0.035	0.026
M12	1.085	0.019	0.052	0.989	0.020	0.094	1.115	0.032	0.045	1.073	0.046	0.050	1.137	0.034	0.031
M13	1.059	0.018	0.056	0.980	0.020	0.094	1.128	0.035	0.053	1.055	0.052	0.053	1.132	0.036	0.028
M14	1.152	0.013	0.061	1.006	0.018	0.106	1.154	0.026	0.057	1.218	0.044	0.058	1.260	0.033	0.035
M15	0.944	0.013	0.044	0.903	0.018	0.086	1.043	0.032	0.049	1.101	0.048	0.052	1.162	0.034	0.030
M16	1.017	0.018	0.064	0.986	0.024	0.101	0.947	0.032	0.054	0.944	0.046	0.060	0.989	0.034	0.024
L	0.232	0.440	0.022	0.281	0.434	0.050	0.304	0.412	0.024	0.301	0.466	0.028	0.363	0.368	0.015
D	0.250	0.009	0.458	0.337	0.013	0.422	0.314	0.019	0.443	0.246	0.032	0.411	0.166	0.047	0.331

注：式（1）、式（2）、式（3）分别表示对其他制造业、物流运输业和批发零售业的影响力系数。
资料来源：根据各年投入产出原始表整理、计算。

表 7 - 10 提供了各产业的感应度系数。对制造业细分行业而言，各个时点上制造业各行业受到来自其他制造业行业的感应度系数都大于受到来自物流运输业和批发零售业的感应度系数，这意味着制造业各细分行业受到来自其他制造行业产出变化的影响比受到流通服务业产出变化的影响大。其中，纺织业（M2）、化学工业（M7）、金属冶炼及压延加工业（M9）、通用和专用设备制造业（M11）受到其他制造业的影响的感应系数在五个年份上均大于 1，通信设备计算机及其他电子设备制造业（M14）在 2002 年及以后的感应度系数也大于 1，表明这些行业对其他制造业部门具有重要的基础性输出作用。在这些行业当中除了纺织业是消费品制造业外，化学工业和金属冶炼及压延加工业都是资源加工工业，由此可以看出资源对工业发展的基础性作用。此外，近年来电子信息等新兴产业的发展对工业起到了重要拉动作用，体现在通信设备计算机及其他电子设备制造业的感应度系数逐年增大。最后，还可以看出制造业各行业分别受到来自物流运输业和批发零售业的感应度系数表现出较为明显的行业特征：以食品制造及烟草加工业、纺织业为代表的消费品制造业受到来自批发零售业的感应度系数明显高于来自物流运输业的感应度系数，表明消费品流通更多受到下游市场环境的影响，而资源加工业和资本品制造业中的绝大多数行业则对物流运输业的反应更为敏感。现实经济中，资源矿产品和工业制成品大多需要长途贩运、远距离运输才能实现交易，本书的实证结论对现实情况进行了佐证。

表 7 -11 提供了各产业的影响力系数。从中可以看出，各个时点上制造业各细分行业对其他制造业的影响力要大于对物流运输业和批发零售业的影响力，表明制造业各行业每增加一个单位产出而带来的对制造业其他部门的波及和拉动作用比对物流运输业和批发零售业的波及拉动作用更大。其中，消费品中的纺织业（M2）、纺织服装缝纫及皮革羽绒制造业（M3），资本品制造业中的金属制品业（M10）、通用专用设备制造业（M11）、交通运输设备制造业

（M12）、电器机械及器材制造业（M13）在绝大多数年份上对其他制造业部门的影响力系数都大于 1，表明现阶段我国资本品制造业处于工业体系当中的主导地位，对其他工业部门的拉动作用很大。2002 年及以前年份，制造业各细分行业对批发零售业的影响力系数均大于对物流运输业的影响力系数，而 2007 年这一指标发生了逆转，几乎所有的制造业细分行业对物流运输业的影响力系数都超过了同期对批发零售业的影响力系数。这一现象充分证明了我国物流业近几年来的飞速发展，制造业与物流业的关联度不断增大，制造业的发展越来越离不开物流。

以上我们利用 1987 年、1992 年、1997 年、2002 年和 2007 年五个年份投入产出数据，通过构建相关指标，分析了我国流通服务业与制造业产业关联互动的特征并进行了动态比较。通过对两大产业整体以及细分行业两个层面的对比分析，可以得出以下结论。

第一，行业整体分析的研究结果表明，流通服务业对制造业的后向拉动作用强于其对制造业的支撑作用，且拉动作用和支撑作用有增强趋势，特别是拉动作用增速明显。感应度系数和影响力系数显示，流通服务业对国民经济的推动作用小于制造业的推动作用，再次印证了我国目前还处于工业化中后期阶段的产业发展现实，也从侧面反映出现阶段我国流通服务业发展水平滞后，尚没有起到对国民经济的极大带动作用，流通服务业正日益成为我国国民经济发展的"瓶颈"。

第二，物流运输业对石油加工等资源型产业具有明显的后向需求拉动作用，并且对交通运输设备制造业、通用专用设备制造业也表现出较大的消耗；前向关联系数显示电器机械及器材制造业、通信设备计算机及其他电子设备制造业等典型的资本品制造行业并未表现出应有的对物流运输服务的较强依赖。物流运输业对资源加工业和资本品制造业的较大后向关联表明我国物流运输行业的发展离不开以石油加工为代表的资源行业的快速发展，因此，加快研发新能源、提高能源的使用效率是提高物流运输业服务效率的重要途径，同时，装载机械、交运设备等资本品制造业的高度化发展是实现我国物流现代化的前提。较低的前向关联系数则表明物流运输业对典型资本品行业的中间投入不足，这一方面可能是现阶段由于我国资本品制造业加工链条短，其对中间环节物流服务的需求有限而形成价值的短板造成；另一方面也从侧面反映出我国物流服务业发展水平不高，尚未形成与上游制造业的紧密联动。

第三，批发零售贸易业对制造业各行业的后向需求拉动作用不明显，大多数行业在多数年份的后向关联系数在 0.1 以下，且近年来有走弱趋势；前向关联系数则显示，消费品制造业对批发零售贸易服务的消耗比较大，其次为通信设备计算机及其他电子设备制造业。这一结果表明，现实经济活动中，我国大多数资本品制造业和资源加工业产品可能并不经过批发零售贸易环节进入消费领域或者再生产领域，这些企业在进行营销活动中的自建渠道和自我营销的比重比较大，与这也从侧面反映出当前我国生产资料市场流通不畅，缺乏对制造业尤其是资本品制造业的支撑。

第四，感应度系数和影响力系数显示制造业各细分行业受到来自其他制造行业产出变化的影响比受到流通服务业产出变化的影响大，制造业各行业对制造业其他部门的波及和拉动作用比对物流运输业和批发零售业的波及拉动作用更大。具体来看，消费品制造业受到来自批发零售业的感应度系数明显高于来自物流运输业的感应度系数，而资源加工业和资本品制造业中的绝大多数行业则对物流运输业的反应更为敏感。从影响力系数来看，资本品制造业对其他工业部门的拉动作用最大，流通业服务业在各年份表现出对其自身的较大影响，而对其他行业的拉动作用较小。

第三节　流通服务业对制造业效率的影响路径分析

为了进一步探析流通服务业影响制造业发展的内在机理，本节在本章第二节的基础上，对流通服务业发展影响制造业效率的作用路径进行分析，我们将在理论探讨的基础上利用我国流通服务业与制造业的行业面板数据实证检验流通服务业对制造业效率的影响程度。

一、流通服务业影响制造业效率的理论分析

流通服务业是指为商品流通提供辅助性服务的产业部门，其主要内容是为第一、第二产业与最终消费者之间提供联系的活动，为商品流通提供诸如产品分销、售前售后服务、产品分发配送等的服务。从外延上看，流通服务业包括批发业、零售业和仓储物流业（方远平等，2008；中国社会科学院财政与贸易经济研究所课题组，2009）。

流通服务业是生产性服务业的重要组成部分，流通服务业的发展对于提高制造业效率、促进制造业升级具有重要作用。宋则（2006）指出，现代流通服务业在产业链中具有带动和反哺作用，制造业流程优化加快经济节奏表现在微观层面就是提高科技含量、加快资本周转、控制库存、精确采购、周到销售、降低成本、推行供应链体化等，加快现代流通服务业对促进我国工业领域的流程优化意义重大。陈海权（2007）和赵德海、邵万清（2004）通过产业关联度分析的研究也证实流通服务业的发展是制造业（工业）效率提高的前提和基础，没有发达的流通服务业，制造业很难实现升级和改造。基于以上研究，提出如下假设：

假设1：流通服务业的发展有利于制造业效率的提高。

交易成本是市场经济的各主体在进行产品和要素交换时所产生的成本，是经济运行过程中的摩擦成本（科斯，1937）。交易成本来源于契约的不完备（信息不完全）和人的有限理性，流通服务业对制造业效率的促进作用主要体现在专业化流通商通过集中交易和专门服务的提供降低了制造企业的交易成本。随着社会劳动分工的

日益深化和生产专业化程度的不断提高，不同的生产者之间以及生产与消费者之间所要交换的商品种类不断增多，规模日益增大，频繁的接触导致交易成本增加（李陈华，2006）。专业化流通商可以帮助企业降低交易成本。一方面，流通商实施专业化经营，同一流通商可以代理多种商品或者同一商品的多个品牌，容易实现规模经济和范围经济；同时制造企业直接与流通商接触从而避免了与众多分散的消费者的直接接触（李陈华，2006；杨慧，2004），在大大减少了制造企业的谈判成本的同时也节约了消费者的搜寻成本，从而有利于制造企业降低交易成本。另一方面，流通商的专业化经营水平越高，其具备的交易设置知识就越有效（樊秀峰，2009），流通商在与制造商的合作中产生的信息成本就越低（冯泰文，2009），从而交易成本较低。交易成本的降低意味着经济运行过程中摩擦的减少，在生产成本既定的情况下，交易成本较低必然带来制造企业经营效率的提高，利润增加。江静等（2007）利用面板数据从行业和地区两个层面进行分析，证实了生产性服务业规模的扩大降低了制造业单位成本，提高了制造业效率。因此，本书提出假设2：

H2a：流通服务业的发展有利于降低制造业交易成本。

H2b：交易成本的降低有利于提升制造业效率。

技术创新一直是经济学研究的热点问题，受到很多学者的重视。自从1912年熊彼特最先提出创新的概念以来，技术创新研究逐步从经济发展周期的研究范畴中独立出来，形成了专门的研究领域。技术创新是推动产业发展的不竭动力，也是制造业获得竞争优势的源泉，制造业的技术创新能力直接决定了其竞争力（王章豹、李垒，2007）。Koh（2004）应用随机前沿生产函数分析新加坡的制造业，发现技术进步是制造业生产率增长的主要来源。沈能（2006）的研究也表明，1985～2003年，中国制造业生产率的增长主要得益于技术水平的提高。同时，郑吉昌（2003）指出，先进的技术创新能力可以使生产性服务业自身效率变高，从而更好地为制造业服务，提高制造业的效率。流通服务业是生产性服务的重要构成部分，制造业企业技术创新能力的提高无疑会降低交易成本（尤其是信息成本），进而有利于提高自身经营效率。因此，我们提出如下假设：

H3：制造业技术创新能力的提高有助于增强流通服务业发展与制造业效率提升之间的关系，并且这种调节作用是通过交易成本来实现的。

综合以上所述，本节研究的概念模型如图7-8所示。

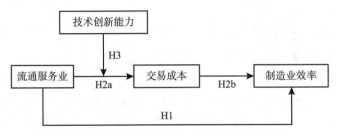

图7-8 流通服务业对制造业效率的影响路径
资料来源：笔者研究设计。

二、流通服务业影响制造业效率的实证分析

（一）样本描述

本书选取的制造业各细分行业是按照2007年42部门投入产出表中对制造业的划分并结合国家统计局公布的行业分类标准，进行相应的归并①。我们一共选取了食品制造和烟草加工业、纺织业、缝纫及皮革羽绒制品业、木材加工及家具制造业、造纸及文教用品、石油加工炼焦及核燃料加工业、化学工业、非金属矿物制品业、金属冶炼及压延加工业、金属制品业、通用专用设备制造业、

———————————
① 这样做的目的是便于利用流通服务业与制造业各细分行业间的投入产出系数计算流通服务业对制造业各细分行业的产出贡献。

交通运输设备制造业、电气机械及器材制造业、电子及通信设备制造业、仪器仪表及文化办公用品制造业、工艺品及其他制造业纺织业共计 16 个行业[①]。

流通服务业包含批发零售业、交通运输仓储业和邮政业[②]。本书选取 2000~2007 年面板数据进行分析，由于个别行业在个别年份的数据缺失，本次样本共有观测值 109 个（非平衡面板）。制造业各行业数据均来源于《中国工业经济统计年鉴》，流通服务业数据来源于国家统计局统计数据库。

（二）变量测度

根据前面的理论分析，本书所涉及的变量包括：被解释变量制造业效率、预测变量（主要研究的关注变量）流通服务业对制造业贡献水平、中介变量交易成本和调节变量制造业的技术创新能力。除此之外，本书还把制造业资本要素投入和人力要素投入，以及制造业中 FDI 的比重作为控制变量。具体指标选取说明如下。

1. 制造业效率（Pro）

不同文献所选取的制造业效率的度量指标有所不同。国外研究通常选取制造业产出率（增加值与产值的比值）、劳动生产率（行业总产出与就业人数的比值）或利用数据包络分析所得到的技术效率等作为度量效率的指标。本书借鉴江静、冯泰文的做法，选取全部国有及规模以上非国有制造业企业的全员劳动生产率作为衡量制造业产出效率的指标。

2. 流通服务业对制造业各行业的贡献水平（LTS）

流通服务业对制造业各细分行业发展贡献水平的计算借鉴了王苍峰等测算 FDI 后向链接溢出指标的做法，具体到本书所研究的主题，本书利用 2007 年投入产出表计算出的制造业各行业对流通服

---

① 除去废品废料，原始 42 部门投入产出表中共有 16 个制造业行业。
② 加入邮政业是因为过去邮电未分家之前，邮电与货运业作为一个行业进行统计。为了保持统计口径的一致，本文将邮政业数据也作为流通服务业的一部分。

务业的直接消耗系数作为权重，然后乘以各年流通服务业增加值，以此衡量当年流通服务业对制造业各细分行业的贡献水平。具体计算方法如下：

$$LTS_{it} = \sum \alpha_i LTGDP_t$$

式中，α_i 为制造业行业 i 对流通业的直接消耗系数；$LTGDP_t$ 为 t 年流通业的增加值；LTS_{it} 为 t 年流通业对制造业行业 i 的贡献水平。

3. 交易成本（TC）

冯泰文在分析生产性服务对制造业的中介效应时用制造业的营业费用作为交易成本的替代变量。他指出，营业费用是用来核算工业企业在产品销售阶段所发生的各种费用，包括运输费、包装费、广告费、保险费等，因此可以在一定程度上度量制造企业的交易成本（尽管不尽准确）。限于交易成本本身的不易测量，本书也采纳冯泰文的方法，用营业费用作为交易成本的度量。

4. 技术创新能力（T）

借鉴黄静的做法，本书采用制造业各行业科技活动经费占产品销售收入的比重作为制造业技术创新能力的度量。

5. 控制变量

资本要素（K）以企业固定资产原价表示，劳动力要素（L）投入用当年年平均从业人员人数表示，制造业发展中外资的影响（FDI）用制造业各行业中三资企业年平均从业人员占行业总的年平均从业人员的比重表示。

为避免量纲上的差异，所有数据均进行了对数处理，各原始数据均采用当年价格计算，未作消涨处理。

（三）含有中介变量的调节作用的检验程序与模型

本书制作的模型属于存在中介变量的调节作用模型。所谓中介变量，是自变量对因变量发生影响的中介，利用中介变量可以解释一个关系背后的原理和内部机制，通过这种内部机制自变量对因变量起作用。调节变量与中介变量不同，它所解释的不是关系内部的机制，而是一个关系在不同条件下是否会有所变化，即两个变量之间的关系（性质和程度）受到第三个变量影响，这第三方变量即为调节变量，其所发挥的作用是调节作用。对于存在中介变量的调节作用，温忠麟等提供了一个实用的检验程序，本书按照此方法，在控制了其他变量的基础上，先对调节变量进行验证，再对中介变量进行验证，以此来检验我们在第二部分中所提出的各项假设。具体地，本书采取以下三个步骤进行分析：

第一步，判断制造业技术创新能力是否会对流通服务业与制造业效率之间的关系产生调节作用。用制造业效率指标对流通服务业、制造业技术创新能力以及制造业技术创新能力和流通服务业的交互项进行回归，若交互项前估计系数显著，则表明存在技术创新能力对流通服务业和制造业效率关系的调节作用。

第二步，判断制造业技术创新能力是否会对交易成本与制造业效率之间的关系产生调节作用。用交易成本指标对流通服务业、制造业技术创新能力以及制造业技术创新能力和流通服务业的交互项进行回归，若相互项前估计系数显著，则证明技术创新能力对交易成本与制造业效率之间的关系具有调节作用。

第三步，判断交易成本的中介作用。用制造业效率指标对流通服务业贡献水平、制造业技术创新能力、交易成本、制造业技术创新能力和流通服务业贡献水平的交互项进行回归，若交易成本变量前的系数显著，而交互项前的系数变得不显著，则表明流通服务业对制造业效率的提升是通过交易成本这一中间变量发挥作用的。

根据上述检验步骤，本书建立如下实证模型：

模型一：

$$\ln Pro_{it} = \alpha_0 + \alpha_1 \ln LTS_{it} + \alpha_2 \ln T_{it} + \alpha_3 \ln LTS_{it} * \ln T_{it}$$
$$+ \alpha_4 \ln K + \alpha_5 \ln L + \alpha_6 \ln FDI$$

模型二：

$$\ln TC_{it} = \beta_0 + \beta_1 \ln LTS_{it} + \beta_2 \ln T_{it} + \beta_3 \ln LTS_{it} * \ln T_{it}$$
$$+ \beta_4 \ln K + \beta_5 \ln L + \beta_6 \ln FDI$$

模型三：

$$\ln Pro_{it} = \gamma_0 + \gamma_1 \ln LTS_{it} + \gamma_2 \ln T_{it} + \gamma_3 \ln LTS_{it} * \ln T_{it}$$
$$+ \gamma_4 \ln TC_{it} + \gamma_4 \ln K + \gamma_5 \ln L + \gamma_6 \ln FDI$$

其中，下标 i，t 分别代表行业和时间。

本书属于含有中介作用的调节变量模型，即调节变量通过中介变量来对因变量发挥作用。根据 Cameron 和 Trivedi 的总结，对于真实模型为混合回归模型和随机效应模型而言，多数估计方法都能够得到一致估计量，但是如果真实模型为固定效应模型，则只有采用固定效应和一次差分估计才能得到一致结果。此外，固定效应在遗漏变量的情形下，仍然可以得到一致估计量。因此本书将优先采用固定效应估计，同时为了避免异方差，本书采用截面加权的广义最小二乘估计，所使用软件为 Eviews6.0。

（四） 实证结果与分析

表 7 - 12 显示了根据 2007 年投入产出表计算得到的 16 个制造业行业对流通服务业的直接消耗系数。其中，流通服务业是对交通运输及仓储业、邮政业、批发零售业三大子行业的归并。出于研究需要，本书对原始 42 部门表进行了结构调整，并得出相应数据。

表 7 - 12   制造业各行业对流通服务业的直接消耗系数 （2007 年）

制造业行业	直接消耗系数	制造业行业	直接消耗系数
食品制造及烟草加工业	0.0891	金属冶炼及压延加工业	0.0494
纺织业	0.0404	金属制品业	0.0441
纺织服装鞋帽皮革羽绒及其制品业	0.0410	通用、专用设备制造业	0.0508
木材加工及家具制造业	0.0629	交通运输设备制造业	0.0482
造纸印刷及文教体育用品制造业	0.0500	电气机械及器材制造业	0.0464
石油加工、炼焦及核燃料加工业	0.0990	通信设备、计算机及其他电子设备制造业	0.0442

制造业行业	直接消耗系数	制造业行业	直接消耗系数
化学工业	0.0511	仪器仪表及文化办公用机械制造	0.0433
非金属矿物制品业	0.0791	工艺品及其他制造业	0.0520

　　表 7 – 13 描述了主要变量之间的相关关系。由相关分析结果可以看出，流通服务业发展水平与制造业效率正相关，并且与交易成本表现出负相关关系，一定程度上支持了本书的假设思路。制造业技术创新能力与流通服务业发展水平和制造业效率正相关，而与交易成本负相关，也说明本书的研究思路是可行的。

表 7 – 13　　　　　　　　　主要变量之间的相关性描述

变量	1. PRO	2. LTS	3. TC	4. T
1. PRO	1.0000	0.1641	− 0.7221 **	0.4999 **
2. LTS		1.0000	− 0.3971 **	0.4302 **
3. TC			1.0000	− 0.2314 *
4. T				1.0000

　　注：** $p < 0.01$，* $p < 0.05$（双尾）；样本观测值 109。

　　表 7 – 14 给出了实证检验的计量结果。初步来看，检验的第一步和第三步当中，流通服务业与技术创新能力交互项前的系数分别在 1% 和 5% 水平上显著（t 值分别为 3.086 和 2.023），从而验证了制造业技术创新能力对流通服务业与制造业效率之间的关系，以及对交易成本与制造业效率之间的关系均具有显著的调节作用。模型三显示中介变量交易成本前的系数非常显著，而交互项前的系数显著性明显降低，表明交易成本对调节变量具有中介作用。以上各步中，均已控制了其他变量的影响。

表 7 – 14　　　流通服务业、交易成本与制造业效率分析结果

	模型一	模型二	模型三
	Pro	TC	Pro
C	– 4. 7110 *** (– 13. 946)	– 4. 7395 *** (– 14. 2411)	– 2. 5386 *** (– 6. 2539)
K	0. 6590 *** (14. 18)	– 0. 1539 *** (– 3. 0065)	0. 6903 *** (16. 0929)
L	– 0. 7360 *** (– 13. 398)	0. 3451 *** (6. 7889)	– 0. 8488 *** (– 14. 3495)
FDI	0. 3480 *** (8. 283)	– 0. 0003 (– 0. 0066)	0. 3337 *** (8. 6988)
LTS	0. 8540 *** (12. 899)	– 1. 4043 *** (– 19. 2767)	0. 2086 ** (2. 1351)
T	0. 6320 *** (3. 058)	– 0. 3824 * (– 1. 6728)	0. 3366 * (1. 6728)
$LTS \times T$	0. 0860 *** (3. 086)	0. 0628 ** (2. 0258)	0. 0478 * (1. 7346)
TC			– 0. 4718 *** (– 7. 4366)
R^2	0. 9948	0. 9968	0. 9977
Adjusted R^2	0. 9935	0. 9961	0. 9971
n	109	109	109

注：*** 、** 、* 分别代表在 1% 、5% 、10% 水平上显著；括号内为 t 统计量值。

　　进一步分析。在整个检验过程中，流通服务业对制造业的贡献水平在对制造业效率的影响方面，*LTS* 各项前的系数始终为正，并且显著，表明我国流通服务业发展水平越高，其对制造业的贡献越大，越能促进制造业效率的提升，即流通服务业发展对制造业效率提升有显著促进作用，假设 H1 得到支持。

　　在模型二中，流通服务业发展水平与制造业交易成本表现出显著的负相关，这表明在我国，随着流通服务业发展水平的提高，经济运行中的"摩擦"交易成本不断减少。一般而言，流通服务业发

展水平提高，有利于更好地实现流通业与制造业的对接，从而节约交易成本。现实经济中，一些大型交易商充分发挥平台作用，采用先进信息技术与供应商联网，实现数据和信息的实时共享，减少了双方接触谈判的次数和时间，从而大大降低了交易成本，假设 H2a 成立。模型三中，交易成本与制造业效率前的系数为负，且显著，表明交易成本的降低有利于提高制造业效率，从而支持了本书的假设 H2b。

我们看到，无论是模型一还是模型二中，制造业的技术创新能力均具有正向的调节作用，表明技术创新能力有利于增强流通服务业发展与制造业效率以及交易成本与制造业效率之间的关系，即技术创新能力越强，越有利于通过流通服务业促进制造业效率提高的实现，同时也越有利于制造业交易成本的节约。同时，我们通过比较模型一和模型三可以发现，加入交易成本因子后，交互项前的系数显著性降低，而交易成本在 1% 水平上显著，同时流通服务业前的系数也有所下降（显著性有所降低）。这表明技术创新能力的调节作用是通过交易成本来实现的，假设 H3 得到验证。由于交互项仍然在 10% 水平上显著，因此我们判定交易成本在技术创新能力的调节作用中充当部分中介作用，即流通服务业一方面通过降低制造业交易成本来促进制造业效率的提升；另一方面也存在促进制造业效率提高的其他途径，如流通企业承接制造业外包服务、其专业化生产对制造成本的降低等等。

此外，在回归过程中，我们看到各控制变量的系数均显著，表明资本投入、劳动力投入、外资企业进入的确对制造业效率产生了显著影响，因此对这些变量加以控制是完全必要的。

综上，我们可以看出，我国流通服务业的发展对制造业效率的提升具有重要作用，并且这种作用是部分地通过降低制造业交易成本这一中介变量而实现的。制造业自身的技术创新能力和技术水平是影响流通服务业通过交易成本作用于制造业效率的重要因素，也就是说，技术创新能力越强的制造业行业，越有可能通过流通服务业来降低交易成本，从而提升自身效率；反之，技术创新能力差的行业，这种强度就会大大降低。

第八章

开放经济条件下流通服务业与
制造业互动融合

第一节 开放经济与经济的全球化发展

经济学意义的开放经济指一国与国外具有商品或货币资金经济往来，即存在国际贸易、国际金融往来，本国经济与外国经济之间存在着密切的关系。开放型经济是与封闭型经济相对立的概念，是一种经济体制模式。在开放型经济中，要素、商品与服务可以较自由地跨国界流动，从而实现最优资源配置，提高经济效率。开放经济强调把国内经济和整个国际市场联系起来，尽可能地参与国际分工，同时在国际分工中发挥出本国经济的比较优势。经济全球化发展是开放经济的特征和必然结果。

一、经济全球化的含义

据英国学者斯图尔特的考证，"全球化"（Globalization）一词最早于1944年出现在 Reiser & Daviies（1994）发表的一篇著作中，并于1961年首次出现在美式英语词典中。而全球化真正得以广泛关注并成为一个风靡全球的词汇，则源于 T. 莱维特于1983年在其

《市场的全球化》一文中，他用"全球化"一词来说明此前 20 年间全球经济发生的巨大变化，即货物、服务、资本和技术在世界性生产、消费和投资领域中的扩散。尽管"全球化"一词几乎已到滥用的程度，但是关于"全球化"的确切含义却没有一个统一的认识。

国际货币基金组织（IMF）认为："经济全球化是指跨国商品与服务贸易及资本流动规模和形式的增加，以及技术的广泛迅速传播使世界各国经济的相互依赖性增强。"经济合作与发展组织（OECD）认为，"经济全球化可以被看作一种过程，在这个过程中，经济、市场、技术与通信形式都越来越具有全球特征，民族性和地方性在减少。"联合国贸易和发展组织认为经济全球化是指生产者和投资者的行为日益国际化，世界经济是由一个单一市场和生产区组成，而不是由各国经济通过贸易和投资流动连接而成，区域或国家只是分支单位而已。著名学者阿兰·鲁格曼则把经济全球化定义为跨国公司跨越国界从事对外直接投资和建立商业网络来创造价值。

国内学者姜桂石（2005）[①] 等通过对"全球化"含义的多视角考察，区分了"全球化"的两种主要看法：一是认为"全球化"主要是指经济全球化；二是认为"全球化"应该包括经济、文化、政治、科技等各方面的全球化，应当从多维度理解全球化，并在此基础上着重对阐述经济全球化内涵的观点进行了梳理。通过总结归纳，他们提出，经济全球化是在生产力发展特别是科技革命的推动下市场经济不断深化的体现，是生产要素、商品和服务交易加速在全球范围内的流动与扩张，从而使各国的经济交往不断扩大、相互依赖关系日益增强，全球经济形成一个不可分割的有机整体的过程

---

① 姜桂石，姚大学，王泰. 全球化与亚洲现代化 [M]. 北京：社会科学文献出版社，2005.

和趋势。宋群（2004）[①] 指出，经济全球化是现代市场经济发展的产物，并涉及全球范围的各个方面，集中反映着现阶段经济发展的特点，因此，经济全球化的定义内涵应至少包括以下几层内容：（1）经济全球化是世界经济发展到一定阶段上出现的一个过程，此过程到 20 世纪 80 年代开始显现，90 年代以来加速发展，21 世纪初将呈现出大发展的一种新趋势。（2）是市场经济发展在世界范围内由以流通领域为主进入以世界生产一体化为主要特征的生产领域，并开始向金融服务一体化发展阶段上的产物。（3）反映着世界市场经济对建立全球范围内的市场经济体制和运行机制及国际市场秩序的内在要求。（4）经济全球化的主导是经济实力强大发达国家，但其真正的主题是日益发展的跨国公司和区域集团。（5）经济全球化导致世界经济的一元化和多元化并存的发展趋势。王述英、高伟（2002）[②] 在经济全球化基础上提出了"产业全球化"，认为经济全球化，从一定意义上说就是产业全球化，并将产业全球化定义为：产业结构在世界范围内的调整和升级，产业组织在世界范围内的竞争和垄断，高新技术产业在世界范围的崛起和各国产业政策的世界性影响。他们还进一步指出，严格意义的大规模的产业全球化发生在 20 世纪 80 年代末 90 年代初，这时作为产业组织高级形式的跨国公司已经能在全世界范围内进行资源配置，并在全球进行生产要素的优化组合。伴随各国产业相互依存、相互渗透程度的日益加深，产业全球化已成为不可逆转的历史趋势，它实现了全球范围内生产、交换、分配和消费等一系列环节的国际经济大循环和国际产业链的形成。在科技和信息革命推动下，全球产业日益成为一种密不可分的全球产业网。

　　综合以上各学者的论文，本书认为，"全球化"中的"全球"正如斯图尔特所言是一个超地域性的概念，而"化"则为一种变化

---

　　① 宋群. 融合的趋势——全球化与中国经济［M］. 北京：中国水利水电出版社，2004.

　　② 王述英，高伟. 产业全球化及其新特点［J］. 理论与现代化，2002（1）.

发展过程，即由原来的具地域性转变为非地域性的发展过程。这种超地域的发展过程并非特指某一领域，可以是各个方面，如经济的、社会的、政治的、文化的、科技的等等，但具体指哪个领域须有相应的限定词，如指经济领域的，则应该是"经济全球化"。由此，我们就可以把经济全球化定义为：经济活动超地域的发展过程及其所带来的原来基于地域边界的各种经济关系发生的重大改变，在这一改变过程中，世界各国、各地区在贸易、金融、生产、投资、政策协调等方面超越国界和地区界限，商品和各种生产要素流动更加自由和充分，相互依存，相互联系，相互融合，在全球范围内形成一个不可分割的有机整体。

二、经济全球化的表现形式

经济全球化的趋势主要表现在以下几个方面。

（一）国际贸易迅猛增长

第二次世界大战结束后，关贸总协定的签订减少了关税和贸易障碍，国际贸易迅速增长，其增长速度超过了同期世界经济的增长速度，进入 20 世纪 90 年代，随着乌拉圭回合谈判的结束，世界贸易组织的成立，贸易规模进一步扩大，世界货物贸易从 1990 年的 34380 亿美元增加到 1996 年的 51510 亿美元，1998 年进一步扩大到 52250 亿美元，服务贸易额达到 12900 亿美元。到 2008 年，全球贸易总额高达 323650 亿美元。即使是世界金融危机最为严重的 2009 年，全球贸易总额也高达 248950 亿美元。

（二）以跨国公司为主体的国际化生产、投资体系已经形成，跨国公司实力不断壮大

目前全球已有 5.3 万家跨国公司，其在全球的附属企业达到 45

万家，跨国公司通过其子公司已将触角延伸到世界各地和各个领域。就其实力而言，跨国公司掌握了世界 GDP 的 1/5，国际贸易的 1/3，国际投资的 2/3，国际技术贸易的 90%。跨国公司以全球市场作为其活动范围，实行全球化的战略目标和战略布局，在全世界进行资源配置和生产要素的优化组合，达到成本最低和利润最大化。跨国公司组织全球生产的最主要方式是直接投资，通过国际直接投资形成生产和销售的全球化组合。目前，以跨国公司为主体的海外直接投资每年已达到约 3500 亿美元，积存的海外直接投资总额已达 2.4 万亿美元以上。

（三）金融国际化的进程正明显加快，成为经济全球化的核心内容

金融资本已脱离生产和贸易而成为一种独立的运动形式，跨国金融交易量急剧增加，辐射全球的大规模的金融机构不断增多，各地区金融中心和金融市场已逐渐形成了有机的整体。1997 年年底，世界贸易组织的成员国就开放全球金融市场达成协议，约 70 个国家保证使其银行、证券、保险市场对外国公司开放。根据这一协议，国际游资可以自由进入或撤离各国金融市场。各国金融市场连成一片，24 小时全球交易，使大量资金可以迅速在世界各地之间转移。金融全球化加速了世界范围资金的流动。与此同时，以欧盟为代表的区域性集团出现金融一体化。欧盟统一货币——欧元于 1999 年 1 月 1 日正式启动。

2007～2009 年发生的全球金融危机更是金融国际化的重要表现。这场源自美国的次级房屋信贷危机，导致美国投资者开始对按揭证券的价值失去信心，继而引发全球的"多米诺骨牌"效应，全球都受到严重影响，无一幸免。

（四） 技术开发与利用的国际化

首先从国际技术贸易的发展来看，由于技术对生产和经济的重要作用，生产国际化自然带动国际技术贸易的不断增长。资料表明：1965 年世界各国技术贸易总额为 30 亿美元，1970 年达 110 亿美元，20 世纪 80 年代初为 160 亿美元，到 80 年代中期猛增到 400 亿~500 亿美元。其次，从研究与开发的情况来看，一方面，由于各国在科技发展水平上的不平衡，而企业又为了获得先进的科技成果，因而各国间设立研究与开发据点便成了一种趋势，以至于许多企业形成了全球范围内的研究与开发网络，从而促进了研究与开发组织体系的国际化。另一方面，由于现代科技发展以高科技开发为中心，而高科技研究开发投入高、风险大，使很多企业感到力不从心，所以形成了越来越多的国际联合开发，这是现代技术开发活动国际化的又一显著特征。例如，1990 年国际商业机器公司（IBM）和西门子公司结成了共同研究开发新产品的战略联盟；1992 年年初日本东芝电气公司也加入这一联盟，三家联手开发 256 兆位超微芯片。

第二节　流通服务业的跨产业融合推动了
制造业生产的全球化

根据前文分析，流通服务业与制造业的相互渗透、延伸过程实际上就是服务业和制造业价值链的相互融合和重构的过程。流通服务业与制造业的互动融合发展对制造业的全球化生产起着催化和推动作用，其作用机理可以用图 8 - 1 加以说明。

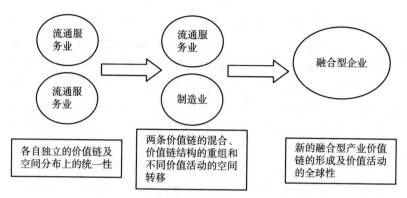

**图 8 - 1 流通服务业与制造业的互动融合发展对
制造业的全球化的作用机理**

一、服务业的跨产业融合推动了制造业价值链的重构①

制造业的价值链一般可以分为研发设计、采购、生产制造、市场营销、售后服务等几个环节或区段。传统观点认为，价值链的利润源泉主要为生产制造环节，为了增强竞争力，企业的价值链策略应以通过降低成本来开发、经营主导产品为主。按照这一观点，制造业企业价值链的着眼点和出发点便在于产品，谁能以最低的成本生产处高质的产品，谁就取得竞争优势，获得高额回报。在这一价值链策略的驱动下，制造业企业为了能高效的生产产品，往往追求价值链链条结构上的完整性，以及价值链空间组织上的高度收敛和集中性，体现为机械化自动流水线的"一条龙式"经营。20 世纪30 年代的福特河洛（River Rouge）汽车制造厂可以认为是这种生产模式的代表。福特公司几乎完全控制了汽车生产和制造原料以及其他方面的来源和运输，比如矿石和煤炭原料从五大湖附近的矿山

---

① 本部分内容参考了李美云（2007）中的相关分析。参见李美云. 服务业的产业融合与发展［M］. 北京：经济科学出版社，2007.

水运进来，然后通过热处理、仿形，铣削、冲压、焊接、抛光、喷漆和总装等数百种工艺过程，最后在那里被转换成汽车。"在一端吃进焦炭和矿石，在另一端吐出客座轿车"（krugman，1995）即为这种生产方式的形象说明。这种模式大大提高了制造业的生产效率和产品质量，在当时卖方市场的条件下无疑是企业参与竞争的有力武器，因而这一模式得以广泛应用并成为那个时期制造业的典型特征。

但是，进入20世纪90年代以来，当这种生产模式的优点发挥到极致时，也将社会带入产品全面过剩的时代，消费者不再满足汽车霸主老福特当年所声称的"黑色，福特公司唯一的颜色！"这种生产者主导下的单一标准化产品，而是越来越追求个性化、时尚化，越来越注重产品的功能价值而非产品本身。而知识经济的兴起、信息网络技术的产业化应用，也为消费者实现这种追求提供了条件。消费者只要动一下手中的鼠标，厂商之间的竞争关系瞬间展示在用户面前，不能适应用户个性化、及时性要求的企业将被市场淘汰，被称为"消费者主权"的时代到来了。实际上，这种"消费者主权"体现的个性化、时尚化产品已不是原来规模化大生产阶段的纯粹性制造产品，而是叠加了许多诸如研发设计、信息服务、售后服务等内涵的融合性产品。这种融合性产品的生产必然要求在原来的生产过程中嵌入大量的相关服务环节，从而引起原来传统制造业企业的价值链的转变，原来被视作成本中心的服务环节往往成为价值增值最多的利润中心，即价值链上的利润发生了转移，由原来的制造环节转到上游的研发环节或下游的营销和售后服务等环节。相应的，传统制造业的产业价值链断裂分解，并与渗透进来的相关服务业价值链条混合，经过价值链重组后，新的制造业价值链中融入了大量的服务业价值链条环节，从而新的产业价值链的价值增值也重新分布。

二、制造业价值链的重构推动了价值链的全球性空间重组

伴随着制造业价值链条结构的重组，制造业价值链增值环节越来越多，技术上的可分性也越来越强，而且网络技术的广泛应用使价值链的不同环节或区段在空间上的分离成为可能，这就意味着制造企业不必在同一地区或同一厂区内从事所有的价值链环节或区段，而只需要根据自己所拥有的核心能力和关键资源从事价值链上的某一环节或区段；企业不必拥有完整的价值链环节，而是可以以"全球"为"工厂"、以"国家"为"车间"，充分发挥自己巨大的资本优势、技术优势和世界各国有利的生产要素，选择在全球经济整体范围下重新建立战略体系，并将具备供求关系的上、下游产品环节分布到世界上不同的地区，以实现资源的共享和优势的互用，即在全球范围内实现价值链的配置和协调；或者按照"微笑曲线"调整其价值链重心，将业务重点转向产业价值链中增值空间更大的上游或下游环节，逐渐减少成本越来越高的产品生产和制造中间环节的投入，并将这些成本高、微利的经营活动外包给不同国家或地区的其他企业；或者借助与网络用外部供应链取代制造业务，直接从其他企业采购大部分零部件，自己仅生产少数核心部件，并对最终产品进行集成总装。无论以哪种方式进行的价值重构，都使制造业生产工序或价值链环节在空间上的分布越来越具有超越地区与国家范围的倾向。在这种空间组织形态中，愈来愈多的制造业巨头倾向于将制造业生产过程或价值链条拆分，在全球范围内寻求最为优越的生产区位或寻求最有效的生产制造商，进行专业化生产，从而使制造业的价值链更具有全球性空间离散分布的特征。Arndt and Kierzkowski（2001）使用"片断化"（Fragment）来描述这种生产过程的分割现象，并认为这种生产过程在全球的分离使同一价值链条生产过程的各个环节通过跨界生产网络被组织起来，这一跨界

网络可以是一个企业内部完成，也可以由许多企业合作分工完成。"产权的分离是跨界生产组织的一个重要决定因素，如果产权分离无法实施，那么跨国公司和外国直接投资有可能是一个首要选择。如果产权分离是可行的，那么委托加工等方式就会提上日程，而外国直接投资就不会扮演主要角色"（Arndt and Kierzkowski，2001）。换句话说，跨界生产在理论上只有两种选择方式：垂直一体化进入跨国公司内部或者通过贸易等方式垂直分离出去①。而且在这种价值链的片断化和空间重组的模式下，网络可以使在线服务、后期管理、设计与行销、售后服务等服务的重要性凌驾于真正的制造过程之上，制造企业越来越注重服务，服务也就越来越多地渗透到制造企业生产过程和管理环节中去。这时，一国产业的竞争优势不再是体现于最终产品和某个特定产业上，而体现在该国在全球的产业价值链中所占据的环节，从而导致国与国之间按不同的价值链环节分工；企业之间的竞争也不再是单个企业之间的竞争而是价值链和价值链之间的竞争，发展中国家的制造企业要么一体化进入跨国公司的生产体系，要么成为他们的合作伙伴，通过贸易的方式进入其生产体系。

三、价值链的全球性空间重组引起了制造业生产的全球化

在价值链的片断化及其全球性的空间重组过程中，各制造业日益形成了以跨国公司为"链主"控制价值链的全球生产体系。这种生产体系或称跨界生产网络的形成，正如 Arndt 和 Kierzkowski（2001）所指出的，要么是通过产权的方式将价值链各环节一体化，在企业内部完成；要么是通过非股权参与的全球采购式的产业内贸易方式来实现。在股权参与的方式下，主要是根据其全球战略通过

---

① 张辉. 全球价值链理论与我国产业发展研究 [J]. 中国工业经济，2004（5）.

新设投资和并购投资在全球选择最优的区位进行价值链环节的全球布局。新设投资即所谓"绿地投资"，投资者在东道主国设立新企业，新设企业可以是独资企业，也可以是合资企业；并购投资即所谓"褐地投资"，当兼并收购行为涉及不同国家之间的企业时，就是跨国兼并。新设或并购投资的价值链环节往往位于"微笑曲线"较左或较右的"高价位区"，投资的国度则倾向于劳动力素质高而劳动力成本较低的新兴市场国家，近年跨国公司纷纷在我国建研发中心、采购中心、服务中心即为此。在非股权参与方式下，跨国公司往往通过采购合同的产业内贸易方式，将合作各方在生产投入要素方面的比较优势相结合形成一种利益关系上的战略联盟。通过贴牌将自身缺乏比较优势而位于"微笑曲线"中部"低价位区"的零部件生产或对生产制造过程中的工资成本比较敏感的生产制造环节向位于其他国家的下游企业转移，而将新产品、新工艺、新装备的设计开发和涉及产品核心技术的关键部位的制造及营销保留在国内实行重点性占有，相关的售后服务等价值链中的"高位区"放在国内或重点市场国家实行重点占有和控制。如在计算机制造业中，以 IBM、英特尔、微软等大公司为代表的美国计算机厂商仅将利润率高达 25% ~ 35% 的 CPU 开发和核心软件制作保留在国内，而将利润率为 15% ~ 25% 的一般技术密集和资金密集的制造部分以及利润率仅为 8% ~ 12% 的劳动密集的制造部分转移到其他国家①。通过价值链的这种全球性空间重组，制造业的生产愈来愈多地呈现出全球化趋势，也有愈来愈多的制造业、愈来愈多国家的企业卷入到全球化的生产体系中，由此使发展中国家有了融入全球价值链条的机会。只不过这种融入一般都是从介入全球价值链中低附加值环节的低端道路开始的，但近年来也出现了介入具有较高附加值环节（如各种服务性工作平台）的机会，从而客观上促进了服务业的大

---

① 吴解生. 价值链重组、制造业吸纳与区位优势提升 [J]. 甘肃省经济管理干部学院学报，2004（9）.

规模国际性转移。

第三节　流通服务业 FDI 对本土制造业影响的实证研究

一、问题的提出和相关文献述评

1992 年 7 月，国务院出台了《关于商业零售领域利用外资问题的批复》，同意先在北京、上海、天津、广州、大连、青岛六个城市和深圳、珠海、汕头、厦门、海南五个经济特区，各试办 1~2 个中外合资或合作经营的商业零售企业，拉开了我国流通领域对外开放的序幕。经历过 3 年 WTO 保护期后，从 2004 年 12 月 11 日起，我国商业市场取消对外资零售企业在地域、股权和数量等方面的限制，标志着我国流通业的全面对外开放，各大跨国零售企业在我国发展速度明显加快。据统计，2004~2006 年，跨国零售对我国批发、零售业的实际投资额分别为 7.4 亿美元、10.39 亿美元、7.9 亿美元；投资项目分别为 1700 个、2602 个、4664 个。关于外资商业对我国流通业的影响已获得众多学者的关注，普遍认为，外资商业的进入在给国内商业企业带来先进的管理经验和经营技术水平的同时，也具有"零售倾销"、市场挤占与垄断等的潜在威胁（荆林波，2005），甚至会影响我国产业安全（王俊，2006）。然而，流通产业是先导产业，外资在流通领域的渗透必然会通过流通产业的关联效应影响到国内其他产业，尤其是制造业（石明明、张小军，2009）。

现实的观察使我们困惑，一方面是大量"中国制造"凭借跨国零售集团在华的大额采购融入国际分工体系，产品进入全球市场；另一方面是近年来我国制造企业与跨国零售巨头的频频发生的渠道冲突。那么事实究竟怎样，外资商业进入是否对我国本土制造业发展产生了影响？这种影响是积极的还是消极的（溢出抑或挤出①）？产生影响的渠道或途径又有哪些？本节拟通过对中国省级面板数据的实证检验回答上述问题。在借鉴工业行业 FDI 溢出效应分析框架的基础上，通过相关指标的重新构建，定量分析流通业 FDI 对我国本土制造业的影响，从而客观、全面评估外资商业的作用，以期为政府相关管理部门有效制定该行业的 FDI 管理和引导政策提供较为可靠的理论依据。

　　国际直接投资对东道国的影响一直是国际经济领域研究的热点，我国作为世界上吸引外资最多的国家，外资对华外溢问题成为学术界关注的重点。一般认为，外资在解决国内资本不足问题的同时，带来了先进的应用技术和管理经验，从而使我国本土企业大为受益（沈坤荣，1999；何洁，2000；王志鹏，2003；钟昌标，2006等）。在 FDI 对我国本土企业外溢效应的存在性问题上，无论是运用宏观或行业层面数据，还是新近发展的企业微观数据的检验，均表明外资进入对我国本土企业形成了正向溢出（沈坤荣，1999；Wei and Liu，2001；秦晓钟等，1998；亓朋等，2008）。理论上的探讨主要基于 FDI 溢出效应产生的渠道及其溢出机制。总体来看，FDI 溢出途径有两种：行业内水平溢出（horizontal effect，又称横向链接）、行业间垂直溢出（vertical effect，又称垂直链接）（Chen，1996；Kugler，2001；UNCTAD，2001）。行业内水平溢出效应包含：（1）"示范效应"，本地企业通过模仿外资公司的技术、管理提高自身的生产率。（2）"竞争效应"，外资的进入加剧了行业内竞争，迫使本地企业更有效地利用资源。（3）"人员流动效应"，外资企业培养的人才流入了内资企业，从而提高本地企业的生产率（chen，1996）。行业间垂直溢出表现为国内中间产品（或上游产品）供应商为满足跨国公司中间产品质量和标准要求主动学习带来的效率提高；跨国公司直接向本国供应商提供技术和生产方面的培

---

　　① 一般认为，正向影响则为溢出，负向影响则为挤出。

训使生产效率提高；下游产业通过利用由外国直接投资企业制造的质量更好或者成本更低的产品进行进一步加工和制造时从中获得的效率提高。前面两种情况可称为后向链接，后一种情况可称为前向链接（UNCTAD，2001；Driffield 等，2002）。

随着研究的深入，学者们还分析了影响 FDI 溢出的因素。何洁（2000）认为，当地经济发展水平构成了工业部门 FDI 溢出的"门槛"，经济发展水平越高的地区 FDI 外溢效应越明显。李晓钟、张小蒂（2004）、赖明勇等（2005）则指出了本地企业吸收能力对技术外溢效果的决定作用。陈涛涛（2003）、陈涛涛和白晓晴（2004）研究发现内外资企业较小的技术差距较小更加有利于 FDI 行业内的溢出。周燕、齐中英（2005）的研究揭示了来源于 OECD 国家的 FDI 比来自中国港澳台地区的 FDI 产生的行业内溢出效应更明显。陈涛涛、陈娇（2006）则指出行业增长特征是影响我国 FDI 行业内溢出效应的重要因素。

新近研究 FDI 对华外溢的实证文献，一方面在明显区分行业内溢出和行业间溢出的基础上更加深入地探讨了在华 FDI 内在溢出的机制，尤其是开始关注行业间垂直溢出（钟昌标，2006；许和连等，2007）；另一方面从企业所有制、外资进入的地区间影响等不同角度将对这一问题的认识引向深入（陈林和林珏，2009；亓朋等，2008）。

尽管学者们围绕 FDI 的技术外溢对外资进入后对我国本土企业的影响的研究取得了很大进展，然而我们却不无遗憾地指出，这些研究主要以制造业为对象，研究的范围仅限于工业行业（企业），而忽视了外资流入的另外一个领域——流通服务业，缺少对外资进入流通领域后会对我国本土制造业产生影响的关注。从目前掌握的文献来看，对这一问题为数不多的研究还多局限于定性评论，如李方超（2007）、赵亚平等（2008）认为跨国零售对中国制造形成了"价值链的低端锁定"；荆林波（2003，2005）则指出跨国零售商的全球供应链对我国制造业形成了倒逼，中国制造最终会被外国商业巨头所遏制。苏朝晖（2004）指出，跨国零售集团是当前世界商品流通的主渠道，其在华采购能够带动我国产品进入全球市场，减少生产盲目性，提高产品质量和管理水平。李骏阳、夏爱萍（2006）认为，由于中国零售业完全开放，使外资零售企业的势力逐渐增强，不仅威胁到中国的零售业而且也威胁到制造业，干扰我国制造业的产业优化和升级。巫景飞、林暐（2009）分析了商贸流通业 FDI 对本土和周边地区制造业生产效率的影响，是对外资商业在华作用进行实证检验的有益尝试，但其单一的指标选择并未区分外资商业对本土制造业溢出渠道，也就无法揭示商业 FDI 对本土制造业的作用机制。

二、外资商业对本土制造业产生影响的理论分析

（一）外资商业对本土制造业的间接影响路径

第一，外资商业企业通过示范和人员流动效应，提高了本地商业企业的经营效率，增强了这些企业对本土制造业产品的吸收能力[1]，从而有利于本土制造业发展。

外国零售业的现代化水平普遍较高，零售业的跨国流动对我国零售企业具有明显的示范和带动作用，使我国零售企业在零售技术（包括信息技术、供应链管理技术、现场布局与商品陈列技术、品类管理技术与防损技术等）和管理经验（包括组织机构、连锁经营、经营哲学、企业文化、决策方式、人员培训与考核体系等）方面受益匪浅（荆林波，2005），加速了国内企业采用新技术的速度。另外，跨国零售企业培训的本地工人和管理者在转到国内企业工作或自己创办企业后，往往给中国本地企业带来先进技术和管理思

---

[1]　由于商业的地域特征明显，本地商业企业经营效率提高后主要会增强对本土制造业产品的吸收。当然，也不排除对外贸产品吸收的可能，但我们只考虑主要方面。

想，提高了本地企业的人力资本积累（陈琳，2009）。由此可见，外资商业企业通过示范和人员流动作用，提高了本地商业企业的经营效率，扩大了本地商业企业对上游本土制造业生产能力的吸收，使之更加有效地实现与"中国制造"的对接，有利于本土制造业的发展。

第二，外资商业企业进入引致的竞争效应排挤了部分内资商业企业，同时自身转而依赖境外供应商，从而压缩了国内产品供应商的生产能力，形成对本土制造企业的挤出。

我国零售业中小企业过多，零售业整体上规模较小，市场集中度低，跨国零售企业进入我国后，凭借雄厚的资本优势和先进的技术水平，采用大批量采购和买断的方式，不断扩大市场份额，这样做的结果必然迫使原先经营效率低下的我国中小零售企业退出市场。与此同时，大多数跨国零售企业均对其在华采购的商品制定了较为严格的质量标准体系，并且要求供应商具有迅速的市场反应能力和一次性大批量的供货能力（苏朝晖，2004；杨宗，2005），短期内我国国内制造业产品无法达到外资商业企业要求，这些跨国零售企业就会转而依赖国外供应商，从而一定程度上挤出了我国本土制造企业的产品与市场①。

第三，外资商业进入给国内消费者带来的全新的消费体验使得消费者对制造商生产的产品提出更高的要求，进而客观上促使制造商不断进行产品设计和生产上的技术更新。

大型跨国零售企业日益成为具有双边市场特征的平台企业（石奇、岳中刚，2008），它们充当供应商和消费者的交易平台，通过营造社区消费、主题消费，更加重视与消费者的互动，使消费者通过消费过程进行自我表达，带给消费者与众不同的消费体验。外资商业进入我国市场后，势必给我国消费者带来全新的体验和冲击，进而使消费者对产品提出更高的要求（不仅满足物质消费需求，还

---

① 跨国零售企业拥有"金子订单"，一旦失去产出必然受影响。

有精神消费的需求），从而客观上促使制造商不断进行产品设计和生产技术上的更新。

（二）外资商业对本土制造业直接影响路径

第一，外资商业企业大规模在华采购扩大了本土制造企业的市场范围。

外资商业进入我国市场，在华采购规模不断增大，同时，外商利用自营进出口经营权将从中国采购商品通过其全球营销网络进行销售，带动了我国商品的出口，扩大了市场，创造了巨大的需求效应。据统计①，2005 年，沃尔玛、家乐福、麦德龙、伊藤洋华堂、万客隆、金狮、欧倍德、翠丰、欧尚、正大、利丰等 11 家跨国零售集团在中国采购总规模已超过 300 亿美元，占全国出口总额的 12%。

第二，提升了我国制造企业的管理水平。

外资商业对我国本土制造业企业经营管理能力水平的提高体现在两个方面：其一，外资商业凭借其市场优势对制造商在商品质量和标准上提出较高要求，国内制造商为满足这种要求而主动学习带来的效率提高。其二，我国大量的制造企业成为跨国零售企业的供应商，这些企业在分享跨国零售企业的信息与全球网络资源的同时，还可以学习它们先进的供应链技术，降低无效库存，提高物流管理水平，从而有利于提高我国制造企业的经营管理能力。

第三，外资商业凭借其优势市场地位，通过设置通道费、实施自有品牌战略等各种约束行为，在压榨本土制造商的合理利润空间的同时使越来越多的制造商，特别是中小型制造商沦为跨国巨头们的代工车间，长期看不利于本土制造业发展。

外资商业对本土制造业的影响路径见图 8－2。

---

① 数据转引自荆林波《关于外资进入中国流通业引发的三个问题》，《国际经济评论》，2005（5）.

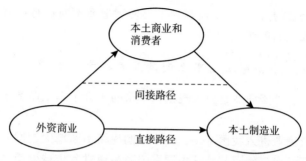

图 8 - 2　外资商业对本土制造业的影响路径

以上我们从理论层面分析了外资商业企业进入我国流通领域可能会对我国本土制造商产生的影响及其发生作用的机制。下面我们将利用我国 29 个省市 2003 ~ 2008 年连续 6 年的面板数据，实证检验外资商业企业进入我国流通领域后对我国本土制造商产生的影响。

三、模型、变量与方法

借鉴已有研究，假定产出由 C – D 生产函数给出：

$$Y_{it} = A_{it} K_{it}^{\alpha} L_{it}^{\beta}$$

式中，A 为技术水平（全要素生产率，除资本劳动以外影响产出的因素）；K，L 分别表示投入生产的资本和劳动要素；下标 i，t 分别代表地区和时间。

若 FDI 的外溢效应通过改变各类要素的使用效率，即技术水平 A 而影响产出增长，且两者之间为指数关系，则第 i 个地区第 t 年的技术水平为：

$$A_{it} = Ce^{\sigma Fm_{it} + \gamma Fc_{it}}$$

式中，C 为影响技术水平的其他因素。

将上式代入生产函数，并取对数，我们得到基本估计模型：

$$\ln Y_{it} = \alpha_0 + \alpha_1 \ln K_{it} + \alpha_2 \ln Lin + \alpha_3 Fm_{it} + \alpha_4 Fc_{it} + \varepsilon_{it} \qquad (1)$$

式中，Y，K，L 分别为内资制造业企业的产出、资本投入和劳动力要素投入，产出由工业增加值表示，资本由企业固定资产原价表示，劳动力要素投入用当年年平均从业人员人数表示，内资企业的数据均由全国规模以上企业数据减去三资企业相应数据得到。*Fm* 代表外资工业企业对本土工业企业的外溢，用三资工业企业固定资产原价占总固定资产原价的比重来表示。*Fc* 代表外资商业的参与度，为了区分外资商业对本土制造商影响的不同渠道，在已有研究的基础上，本节构建了两类指标来度量外资商业的参与度：一是以外资商业企业商品销售额占全部商品销售额的比重来衡量［Fc(sale)］，以此体现外资商业企业的竞争示范作用；二是以外资商业企业年平均从业人员数占各地区批发零售业从业人员总数的比重来衡量［Fc(emp)］，以此体现外资商业的人员流动或培训作用。若 Fc 前的回归系数为正，则认为外资商业对本土制造商具有正的外溢效应，若系数为负，则认为外资商业企业的进入对我国本土制造商产生了负向挤出效应。

借鉴现有文献，我们认为，本地企业自身的吸收能力（符号 H）和内外资商业企业间的技术差距（符号 Gap）是影响商业 FDI 溢出效果的两个主要因素。为此，我们在（1）式基础上加入这两个变量，构成与外资商业参与度 Fc 的连乘变量作为交互项，得到回归方程（2）和回归方程（3）：

$$\ln Y_{it} = \beta_0 + \beta_1 \ln K_{it} + \beta_2 \ln L_{it} + \beta_3 Fm_{it} + \beta_4 Fc_{it} + \beta_5 H_{it} Fc_{it} + \mu_{it} \tag{2}$$

$$\ln Y_{it} = \gamma_0 + \gamma_1 \ln K_{it} + \gamma_2 \ln L_{it} + \gamma_3 Fm_{it} + \gamma_4 Fc_{it} + \gamma_5 Gap_{it} Fc_{it} + \lambda_{it} \tag{3}$$

由于不同地区本地企业的吸收、学习能力通常与当地研发经费投入有关（黄静，2008），因此本节选取各省市研发投入经费占 GDP 的比重来衡量当地企业吸收能 H；内外资商业企业之间的技术差距 Gap 用内外资企业单位成本盈利能力的比重与 1 的绝对差值表示。如果交互项前估计系数为正，则表明该地区企业吸收能力和现有技术差距有利于外资商业对本土制造商的技术外溢，反之则反是。具体变量定义见表 8 – 1。

表 8 – 1　　　　　　　　　　　　变量描述

符号	变量	指标构建	单位
Y	内资制造业产出	工业增加值	亿元
K	内资制造业资本存量	固定资产原价（由全国规模以上企业 – 外资企业）	亿元
L	内资制造业劳动力	工业企业从业人数 – 外资企业从业人数	万人
Fm	制造业行业内外资企业参与度	外资工业企业固定资产原价/全部规模以上企业固定资产原价	%
$Fc(sale)$	以销售比重衡量的外资商业参与度	外资批发零售业商品销售额/总商品销售额	%
$Fc(emp)$	以就业比重衡量的外资商业参与度	外资批发零售业/商业总从业人数	%
H	本地企业吸收能力	各地研发投入占 GDP 的比重	%
Gap	内外资商业企业技术差距	内资商业企业单位成本收益/外资商业企业单位成本收益与 1 的绝对差值	%

本节所使用的数据来源于国家统计局数据库和各省（区市）2004 ~ 2009 年各年统计年鉴。样本中未包括海南、西藏，共 29 个省（区市），Y、K 均以当年价格表示。面板分析关键在于估计模型的识别和估计方法的选择，根据 Cameron 和 Trivedi（2006）的总结，如果真实模型为混合回归模型和随机效应模型，那么多数估计方法都能够得到一致估计量，但是如果真实模型为固定效应模型，则只有采用固定效应和一次差分估计才能得到一致结果，此外，固定效应在遗漏变量的情形下，仍然可以得到一致估计量。因此本节将优先采用固定效应估计，为了保证结果的可靠性，仍然报告了hausman 检验的结果。同时为了避免异方差，本节采用截面加权的广义最小二乘估计，所使用软件为 Eviews6.0。

四、实证结果与分析

（一）全国样本的分析

表 8 - 2 的实证结果显示，无论是以销售比重衡量还是以从业人员比重衡量，外资商业企业均没有对我国本土制造业造成明显的影响 [$Fc(sale)$、$Fc(emp)$ 的 t 统计量均不显著]。从方向上来看，$Fc(sale)$ 和 $Fc(emp)$ 的符号为负，这表明外资商业企业的进入，对我国本土生产企业产生了一定程度上的挤出。$Fc(sale)$ 的回归系数为负，支持了我们先前的判断：外资商业企业的进入对我国本土商业企业造成了较大的竞争压力，挤占了本土商业企业的市场份额，而其自身的需求外向性使得一定程度上对本土生产企业形成"挤出"。令人费解的是 $Fc(emp)$ 的回归系数也为负，这与我们的经验判断相悖。通常我们认为外资商业企业相比内资企业更具人力资源优势，其完善的员工培训体系和先进的管理技术会给对内资企业产生示范和人员流动的外溢效应，从而通过流通产业的先导联动作用，使本土制造商受益（荆林波，2005），然而实证结果表明外资商业企业的人力资源优势对本土制造商产出形成了挤出，甚至在程度上还要大于由于竞争挤占对本土制造商的影响。这再次警示我们，流通业对外开放，以"市场换技术"的潜在风险性，最后非但没有得到想要的技术，反而造成对本土制造业的伤害。进一步地考察发现（模型 2 和模型 3），本地制造企业吸收能力对于外资商业的溢出具有正向作用，而现有的技术差距则无益于外资商业溢出作用的发挥。因此从总体来看，目前我国企业初步具备了学习、吸收外资先进技术的能力；但在现阶段，我国商业企业整体技术水平还比较落后，现代先进的库存管理技术、信息管理技术等还远未普及，与外资商业企业差距仍较大。从上述实证结果中我们还可以看出，资本投入仍是我国制造业现阶段发展的主要因素，各模型中

$\ln K$ 的回归系数均在 1% 的水平上显著。此外，制造业内部的高度开放使我国本土制造获益，这表现为 Fm 的回归系数较大且很显著。

表 8 - 2　　　　　　　　　全国样本估计结果

变量	模型（1）		模型（2）		模型（3）	
	(1.1)	(1.2)	(2.1)	(2.2)	(3.1)	(3.2)
$\ln K$	1.53 *** (8.15)	1.58 *** (7.59)	1.52 *** (8.04)	1.62 *** (7.53)	1.53 *** (6.61)	1.59 *** (6.42)
$\ln L$	0.37 (0.84)	0.38 (0.77)	0.55 (1.21)	0.44 (0.78)	0.3 (0.55)	0.29 (0.51)
Fm	5.42 *** (3.62)	5.4 *** (3.39)	6.12 *** (4.06)	5.62 *** (3.6)	5.57 *** (3.37)	0.51 *** (3.15)
$Fc(sale)$	-0.001 (-0.044)		-0.05 (-1, 41)		0.07 (0.12)	
$Fc(emp)$		-1.01 (-1.08)		-1.59 (-1.56)		-0.76 (-0.75)
$H * Fc(sale)$			0.016 * (1.7)			
$H * Fc(emp)$				0.011 (1.38)		
$Gap * Fc(sale)$					-1.67 (-0.77)	
$Gap * Fc(emp)$						-1.77 (-0.86)
Adjusted R^2	0.91	0.91	0.92	0.92	0.89	0.87
样本观测值	135	122	133	122	118	109
Hausman	64.58	47.32	71.2	46.96	49.76	42.25

注：***、**、* 分别表示 1%、5% 和 10% 的显著性水平，括号为 t 统计量值，以下表同。

（二）分地区[①]次级样本分析

为了对比清晰，我们按照建模顺序，分地区汇报估计结果。

1. 外资商业对本土制造商的影响

由表 8 - 3 可见，东部和中部地区外资商业都通过竞争示范效应对当地本土制造商产生了正向的技术溢出，而通过人员流动或培训效应对本地制造商产生了负向冲击，尤其是东部地区 $Fc(emp)$ 的系数较大（符号为负），且在 1% 水平上显著。西部地区与东、中部地区正好相反，外资商业通过人员流动效应给西部地区本土制造业带来了较大的技术外溢，没有通过竞争示范途径带来正向溢出。

表 8 - 3 　　　　　　　　　模型 1 的估计结果

地区	ln$K$	ln$L$	Fm	Fc (sale)	Fc (emp)	Adjusted R^2	Hausman	样本观测值
东部	1.37 *** (6.68)	0.21 (0.62)	0.35 (0.28)	0.15 (0.63)		0.97	17.21	44
	1.34 *** (4.75)	0.56 (1.19)	0.17 (0.13)		-1.38 *** (-3.55)	0.98	20.4	36
中部	1.31 *** (5.4)	1.23 *** (1.69)	6.48 ** (2.53)	0.22 (0.57)		0.96	14.94	38
	1.31 *** (3.9)	1.32 *** (1.3)	7.29 ** (2.06)		-0.89 (-0.58)	0.96	37.09	33
西部	1.58 *** (4.49)	0.73 (0.77)	9.38 *** (3.29)	-0.003 (-0.09)		0.81	12.1	53
	1.59 *** (4.69)	0.56 (0.61)	9.53 *** (3.36)		1.76 (0.52)	0.81	11.33	53

①　我国对于东、中、西部的划分尚没有统一标准。根据经济发展水平相似度和地理上的相近程度，本节中我国东部地区包括北京、天津、河北、辽宁、上海、江苏、浙江、福建、山东、广东 10 个省市；中部地区，包括山西、吉林、黑龙江、安徽、江西、河南、湖北、湖南 8 个省份；西部地区包括四川、贵州、云南、陕西、甘肃、宁夏、青海、广西、重庆、内蒙古 11 个省市。本节未包含西藏数据。

　　造成这一现象的原因，可能是与西部地区相比，我国东、中部地区经济较发达，尤其是东部地区，市场制度较为完善，竞争机制健全，投资环境比较优越，从而使得外资商业的竞争示范溢出得以发挥，从而有利于当地制造业发展；而西部地区由于投资环境限制，使得外资商业的溢出更多地只能通过人员的转移来实现。

2. 企业吸收能力对外资商业技术外溢的影响

　　当考虑到不同地区本地企业吸收能力对外资商业溢出的影响时，表 8 - 4 的回归结果显示，东部、中部地区交互项 $H * Fc(sale)$ 和 $H * Fc(emp)$ 前的系数为正，且东部地区在 10% 水平上显著，表明东部地区当地企业已经具备了吸收外资企业先进技术的能力；中部地区尽管不显著，但其较高的数值也表明中部地区企业在吸收外资先进技术方面具有较强的适应性。由于我们选取企业研发投入占 GDP 比重作为衡量当地企业吸收能力的指标，因此这一结果也间接表明了东部地区较高的研究经费投入是当地企业具有较强吸收、学习能力的重要因素。与东、中部地区形成鲜明对比的是西部地区，企业吸收能力对外资商业外溢的贡献为负，表明从目前来看，西部地区当地企业还没有具备承接、吸收外资先进技术的能力，这可能与我国西部地区经济欠发达，企业研发投入严重不足有关。西部地区企业经营能力水平普遍较低，效益不佳导致研发投入严重不足，从而制约了企业自身能力的提高，不利于吸收外资先进技术。

3. 内外资企业技术差距对外资商业技术外溢的影响

　　模型 3 考虑了内外资商业企业技术差距对外资商业溢出的影响。表 8 - 5 的结果显示，东部地区技术差距对外资商业外溢的贡献为正，交互项 $Gap * Fc(sale)$ 和 $Gap * Fc(emp)$ 前的系数为正，分别为 0.42，0.43；中西部地区技术差距无益于外资商业的技术扩散，该项系数为负，尤其西部地区程度上较大，分别达到 - 22.04 和 - 7.49。这一结果表明，东部地区当前的技术差距是适宜的，有利于当地商业企业借鉴、学习外资商业企业的先进技术和管理经验；对中部和西部地区而言，现有的内外资技术差距是不适宜的，外

表 8 - 4　　模型 2 的估计结果

地区	lnK	lnL	Fm	Fc (sale)	Fc (emp)	H * Fc (sale)	H * Fc (emp)	Adjusted R^2	Hausman	样本观测值
东部	1.33 *** (7.33)	0.4 (1.11)	1.44 (1.07)	0.17 (0.72)		0.004 * (1..99)		0.98	21.18	43
	1.43 *** (4.85)	1.47 (0.99)	0.17 (0.13)		-1.6 *** (-3.62)		0.003 * (1.75)	0.91	19.58	36
中部	1.35 *** (5.68)	1.17 (1.64)	6.49 ** (2.61)	0.1 (0.25)		0.01 (0.69)		0.96	11.17	38
	1.26 *** (4.02)	1.25 (1.18)	5.89 (1.38)	0.06 (0.11)	-1.17 (-0.73)		0.06 (0.61)	0.96	31.25	33
西部	1.59 *** (4.41)	0.72 (0.75)	9.39 *** (3.25)			-0.02 (-0.12)		0.81	11.32	52
	1.54 *** (4.55)	0.54 (0.69)	9.33 *** (3.33)		2.24 (0.61)		-0.03 (-0.36)	0.81	10.36	52

表8-5   模型3的估计结果

地区		$\ln K$	$\ln L$	Fm	$Fc\ (sale)$	$Fc\ (emp)$	$Gap*Fc\ (sale)$	$Gap*Fc\ (emp)$	Adjusted R^2	Hausman	样本观测值
东部		0.98*** (8.41)	0.94*** (4.81)	1.16*** (2.8)	-0.06 (-0.87)		0.42 (1.03)		0.99	30.68	41
		1.55*** (5.98)	0.26 (0.61)	-0.79 (-0.66)		-1.35*** (-3.89)		0.43 (0.56)	0.98	24.61	35
中部		1.46*** (5.89)	0.63 (0.83)	5.57* (2.09)	-0.13 (0.31)		-4.54 (-1.0)		0.96	101.73	33
		1.39*** (5.7)	0.64 (0.8)	5.01* (1.84)		-0.34 (-0.31)		-1.31 (-1.02)	0.97	52.67	30
西部		1.75*** (7.65)	-0.55*** (-2.89)	4.1*** (3.38)	8.15 (1.43)		-22.04 (-0.97)		0.74	7.21	44
		1.72*** (7.43)	-0.51*** (-2.69)	4.49*** (3.69)		3.64 (1.13)		-7.49 (-0.54)	0.73	6.63	44

资的先进技术并不能被我国西部地区商业企业所吸收，故而不利于商业外资的溢出。我国东部地区相比中、西部地区而言，企业技术水平本身较高，与外资企业差距较小，而中、西部商业企业技术水平落后，与外资企业差距较大。陈涛涛（2003）指出，同行业内外资企业之间较小的技术差距更加有利于企业之间进行有效、充分竞争，从而有利于外溢效应的产生。蒋殿春（2004）也指出，技术差距越大，外国公司的实力越强，本国企业所受的冲击越大，它们技术创新动机也就可能越弱；同时，技术差距过大，外资大多从国外采购原料及零部件等，与国内其他产业的联系会非常小，不利于技术扩散，也不利于本地厂商学习、吸收和消化。

五、结论与政策含义

本节利用全国 29 个省（区市）2003～2008 年连续 6 年的工业和商业数据，从全国和地区两个层面实证研究了外资进入我国商贸流通领域后对我国本土制造业的影响。为了分辨外资商业对我国本土制造企业的作用途径，我们构建了两类外资商业参与度的指标变量，并且考察了本土企业吸收能力和内外资商业企业技术差距对外资商业溢出的影响。

全国样本的总体分析显示，我国本土制造企业并没有从外资商业中获益，相反，外资商业企业凭借其强大的市场势力和渠道话语权，某种程度上产生了对本土制造商的挤出。分地区检验的结果显示[1]，外资商业通过对本土商业企业的竞争示范效应促进了东、中部地区制造业的发展，对西部地区当地制造业的发展则主要是通过人员流动效应实现的。东部地区本地企业的吸收、学习能力较强，当前与外资商业企业的技术差距也比较小，因而有利于外资商业的

---

① 实证结果的全国样本和分地区样本的不一致性，可能是由于外资商业地区分布的不平衡性（汪旭辉，2008）造成的，但这也正好说明了我国经济发展的地区差异之大。

外溢；西部地区由于经济发展水平落后，研发投入不足导致当地企业吸收能力较差，与外资商业企业的技术差距也不利于当地企业的模仿与吸收，因而不利于外资商业的溢出；中部地区情况介于东部和西部之间，当地企业虽然具备了一定的吸收能力，但是与外资企业之间仍存在较大技术差距。

上述结论的政策含义至少包含以下几点：

（1）对外资商业的评价不应是非零即一，非此即彼。由于我国经济发展的地区差异性，对外资商业进入后对我国制造业影响的也是复杂的。就整体经济而言，外资商业一枝独秀、垄断流通渠道的局面必然会压迫我国制造业的发展，在这一点上，学者们对外资商业进入和我国产业安全的担忧不无道理。同时，我们也应看到外资商业通过竞争示范和人员流动效应对各地区不同程度上的溢出效应。这表明，一方面，我国在对待商贸流通业引资的各项优惠政策上要审慎，谨防市场主导权旁落。另一方面，要求各级政府在改善市场投资环境，提高监管力度，加强本土商业自身经营能力提升的同时，应引导外资商业通过市场机制发挥其积极作用，为我国经济服务。

（2）对外引入优质商贸流通外资企业资源，对内提高企业吸收能力，促使我国制造业效率提升。本土企业的吸收能力是对外资商业企业的技术溢出效应的发挥重要制约因素，为此，政府应着力发展制造业产业集群，提高行业集聚度，从而增强行业吸收能力，最大限度地接收到外资商贸流通企业溢出的有关知识与技能。

（3）我国内资商业企业需要加大研发投入，努力缩小与外资商业企业的技术差距，尤其是西部地区商业企业，要加快掌握现代商业经营技术，从而有力地带动本土制造业发展。

第九章

我国流通服务业与制造业互动融合的障碍因素及化解对策

第一节 我国流通服务业与制造业互动融合的障碍分析

一、思想认识上的不足

流通服务业与制造业互动融合发展是培育产业制度创新的摇篮，是催生企业经营方式变革的重要因素；此外，流通服务业与制造业互动融合，还有利于发挥流通服务业的支撑和引导作用，促进制造业转型与升级。当前无论是企业决策者还是政府相关职能部门，对这一点的认识还很不足，主要表现为流通企业与制造企业在实际当中不理性（短视）的相互"倾轧"行为，从而导致频现的渠道冲突；从政府角度而言，缺乏促进和引导产业融合的法律规范，以及相关扶持性政策，主要也是由于没有充分认识到流通服务业与制造业互动融合的重要作用而造成的。

二、流通服务业自身发展水平不高，削弱了与制造业互动的能力

（一）流通服务业市场化程度偏低，改革不到位

市场化改革是流通服务业发展的必要条件。在产业层面，我国所实施的改革政策呈现出非常明显的递进性特征：农业改革先于工业改革，工业改革又先于服务业改革。在服务业中，尤以公共服务和流通服务业的进入限制、行政垄断、地区封锁与市场分割问题严重。斯密曾指出，市场容量（市场范围的大小）是制约专业化分工进一步深化的重要因素①。在我国，由于地方保护主义、行政垄断等引起的市场分割提高了流通服务企业与制造企业之间的交易成本，尤其是阻碍了不同地区商品物资的顺畅流转，使社会资源无法实现最优配置，损害了效率。以连锁经营流通企业为例，由于区域分割，导致连锁公司进货难以统一，同一商品在不同地区的价格不同，总部控制难以实施。此外，由于地区分割，也导致物流成本居高不下，许多企业为了避免不同区域的物流衔接中产生新的费用而采用单一途径运货，效率不高。对外开放方面，我国流通服务业开放步伐明显滞后于制造业②，导致国外制造业企业进来后，与之相关的流通服务业领域没有进入。总体来看，我国流通企业缺乏与国外商业巨头抗衡的能力，与外资商业差距较大，渠道话语权的旁落必然会对我国上游制造企业产生不利影响（荆林波，2005；赵亚平、庄尚文，2007）。最后，我国流通企业所有制结构还比较单一，造成资源流入不足，弱化了竞争机制在产业发展中配置资源的基础

---

① 亚当·斯密. 国民财富的性质和原因的研究 [M]. 王亚南译，北京：商务印书馆，1972.

② 我国流通服务业的全面对外开放始于 2002 年，我国进入 WTO 之后履行承诺时才逐步放开了国内商业市场。

性作用。据统计，2004 年，我国流通业中的批发零售业和交通运输物流业的国家控股比例分别为 33% 和 71%[①]，这表明，我国流通服务业的微观主体仍主要由国有企业来充当，这是流通业发展水平不高、效率低下的重要原因之一。

总之，我国流通服务业市场化程度低下，一方面抬高了流通服务业的供给成本和交易成本；另一方面抑制了制造企业进行服务外包的内在激励，削弱了流通服务业与制造业互动的能力。

（二） 流通企业规模偏小，组织化程度低

我国流通企业规模普遍偏小，缺乏规模经济效应。截至 2004年，我国中小流通企业约占流通企业总数的 99%，实现的销售额占全社会消费品零售总额的 90% 以上。表 9-1 比较了 2004 年我国排名前五位的连锁企业和世界前五位零售企业的销售额，从中我们可以看出我国流通企业与发达国家零售企业之间在规模上的巨大差距。

表 9-1   2004 年中国前 5 家连锁企业和世界前 5 家零售企业
销售额比较   单位：亿美元

序号	中国前 5 家连锁企业	销售额	世界前 5 家零售企业	销售额
1	百联（集团）有限公司	81.71	沃尔玛（美）	2879.89
2	北京国美电器有限公司	28.85	家乐福（法）	903.82
3	大连大商集团有限公司	27.89	麦德龙（德）	701.59
4	苏宁电器集团	26.71	阿霍德（荷）	646.76
5	家乐福（中国地区各企业）	19.62	特思购（英）	624.59

由于我国的流通企业规模相对较小且分散，呈现小、散、乱、弱的状态，从而导致了流通业的组织化程度低。产业组织化程度可

---

① 数据转引自任旺兵. 我国制造业发展转型期生产性服务业发展问题［M］. 北京：中国计划出版社，2008.

用产业集中度表示，它是表示一个产业的市场份额控制在少数大企业手中的程度的指标。根据测算，2003 年，我国流通产业的市场集中度为 7.81%，而同期美国的市场集中度达到 40% 左右，日本为 50%，欧洲市场中位居前 10 名的零售企业拥有零售市场 90% 以上的份额[1]。此外，我国流通网点分布不平衡，尤其是广大农村地区，零售业态单一。批发业与零售业的比例结构不合理，近年来出现了批发业萎缩的状况，批发市场规模小，交易不规范，设施落后。由此可见，我国流通服务业存在着规模小、组织化程度低、结构不合理的问题，从而在一定程度上削弱和抑制了与制造业互动融合的能力。

（三）技术和高端知识人才匮乏制约了流通业与制造业互动的能力

在现阶段，我国流通服务业技术水平还比较落后，主要体现在物资流通配送企业物流技术落后、装备水平低、基础设施不完善以及流通企业信息处理和传输手段落后。在我国，现代化物流集散和储运设施不足，能够有效连接不同运输方式的大型综合货运枢纽和服务于区域经济或城市内部的各种物流基地、物流中心建设明显落后，因此大大制约了物资流通业承接制造业物流的能力。此外，我国流通业的信息化建设相对落后于发达国家，技术装备不足，人才缺乏且结构不合理。国际零售巨头沃尔玛拥有世界上最先进的数据库开发技术与制造商对接，4000 千兆容量数据库的开发，全球 5500 多个危机工作站的建设，保证了沃尔玛能在 1 小时之内对全球近 5000 家零售店内每种商品的库存、上架、销售量全部盘点一遍，从而大大提高了其经营效率。我国流通企业目前在技术能力方面与国外零售企业相比还有较大差距。以物流业为例，目前多数制造企业在选择第三方物流服务商时，首要考虑的是对方能否提供综合性

---

① 数据转引自尚慧丽. 我国流通业竞争力的现状及提高途径 [J]. 北方经贸，2007（5）.

全程服务，其次是物流服务的质量和价格。据调查，目前，我国第三方物流服务企业能够提供综合性全程物流服务的企业还不足5%，绝大多数企业由于自身技术装备的限制，仍停留在传统货运代理、仓储、库存管理、装卸运输等业务领域。另外，我国流通服务业人才极度缺乏。现代流通服务业是知识、技术密集型行业，从业人员的知识储备和专业化水平对流通服务业的发展起着至关重要的作用。有研究表明，生产性服务业是当前我国人才最为紧缺的产业，而金融和物流业首当其冲。在我国流通业（尤其是其中的物流业）发展实践中，不仅缺乏高层次人才，中低层次技能型人才供给也相对不足。由此可见，技术的落后和人才的不足是当前我国流通业实现与制造业良性互动的重要障碍因素。

三、制造业低水平发展影响本土流通服务业与制造业的互动融合与制造业全面升级

开放经济环境下，我国流通服务业与制造业的互动融合能力还受到外资工业的影响，我国制造业本身的低水平和外资进入的挤压与竞争效应不利于对本土流通服务业的吸收，从而妨害了两者间的互动。

制造业是国民经济的核心和工业化的发动机。近10年来，我国制造业获得了飞速发展。从规模总量上看，2007年，我国在全球制造业中所占的比达到13.2%，位居美国之后成为全球第二大制造业国家，被誉为"世界工厂"。以不变价计算，1995~2003年，中国制造业总产值年均增长14.53%；到2003年，制造业总产值约为12.27万亿元。而据联合国统计署和工发组织计算，1993~1998年，中国制造业增加值年均增长11.4%，而同时期发展中国家只有5.4%；1998~2003年，中国制造业的增长速度有所放缓，但仍然高达年均9.4%，同期发展中国家只有4.4%。[①] 从行业发展来看，

---

① 金碚等. 中国制造业国际竞争力现状分析及提升对策 [J]. 财贸经济，2007 (3).

制造业各行业均有较大发展，部分行业如有色、钢铁等年均增速达30%，很多产品产量已居世界第一位，我国已成为名副其实的制造大国。然而，我国制造业在取得辉煌成绩的同时还存在许多问题，特别是在当前经济全球化形势下，制造业大而不强，大量的中国制造仅仅成为发达国家加工、装配环节的代工车间，缺乏核心竞争力，处于全球价值链中被低端锁定的尴尬境地。

（一）制造企业"大而全、小而全"的传统组织结构妨害了对专业化流通生产性服务的需求

制造企业的服务外包是生产性服务业发展的重要需求动力，没有制造企业的需求，专业化服务业是无法健康发展的；反过来，专业化生产性服务的发展通过规模经济、范围经济、技术创新又为制造企业节约了成本，提高了产出附加值，有利于制造业发展。从经济发展的历史来看，在社会分工落后的情况下，各类企业自成体系，生产研发、物资供应、工艺加工、产品销售等环节均由企业自己直接完成，企业以自我服务为主。随着社会分工的深化，生产迂回程度不断提高，经济的专业化程度更高，生产性服务业逐渐从制造业内部分离和演变而来，流通服务业则是这一演变过程中专门承担物资运输和产品销售的行业[①]。受传统计划经济的影响，长期以来，我国制造企业形成了"大而全、小而全"的组织结构，整个生产营销过程几乎都在企业内部完成，工业生产的社会化、专业化程度不高，在一定程度制约了流通服务业的规模化发展。

（二）当前的制造代工模式不利于本土流通服务业

当前我国很多制造企业在全球分工体系中还处于低端位置，仅通过从事加工组织或资源能源消耗较大、对环境影响较重的产品的生产，获取微薄的利润，附加值低。此种制造代工模式不利于本土

---

① 当然，很多流通企业还通过产品销售参与上游的产品设计研究、生产制造等环节。

流通服务业发展。一方面，制造代工模式会抑制中国本土生产性服务的外部化进程、专业化发展以及产业升级。从经济演化的角度看，生产性服务原本大多是内化在制造业中的自我服务，它之所以能够逐渐分化出来，其重要原因就是市场需求的扩大使之能够实现规模经济与专业化发展。代工型制造由于其自身处于价值链低端，多为劳动密集型环节，技术含量较低，其对外部专业化服务需求的层次较低，同时随着跨国制造企业的进入，我国制造企业多从事加工贸易，规模有限，如果外商直接投资产业仍然使用其母国的生产性服务，或者选择自带生产性服务，必然会降低对中国本土生产性服务的市场需求规模和需求层次。这无疑不利于中国本土生产性服务尽快实现规模化、专业化发展，同时又会抑制本土生产性服务向产业高端攀升。另一方面，制造代工模式还容易阻碍本土生产性服务业与制造业进入良性互动发展与全面升级。由于跨国公司所投资的产业依靠其母国或者自带的先进高效的高级生产性服务的强力支撑，因而其竞争力会越来越强，而本土制造业由于只有层次与水平不高且效率较低的生产性服务可供利用，其竞争力明显不敌跨国公司所投资产业。这势必会影响中国本土生产性服务业与制造业早日步入良性互动发展与全面升级。

（三）外资制造业的进入也可能对本土流通服务产生不利影响

外资制造企业对生产性服务的需求本应是我国生产性服务业增长的强大拉动力。但由于外资制造企业与本地经济的产业关联薄弱，对生产性服务需求除少量在境外无法提供（有关我国国内法律法规的，如法律咨询），大多由境外直接提供。首先，"外商可以把制造基地搬进中国，但不可能把核心技术引入中国"，外资制造企业的产品设计、关键技术、核心零部件等产前服务主要依赖进口，对本地研发或技术服务需求少。其次，由于外资制造业中加工贸易型中小企业居多，而且大多属于跨国公司全球生产组织体系中的封闭环节，产品线和产业链延伸不足，因而对本地产中服务需求低，如金融服务主要由境外的金融机构提供，仓储设施、物流服务等主要在企业内部完成。据调查，外资制造企业中，90%以上的企业有自己的运输车队，95%以上有自己的仓储设施。外资制造企业产品直接出口多，而且多进入跨国公司营销体系。另外，外商制造企业所需的高级管理人才培训、物流服务、法律服务、广告策划、市场调研等商务服务，也表现出明显的外向化特征。外资制造企业对本地产生的生产性服务需求也明显不足。

四、制度环境不完善阻碍了流通服务业与制造业的互动融合

（一）诚信制度缺失

制造企业将物资存储运输、产品销售、市场调研等外包给流通企业，是流通服务业与制造业互动的重要内容，同时流通企业在与制造企业的长期合作中结成联盟，契约执行得以长期化，双方在互惠双赢的基础上均无背离联盟的激励，从而实现互动融合的第二个层次。然而，需要指出的是，无论是制造企业的外包激励，还是两者的结盟意愿，都是建立在社会诚信基础之上的，如果有一方企业不诚信，诸如隐瞒自己的真实信息，以次充好、努力不够，则另一方必然会产生背离，从而合作中断。根据香港贸发局对我国内地经济发达的长三角地区上海、南京、杭州、苏州等十个主要城市进行的调查发现，这一地区的制造企业使用外部服务的比例只有44%，其中上海最高为37%，其他城市只有27%。一个重要的原因是制造企业对服务企业的满意度偏低，服务企业诚信度较低，随意违约、泄露商业机密现象较为普遍，导致制造企业的外包动机不强，即使合作，双方也只是短期性的。由此可见，诚信制度的缺失会大大挫伤了制造企业与外部流通企业合作的激励，从而妨碍两者间的良性互动。

（二）产业政策偏好

我国产业政策长期以来偏好制造业，导致服务外包成本过高，从而阻碍流通业与制造业互动发展。以价格政策为例，目前我国存在严重的价格政策性歧视问题，对整个服务业的发展构成了明显的束缚和抑制。在我国，服务业用水、用电和用地与工业的政策反差巨大。例如，某省商业用电每度约为 0.955 元，而工业用电电价不到其一半，仅为 0.45 元；服务业用水价格为 2.3 元每吨，也比工业用水高出许多。在用地方面，工业项目用地目前仍是协议出让，服务业用地则大多采取"招拍挂"方式①。此外，在税收政策上，工业也多享有优惠，而许多服务业税费存在较大的不合理性。

（三）传统条块分割的管理体制

受计划经济集权主义的影响，我国传统的行政管理体制条块分割，部门利益固化，不同产业的企业归属不同的行政部门主管，导致产业之间资源流动性极差，也阻碍了新技术的应用和新产品的推广。不仅如此，行政上的条块分割还导致人为地进行市场划分与割裂，损害了企业和消费者的利益，造成社会福利的极大损失，不利于产业间的互动融合。

第二节　促进我国流通服务业与制造业
互动融合发展的对策

一、推进各方形成产业互动融合的共识

产业互动及互动基础上的融合发生的前提之一是参与的各方必

---

① 任旺兵. 我国制造业发展转型期生产性服务业发展问题 [M]. 北京：中国计划出版社，2008：103－104.

须彼此认识、了解各自参与互动融合的结合点和利润点，达成思想上的共识。从互联网产业的早期发展来看，互联网泡沫的主要原因就是因为其没能找到足够的其他产业的产业支撑与利润结合点，那些幸存下来的公司，无不是在经营实践中能与其他产业的企业紧密结合，能为其他产业的企业提供足够好的内容或服务。

　　流通服务业与制造业互动融合是促进与培育产业制度创新和企业经营方式创新的摇篮，制造企业吸收服务理念而形成的服务型制造模式以及流通企业借鉴制造企业的标准化、统一化思想而产生的连锁经营模式，这些生动的例子无不证明两者互动融合发展的重要性。因此，各有关利益方必须充分认识到产业互动融合作为一种新的产业范式所带来的巨大发展机遇及其挑战，以便把握机会主动参与，寻找自己的发展空间。在这一过程中，无论是制造业还是流通业，都应从自身产业特点出发，寻找合适的对接点，通过产业链的延伸或渗透进入对方产业领域，获取融合的价值，增强产业竞争力。

二、创造有利于流通服务业与制造业互动融合的制度环境

（一）制定出台一系列有利于促进流通服务业与制造业互动融合的产业政策

　　产业的发展离不开政府政策导向。促进流通服务业与制造业互动融合发展，需要政府相关部门出台一系列涉及税收、金融、管制方面的政策。

　　首先，应该扫除不利于融合发生的产业管制政策。原来的产业管制政策都是建立在具有明确的固化产业边界基础上的，实行的是按行业分开管理的政策，如在我国电视业和电信业分别由国家新闻出版广电总局和信息产业部实行行业管理，这种人为地将行业严格

分割的管理体制更加强化了各产业的边界，增加了产业的进入壁垒。因此，必须对基于产业分割的管理体制进行改革，清除阻碍产业融合的管理体制，按照有利于融合的思路重新制定相关政策。

其次，对大型流通企业以及制造企业的发展给予金融支持，对相关企业实施税收政策上的优惠。无论是流通企业还是制造企业，其规模化发展必须有现代化金融体系的支持。为此，除继续深化国有商业银行股份制改革、完善商业化经营机制外，还需要大力发展多层次资本市场体系，为企业拓宽融资渠道，促进流通业与制造业的良性互动融合。另外，对于带头践行跨产业发展、积极实施经营制度创新、起到良好示范作用的企业，政府要给予一定的税收政策上的减免优惠，以鼓励此类企业继续发展。

（二）加强社会信用制度建设

社会信用水平的提高，有利于降低企业间合作的违约风险，节约交易成本，从而有助于流通企业与制造企业的良性互动。社会信用制度的建立，应从以下几个方面进行。

首先，实施产权制度改革，通过明晰产权加大对产权主体的约束。从经济理性主义观点来看，市场经济中人们的行为总是自利的，都是为了追求自身利益最大化。明晰的产权是社会信用的基础，是滋生良好信用的制度性保障。这是因为，只有产权明晰，人们才有了追求长远利益的动力和对利益的稳定性预期，所以才更加注重自身信用，为的是能获得更多利益[1]。相反，如果没有产权不明晰，无法明确得知信誉的受益权归谁所有，那么人们是不会有积极性去建立信誉的。同理于企业，当企业的市场价值与决策者的利益无关时，决策者自然不会自觉维护自身信用。所以只有进行彻底的产权制度改革，真正做到产权明晰、物归其主，才能建立起一个

---

[1]　因为一旦不守信，其遭受的损失是巨大的，违约带来的暂时性收益无法弥补长期利益的损失。

健全的社会信用制度。

其次，加强信用立法，以法律形式维护良好的社会信用制度。为此，我国政府应借鉴发达国家的经验，尽快出台《信用信息公开法》、《商业秘密法》、《隐私权法》、《消费信用保护法》、《商业信用报告法》和《个人破产法》等信用法律法规，形成一体化的信用法律体系。在加强立法工作的同时要加大执法力度，对企业或个人不诚信的行为实施处罚，完善处罚形式。

最后，建立健全社会信用体系、规范信用评级制度。有关部门应该尽快以立法的形式建立企业和个人的信用档案，并对信用档案的记录与移交、管理与评级、披露与使用及评级机构与被评级单位的责任与权益作出明确的规定。同时，要积极发展第三方专业评级机构，设计合理、规范的信用评级指标体系。

（三）打破我国长期形成的部门分割和行政垄断局面，实现部门间资源流动与重组，提升市场化水平

在我国长期实行部门分割的管理体制下，形成了各自的部门利益，为了维护自身利益，一些管理部门总是采取一些行政性垄断措施，阻止部门间的资源流动，从而客观上阻碍了产业间的融合发展。因此，必须打破部门分割下的利益格局，取消各种行政性垄断措施，通过管理机构改革来促进部门间的资产重组，推进流通业与制造业融合发展。产业融合要求政府必须密切关注那些受规制产业的发展动态，把握技术创新和技术融合对受规制产业的影响。大力发展高新技术及其相关产业，为各产业间的融合创造一个良好的技术平台与产业平台。比如，日本颁布的《电信事业法》，废除两类运营商的区分，代之为按电信设施运营商和电信业务服务这两类进行管制；以登记或通知制度取代了原来的电信市场准入、退出许可证制度；并取消资费管制，放松政府的事前管制。新电信法有力地促进了日本电信产业在市场开放、业务创新方面与其他产业的融合。

此外，实行资源自由流动，提升市场化水平，还需要取消垄断性行业对非国有投资主体的限制，让那些具有敏锐市场触觉对产业融合机会具有非凡洞察力的民营资本进入，通过它们的示范作用带动多元化的投资主体进入产业融合领域，从而推动流通服务业与制造业的融合发展。

三、通过加快流通服务业建设促进制造业转型升级

（一）制造业转型升级需要大力发展流通服务业

1. 增长方式转变，走集约型增长的新型工业化道路需要流通服务业

过去很长一段时期以来，我国工业走的是依靠资本和资源投入的工业化进程，靠量的扩张实现经济的粗放式增长，工业发展陷入高积累、高投入、高消耗的恶性循环，不但经济效益不佳，还对环境造成了巨大危害。据统计，1953 年，我国能源的国民经济效益系数是每吨 1310 元，1978 年则下降到每吨 527 元，能源消耗强度则从 1953 年的 7.63 吨/万元增加到 1978 年的 18.98 吨/万元，能源消耗增长系数都大于 1。由此可见，在我国经济发展过程中，资源消耗的增长大大高于经济增长。由于片面追求经济增长的高速度，缺乏环境保护意识和可持续发展观念，我国在工业化的过程中，建起了一批环境污染严重、资源能耗高的工业企业，造成大量的环境问题，包括大气质量下降，水污染严重，矿产资源和能源被过度开采，森林遭受过度砍伐，引起水土流失、河流断流等。据《中国环境保护 21 世纪议程》提供的材料，我国 20 世纪 70 年代末的年平均气温值比 50 年代初的平均值高 0.21℃。气温升高，既加重了华北、西北地区的干旱，又加重了沿海地区的风灾和暴风洪涝灾害。同时，生态环境的破坏还造成大面积的水土流失和严重的沙漠化。据统计，在新中国成立初期，我国的水土流失面积就达 1.16 亿亩；

20 世纪 50 ~ 70 年代末，我国有 393 万亩的农田、493 万亩的草场受到沙漠化的威胁。

针对我国国情，中央关于"十五"计划的建议中提出"以信息化带动工业化，发挥后发优势，实现社会生产力的跨越式发展"。党的十六大报告更进一步指出："坚持以信息化带动工业化，以工业化促进信息化，走出一条科技含量高、经济效益好、资源消耗低、环境污染少、人力资源优势得到充分发挥的新型工业化道路。"2007 年党的十七大进一步提出，要"大力推进信息化与工业化的融合，促进工业由大变强"。

走内涵式经济发展道路，突破资源、环境的约束，提高经济效率和效益，离不开对科技、知识的吸收、利用和发展，以及知识资本和人力资本的积累和深化。现代流通服务业由于先进信息技术的运用和顾客主导型服务理念的植入，正成为将隐性知识和技术引入到制造业生产过程中来的重要媒介，现代化物流、品牌运作、市场营销等，包含着大量的人力资本、知识资本成分，正是通过这些专业化流通服务源源不断导入生产过程，提高制造业的生产效率，增加了产出价值。此外，走新型工业化道路，信息化和工业化的结合点在于传统产业的信息化改造，在改造传统产业的过程中流通服务业发挥着重要作用。尤其是现代流通服务业所蕴含的高知识含量和高信息含量，通过流通服务业与制造业的交融，将服务业的直接生产方式引入工业经济的迂回化生产过程，从而使这种新型的工业化能将两种矛盾的经济发展模式进行统一：通过工业化延长生产的迂回路径，通过服务化缩短迂回路径；用信息和知识替代有形能源，减少物耗；生产和消费通过流通服务的连接达到统一。

2. 专业化流通服务有利于提高制造业产出附加值，促进制造业生产与运营效率的提高

根据微笑曲线理论，曲线的两头即上游研发、技术、专利和下游品牌、销售、服务等是产业价值链的高附加值环节，曲线的中间即生产加工组装环节附加值和利润都比较低。我国制造业被长期锁定在价值链的低端环节，许多企业都集中在加工组装领域，在国际产业分工中只能获得微薄的利润，而产品增值的大部分利润都被掌握上游核心技术或下游销售服务终端的跨国巨头所攫取。因此，制造业虽然想把服务增值的那部分利润保留在企业内部，但是又苦于自我服务的内置成本过高，而外部化、专业化的流通服务可以最大限度地减少企业内部投资的固定成本，同时充分发挥规模经济、范围经济效应，更好地满足制造企业的多种服务需求。如此，专业化流通服务业既为制造企业节约了投资成本，又有利于其提出产品的增加值率，提高了制造企业的生产和经营效率。

（二）加快我国流通服务业发展，促进制造业转型升级的对策建议

1. 大力发展现代物流业，实现物流业与制造业的对接

物流业是流通服务业的重要内容，加快物流业对制造业的支持，实现两者联动，是现代经济发展的重要内容。但我国目前受税收、工商登记等政策限制以及行政性行业垄断、地方分割的体制制约，物流资源难以整合，难以发展综合型现代物流企业，这是物流成本过高、效率低下的根本原因。要形成若干低成本、高效率、能够满足货主多样化需求的区域性物流中心和一批大型物流企业集团，必须对工商登记、财政税收、交通规费、配送车辆进城、土地管理、货运代理、运输市场准入、快速通关等政策进行合理调整，打破行政性垄断和市场分割，形成有利于完善综合运输体系并在此基础上发展现代物流业的政策和体制环境。同时，要加快物流企业信息化建设，加大对现代物流科技创新的支持，物流技术与信息技术相融合，引导传统物流模式向现代供应链管理物流模式转变。具体而言，首先，加强我国物流基础设施资源一体化的建设、整合和优化，特别是加强我国物流节点城市和主要沿海城市集疏运一体化物流基础设施的建设、整合和优化工程。其次，加强制造业供应链物流公共信息平台建设和信息平台联动发展研究，促进制造业物流

服务市场的建设和发展。关键在于双方开展紧密合作，建立长远的战略伙伴关系，在这一过程中畅通、高效的交流机制发挥着重要作用。制造企业需要什么样的物流服务，物流企业能够提供什么样的物流服务，双方在充分交流与探讨中寻求合作机会，推进有机融合，促进联动发展。对于制造业来说，现代物流还是个陌生事物，而且我国物流业发展时间短；而物流业则难以理解和满足制造企业的物流需求，应探索更多方式促进制造业和物流业的信息沟通。最后，要鼓励我国制造业物流业务分离、物流运作分立或物流业务整合外包，鼓励物流业主动深度介入制造业并为制造业提供一体化的供应链服务，采取有效措施逐步解决不同程度和层次的物流业务供需结构性矛盾，促进制造业与物流业联动发展。

2. 加快流通服务业改革进程，提升市场化水平，通过扩大开放提高流通服务业支撑制造业转型升级的能力

首先，破除行业垄断，促进公平有序竞争，合理引导民间资本和外资参与国有流通服务企业改组改造，推进流通服务行业的资源配置由政府主导向市场为主转变，打破所有制歧视和行业垄断，凡是对外资开放的服务业均应对民营资本开放。打破市场分割和地区封锁，推进全国统一开放、有序竞争的市场体系建设。修订制约流通服务业发展的政策和不合理的规章制度，促进服务资源的有效整合，通过兼并、收购、控股、参股、划拨、托管和战略联盟等多种形式，加快形成一批跨地区、跨部门、跨行业、跨所有制的流通服务业"集团军"，真正形成集聚和规模效应，不断提高服务效率。

其次，利用与跨国公司的国际合作机遇，促进我国流通服务业发展。更大范围、更高程度的对外开放，固然会对国内产业和企业带来更多更大的竞争压力，但是也大大增加了学习、借鉴、吸取国外先进技术和先进管理经验的机会，而且竞争压力也是前进的动力。工业领域在我国加入WTO以来的实践证明，"与狼共舞"有利于提高我国产业的综合素质和国家竞争力，有利于提高我国拓展国际市场的能力。中国有条件、有能力在开放中趋利避害，要敢于开放流通服务领域，善于在开放中更好更快地发展我国自主的流通服务业。为此，要努力吸引国际上重量级的特别是发达国家的优秀零售企业进入，通过与他们的合作和竞争，来提升我国流通服务业的整体产业素质和专业化、市场化、国际化经营能力。

最后，组建大集团，实施"走出去"战略。鼓励国内有实力的企业组建成"集团军"，通过"走出去"购并国外企业，利用它们所拥有而我们却较为稀缺的如知名品牌、战略性营销渠道与网络、核心技术与研发团队等关键性生产性服务资源。政府相关部门应予积极配合，投资银行等金融机构应予以相应的政策扶持。

参 考 文 献

[1] Benson. J. K. The Inter-organizational Networks as a Political Economy [J]. Administrative Science Quarterly, 1975, 20 (2): 12 - 32.

[2] Bontems, P S. Monier V. Requillart. Strategic effects of private labels [J]. European Review of Agricultural Economics, 1999, (26): 147 - 165.

[3] Boyle, Breet A. Influence strategies in marketing channels: measures and use in different relationship structures [J]. Journal of marketing research, 1992 (29) (November): 68 - 85.

[4] Brown, James R. , Robert E. Luseh and Camlyn Y. Nicholson. Power and relationship Commitment: Their Impact on Marketing Channel Member Performance [J]. Journal of Retailing, 1995, 71 (4): 137 - 152.

[5] Christopher Freeman. Prometheus Unbound [J]. Futures, 1984, 16 (5): 494 - 507.

[6] Coffey W J, Bailly A. Producer services and systems of flexible production [J]. Urban Studies, 1992, 29 (3): 857 - 868.

[7] Cohen and Zysman. Manufacturing matters: the myth of the post-industrial economy [M]. Basic Books, New York, 1987.

[8] Constantin, James A. and Robert F. Lusch, Understanding Resource Management [C]. Oxford, OH: The Planning Forum, 1994.

[9] Costa. Information Technology outsourcing in Australia: A Lit-

erature Review [J]. Information Management &Computer Seeurity, 2001, 9 (5): 77 –91.

[10] Drucker P. E. The emerging theory of manufacturing [J]. Harvard Business Review, 1990 (5 –6): 105 – 120.

[11] El – Ansary and Stern. Power Measurement the Distribution Channel [J]. Joumal of Marketing Researeh, 1972 (9) (February): 125 – 143.

[12] Fai F, Tunzelmann V N. Industry-specific competencies and converging technological systems: evidence from patents [J]. Structural Change and Economic Dynamics, 2001 (12): 20 –32.

[13] Freeman, Chris Soete, Luc. The economics of Industrial innovation [M]. MIT Cambrige. US, 1997.

[14] Gaines B R. The learning curves: underlying convergence [J]. Technological Forecasting and Social Change, 1998, 57: 7 –34.

[15] Gene M. Grossman and Elhanan Helpman. Integration versus Outsourcing in Industry Equilibrium [J]. The Quarterly Journal of Economics, 2002 (117): 85 – 120.

[16] Gereffi, G. Humphrey. J. and T. Sturgeon. The Governance of Global Value Chain [J]. Review of international Political Economy. 2005 (2): 78 – 104.

[17] Greensteina&Khanna. What does Industry convergence mean? In: Yoffie, D. B (ed.) [M]. Competing in the age of digital convergence. Boston, 1997: 201 –226.

[18] Sanford J. Grossman and Oliver D. Hart. The Costs and Benefits of Ownership: A Theory of Vertical and Lateral Integration [J]. Journal of Political Economy, 1986, 94 (4): 691 –719.

[19] Guerrieri and Meliciani. International competitiveness in producer services [P]. Paper presented at the SETI meeting Rome, 2003.

[20] Hammer M and Champy J. Reengineering the Corporation: A

Manifesto for Business Revolution [M]. London: Nicholas Brealey Publishing, 1993: 33, 36.

[21] Oliver Hart and John Moore. Property Rights and the Nature of the Firm [J]. Journal of Political Economy, 1990, 98 (6): 1119 - 1158.

[22] Heide, Jan B. Interorganizational Governance in Marketing Channels [J]. Journal of Marketing, 1994 (58) (January): 71 - 85.

[23] Homans. G. C. Social Behavior as Exchange [J]. American Journal of Sociology, 1958 (63): 53 - 67.

[24] Johanson. Jan and Lars - Gunnar Mattsson. Internationalization in industry system: A network approach [M]. In N. Hood & Jan - Erik Vahlne, editors, Strategies in global competition. London, UK: Rutledge, 1987.

[25] Karaomerioglu, B. &Carlaaon. Manufacturing in decline? A matter of definition [J]. Economy, Innovation, New Technology, 1999 (8): 175 - 196.

[26] Janet E. Keith, Donald W. Jaekson, Jr. , and Lawrenee A. Crosby. Effects of Alterative Types of Influence Strategies under Different Channel Dependence Structures [J]. Journal of Marketing, 1990 (54): 30 - 41.

[27] Kim and Hsieh. Connecting Power with Locus of Control in Marketing Channel Relationships: A Response Surface Approach [J]. International Journal of Research in Marketing, 2006 (23): 13 - 29.

[28] Klodt H. Structural change towards services: the German experience [P]. University of Birmingham IGS Discussion Paper, 2000.

[29] Lacity and Willcocks. Incredible expectations, credible outcomes [J]. Information Systems Management, 1994, 11 (4): 34 - 56.

[30] Lawrenee and Venkatraman. Determinants of Information Technology outsourcing: A Cross-sectional Analysis [J]. Joumal of

Management Information Systems, 1992, 9 (1): 7 -24.

[31] Lei, D. T. Industry evolution and competence development: the imperatives of technological convergence [J]. International Journal of Technology Management, 2000, 19 (7 -8): 726.

[32] Lind J. Convergence: History of term usage and lessons for firm strategies [R]. Stockholm School of Economics, Center for Information and Communications Research, 2004.

[33] Lusch, R. F. , Vargo, S. L. , and O'Brien, M. Competing through service: Insights from service-dominant logic [J]. Journal of Retailing, 2007, 83 (1): 5 -18.

[34] Lusch, R. F. and James Brown. Interdependence, Contracting, and relation behaviors in marketing channels [J]. Journal of marketing, 1996 (60): 19 -38.

[35] Lvitt T. The marketing imagination [M]. New York: The Free Press, 1986.

[36] Magnusson and Lindstrom. Architectural or modular innovation? Managing discontinuous product development in response to challenging environmental performance targets [J]. International Journal of Innovation Management, 2003 (7): 1 -26.

[37] Thomas R. Malthus and Patricia James. An Essay on the Principle of Population [M] London: Printed for J. Johnson, in St. Paul's Church - Yard. 1798.

[38] Mary Amiti and Shang - Jin Wei. Fear of Service Outsourcing: Is It Justified? [P]. IMF Working Paper, 2005.

[39] Masten Scott Emeehan Jamesw JR and Snyder Edward. Vertical integration in the U. S. auto industry [J]. Journal of Economic Behavior and Organization, 1989, 12: 56 -74.

[40] Mathieu. Service strategies within manufacturing sector: benefits, costs and partnership [J]. International Journal of Service Indus-

try Management, 2001 (12): 451 – 475.

[41] Michael Hammer. Reengineering work: don't automate, obliterate [J]. Harvard Business Review, 1990 (8): 104 – 112.

[42] Mills, D E. Why Retailers Sell Private Labels [J]. Journal of Economics and Management Strategy, 1995 (4): 509 – 528.

[43] Mukesh Eswaran and Ashok Kotwal. The role of service in the process of industrialization [J]. Journal of Development Economics, 2002 (68): 401 – 420.

[44] Normann, Richard and Rafael Ramirez. From Value Chain to Value Constellation: Designing Interactive Strategy [J]. Harvard Business Review, 1993 (71): 65 – 77.

[45] O'Faeeell P. N and Hitchens D. M. Producer services and regional development: a review of some major conceptual policy and research issues [J]. Environment and Planning A, 1990 (22): 1141 – 1154.

[46] Pappas N, P. Sheehan. The new manufacturing: linkage between production and service activities in P. Sheehen and G. Tegart (eds) Working for the future [M]. Melbourne: Victoria University Press, 1998.

[47] Penrose E T. The theory of the growth of the firm [M]. Oxford: Oxford University Press, 1959.

[48] Pfeffer. J. and Salancik. G. The External Control of Organization: A Resource Dependence Perspective [M]. New York: Harper and Row, 1978.

[49] Prahalad and Hamel. The Coe Competence of the Corporation [J]. Harvard Business Review. 1990 (May – June): 79 – 93.

[50] Prahalad, C. K. and V. Ramaswamy. The Future of Competition: Co Creating Unique Value with Customers [M]. Cambridge, MA: HBS Press, 2004.

[51] R. Rothwell. Successful industrial innovation: critical factors for the 1990s [J]. R&D Management, 1992 (22): 221 -240.

[52] Richardson, G. B. The Organization of Industry [J]. Economic Journal. 1972 (82): 883 -896.

[53] Riordan. Michael H. and Williamson. Oliver E. Asset specificity and economic organization [J]. International Journal of Industrial Organization, 1985, 3 (4): 18 -32.

[54] Robicheaux and El - Ansary. A General Model for Understanding Channel Member Behavior [J]. Journal of Retailing, 1975, 52 (4): 90 -94

[55] Rosenberg N. Technological change in the machine tool industry: 1840 -1910 [J]. The Journal of Economic History, 1963, 23 (2): 414 -446.

[56] RowthronR, R. Ramaswamy. Growth, trade and industrialization [P]. IMF Staff Papers, 1999, 46 (1): 18 -41.

[57] Scott John T. Purposive diversification as a Motive for Merger [J]. International Journal of Industrial Organization, 1987, 7 (1): 120 -134.

[58] Simmel, Georg. "The Field of Sociology," In Kurt H. Wolff (ed.) [M]. The Sociology of Georg Simmel. New York: Free Press, 1950: 3 -25

[59] Simmel, Georg. "Quantitative Aspects of the Group," In Kurt H. Wolff (ed.) [M]. The Sociology of Georg Simmel, New York: Free Press, 1950: 87 -177

[60] Soo-weiKoh. Stochastic frontier analysis of Singapore manufacturing industries [J]. Singapore Economics Review, 2004, 10 (1): 75 -88.

[61] Stahel W. "The Functional Economy: Cultural and Organizational Change. " From the Industry Green Game: Implications for En-

vironmental Design and Management [M]. National Academy Press, Washington, D. C, 1997: 91 – 100.

[62] Steiner Robert L. The Evolution and APP lieations of Dual Stage Thinking [J]. Antitrust Bulletin, 2004, 49 (4): 877 – 910.

[63] Steiner Robert L. The Nature and benefits of national brand/ private label competition [J]. Review of Industrial organization, 2004, 24: 105 – 127.

[64] Stephen L. Vargo & Robert F. Lusch. Evolving to a New Dominant Logic for Marketing [J]. Journal of Marketing, 2004 (68): 1 – 17.

[65] Vandermerwe Sandra and Rada. Servitization of businesss: adding value by adding services. European Management Journal, 1988, 6 (4): 314 – 324.

[66] Vargo (Eds.). The Service – Dominant Logic of Market Debate and Directions [C]. New York: M. E. Sharpe, 2006.

[67] Vargo, S. L. Customer Integration and Value Creation: Paradigmatic Traps and Perspectives. Journal of Service Research, 2008, 11 (2): 211 – 215.

[68] Vargo, S. L. and Lusch, R. F. From goods to service (s): Divergences and convergences of logics [J]. Industrial Marketing Management, 2008, 37 (3): 254 – 259.

[69] Vickers. J and M. Waterson. Vertical relationship: An introduction [J]. Journal of Industrial economics, 1991, 39 (5): 445 – 450.

[70] Wilkinson, Ian. F. Distribution Channel Management: Power Considerations [J]. International Journal of Physical Distribution & Logistics Management, 1996, 26 (5): 31 – 41.

[71] Williamson Oliver E. Themodern corporation: origins, evolution, attributes [J]. Journal of Economic Literature, 1981, 19 (4): 12 – 28.

［72］Yoffie D B. Introduction: chess and competing in the age of digital convergence ［C］. Yoffie D （ed.）. Competing in the age of digital convergence. Boston，1997.

［73］H. 钱纳里等. 工业化和经济增长的比较研究 ［M］. 上海：上海三联书店、上海人民出版社，1989.

［74］奥利弗·E·威廉姆森. 资本主义经济制度 ［M］. 段毅才、王伟译. 北京：商务印书馆，2002.

［75］蔡斌，赵卫东. 业务流程管理思想及其支持技术的演进 ［J］. 管理评论，2006 （7）：32 - 37.

［76］蔡勇志. 零售业产业融合研究 ［D］. 福建师范大学硕士学位论文，2006.

［77］曹丽莉. 工业化中后期流通业发展的思考 ［J］. 财贸研究，2006 （3）：43 - 48.

［78］曹卫，郝亚林. 产业融合对我国产业结构调整的启示 ［J］. 经济体制改革，2003 （3）：15 - 17.

［79］陈阿兴，赵黎. 基于供应链管理的新型工商关系博弈分析 ［J］. 全国商情 （经济理论研究），2006 （2）：14 - 17.

［80］陈菲. 服务外包动因机制分析及发展趋势预测——基于美国服务外包的验证 ［J］. 中国工业经济，2005 （6）：67 - 73.

［81］陈佳贵，黄群慧，钟宏武. 中国地区工业化进程的综合评价和特征分析 ［J］. 经济研究，2006 （6）：4 - 15.

［82］陈健，史修松. 产业关联、行业异质性与生产性服务业发展 ［J］. 产业经济研究，2008 （6）：16 - 22.

［83］陈柳钦. 产业发展的集群化、融合化和生态化分析 ［J］. 华北电力大学学报 （社会科学版），2006 （1）：16 - 22.

［84］陈柳钦. 产业融合的发展动因、演进方式及其效应分析 ［J］. 西华大学学报：哲学社会科学版，2007 （4）：69 - 73.

［85］陈淑英. 我国商品流通主导权的演变及原因分析 ［J］. 商场现代化，2006 （1）：1 - 2.

［86］陈文玲. 流通理论的研究与探索. 中国商业理论前沿［M］. 北京：社会科学文献出版社，2000.

［87］程大中. 生产者服务论——兼论中国服务业发展与开放［M］. 上海：文汇出版社，2006.

［88］程大中. 中国生产性服务业的水平、结构及影响——基于投入—产出法的国际比较研究［J］. 经济研究，2008（1）：76 - 87.

［89］程瑞芳. 发挥商品流通先导性的对策研究［J］. 财贸经济，2002（8）：64 - 67.

［90］丁宁. 零售商承接生产者服务外包的模式及其优势［J］. 中国流通经济，2009（10）：20 - 23.

［91］丁永健. 基于纵向关联的产业价值创造机理研究［D］. 大连理工大学博士论文，2006.

［92］都继萌. 中国工业化与流通产业发展的动态关系研究［D］. 河北大学硕士学位论文 2007.

［93］樊秀峰. 零售企业交易设置效应研究［J］. 浙江工商大学学报，2007（6）：61 - 65.

［94］樊秀峰. 跨国零售企业行为分析框架：以沃尔玛为例［J］. 商业经济与管理，2009（7）：12 - 19.

［95］方远平，毕斗斗，闫小培. 西方流通服务业区位研究述评［J］. 商业研究，2008（4）：199 - 202.

［96］冯冈平. 零售商自有品牌的溢价条件和途径［J］. 价格理论与实践，2004（2）：57 - 59.

［97］冯泰文. 生产性服务业的发展对制造业效率的影响——以交易成本和制造成本为中介变量［J］. 数量经济与技术经济研究，2009（3）：56 - 65.

［98］傅家骥. 技术创新学［M］. 北京：清华大学出版社，2001.

［99］高铁生. 推进流通革命营建和谐社会［J］. 中国流通经

济，2007（4）：12-14.

［100］顾乃华.生产性服务业与制造业互动发展：文献综述［J］.经济学家，2006（6）：35-41.

［101］顾乃华.我国服务业对工业发展外溢效应的理论和实证分析［J］.统计研究，2005（12）：9-13.

［102］何清.渠道间冲突的现有解决机制评析［J］.财贸研究，2006（1）：103-107.

［103］胡汉辉，邢华.产业融合理论以及对我国发展信息产业的启示［J］.中国工业经济，2003（2）：23-29.

［104］胡汝银.竞争与垄断：社会主义微观经济分析［M］.上海：上海三联书店，1988.

［105］胡晓鹏，李庆科.生产性服务业与制造业共生关系研究——对苏、浙、沪投入产出表的动态比较［J］.数量经济与技术经济研究，2009（2）：33-46.

［106］胡永佳.产业融合的经济学分析［M］.北京：中国经济出版社，2008.

［107］黄国雄.论流通产业是基础产业［J］.财贸经济，2005（4）：61-65.

［108］黄金鑫.制造业与流通业协调发展的理论与实证研究［D］.暨南大学硕士论文，2006.

［109］黄维兵.现代服务经济理论与中国服务业发展［M］.成都：西南财经大学出版社，2003.

［110］剑桥欧洲经济史第七卷［M］.北京：经济科学出版社，2002.

［111］江静，刘志彪，于明超.生产者服务业发展与制造业效率提升：基于地区和行业面板数据的经验分析［J］.世界经济，2007（8）：52-62.

［112］金永生.中国流通产业创新研究［M］.北京：首都经济贸易大学出版社，2004.

[113] 科兰等. 营销渠道 [M]. 蒋青云译, 北京: 中国人民大学出版社, 2008.

[114] 李宏. 工业化与流通产业发展关系的实证分析 [J]. 统计与决策, 2007 (22): 97-99.

[115] 李宏. 广东省流通业与制造业关系的动态分析 [J]. 广东商学院学报, 2007 (5): 72-76.

[116] 李美云. 服务业的产业融合与发展 [M]. 北京: 经济科学出版社, 2007.

[117] 厉无畏. 产业融合与产业创新 [J]. 上海管理科学, 2002 (4): 4-6.

[118] 刘向东, 石杰慎. 我国商业的产业关联分析及国际比较 [J]. 中国软科学, 2009 (4): 42-49.

[119] 柳思维, 李陈华. 商业的分工效应及其在推进工业化中的作用 [J]. 湖南社会科学, 2003 (1): 65-68.

[120] 柳卸林. 技术创新经济学 [M]. 北京: 中国经济出版社, 1993.

[121] 卢锋. 产品内分工 [J]. 经济学季刊, 2004 (10): 56-82.

[122] 罗珉, 曾涛. 企业商业模式创新: 基于租金理论的解释 [J]. 中国工业经济, 2005 (7): 73-81.

[123] 马健. 产业融合论 [M]. 南京: 南京大学出版社, 2006.

[124] 马克思恩格斯全集 (第1卷) [M]. 北京: 人民出版社 1972.

[125] 聂子龙, 李浩. 产业融合中的企业战略思考 [J]. 软科学, 2003 (2): 80-83.

[126] 牛全保. 中国工商关系的演变历程与特点 [J]. 商业经济与管理, 2006 (4): 3-7.

[127] 彭继增等. 商业集群、第三产业空间演化与经济发

展——基于浙江省数据的实证分析 [J]. 商业经济与管理, 2010 (11): 11-18.

[128] 冉净斐, 文启湘. 流通战略产业论 [J]. 商业经济与管理, 2005 (6): 10-16.

[129] 芮明杰, 刘明宇, 任江波. 论产业链整合 [M]. 上海: 复旦大学出版社, 2006.

[130] 芮明杰. 产业经济学 [M]. 上海: 上海财经大学出版社, 2005.

[131] 沈能. 中国制造业全要素生产率地区空间差异的实证研究 [J]. 中国软科学, 2006 (6): 101-110.

[132] 石明明, 张小军. 流通产业在国民经济发展中的角色转换: 基于灰色关联分析 [J]. 财贸经济, 2009 (2): 115-120.

[133] 宋则. 流通产业地位和效能需要重新看 [J]. 中国经贸导刊, 2003 (19): 37.

[134] 宋则行, 樊亢. 世界经济史 (修订版) 上卷 [M]. 北京: 经济科学出版社, 1998.

[135] 孙林岩. 服务型制造: 理论与实践 [M]. 北京: 清华大学出版社, 2009.

[136] 唐强荣, 徐学军, 自力. 生产性服务业与制造业共生发展模型及实证研究 [J]. 南开管理评论, 2009 (12): 20-25.

[137] 王辑慈. 创新的空间: 企业集群与区域发展 [M]. 北京: 北京大学出版社, 2001.

[138] 王静, 春元, 莉敏. 零售商自有品牌策略浅析 [J]. 商场现代化, 2005 (12): 239-240.

[139] 王先庆. 工业化不同阶段下流通效应的结构性变动及其趋势 [J]. 商业经济文萃, 2005 (4): 1-6.

[140] 王雪梅. 社会学概论 [M]. 北京: 中国经济出版社, 2001.

[141] 王章豹, 李垒. 我国制造业技术创新能力与产业竞争力

的灰色关联分析 [J]. 科学学与科学技术管理, 2007 (7): 38 - 42.

[142] 武芙蓉. 新时期制造业与零售业的利益关系趋向研究 [J]. 湖北经济学院学报, 2006 (6): 62 - 63.

[143] 夏春玉. 营销渠道的冲突与管理 [J]. 当代经济科学, 2004 (6): 73 - 79.

[144] 谢贞发. 产业集群理论研究述评 [J]. 经济评论, 2005 (5): 118 - 124.

[145] 熊彼特. 经济发展理论 (中译本) [M]. 北京: 商务印书馆, 1990.

[146] 徐从才, 丁宁. 服务制造业互动发展的价值链创新与绩效——基于大型零售商纵向约束与供应链流程再造的分析 [J]. 管理世界, 2008 (8): 77 - 86.

[147] 徐从才, 石奇. 论流通业发展对工业化进程的支持 [J]. 财贸经济, 2000 (9): 49 - 53.

[148] 徐从才. 流通经济学: 过程、组织、政策 [M]. 北京: 中国人民大学出版社, 2006.

[149] 徐康宁. 开放经济中的产业集群与竞争力 [J]. 中国工业经济, 2001 (11): 22 - 27.

[150] 亚当·斯密. 国民财富的性质和原因的研究 [M]. 王亚南译, 北京: 商务印书馆, 1972.

[151] 杨东奇. 对技术创新概念的理解与研究 [J]. 哈尔滨工业大学学报 (社科版), 2000 (6): 49 - 55.

[152] 杨慧. 流通渠道变革研究 [D]. 江西财经大学博士学位论文, 2003.

[153] 杨小凯. 经济学原理 [M]. 北京: 中国社会科学出版社, 1998.

[154] 于刃刚、李玉红等. 产业融合论 [M]. 北京: 人民出版社, 2006.

[155] 余东华. 产业融合与产业组织结构优化 [J]. 天津社会科学, 2005 (3): 72 - 76.

[156] 郁义鸿, 管锡展. 产业链纵向控制与经济规制 [M]. 上海: 复旦大学出版社, 2006.

[157] 原毅军, 刘浩. 制造业的服务外包与技术创新效率的提升 [J]. 大连理工大学学报 (社会科学版), 2007 (12): 1 - 6.

[158] 约翰·伊特韦尔, 默里·米尔盖行, 彼得·纽曼编. 新帕尔格雷夫经济学大词典 [M]. 北京: 经济科学出版社, 1996.

[159] 张磊. 产业融合与互联网管制 [M]. 上海: 上海财经大学出版社, 2001.

[160] 张培刚. 农业与工业化 [M]. 武汉: 华中科技大学出版社, 2009.

[161] 张赞. 基于零售商垄断势力的纵向关系与竞争政策研究 [D]. 复旦大学博士论文, 2007.

[162] 赵玻. 零售商自有品牌及其竞争效应 [J]. 商业经济与管理, 2007 (11): 26 - 29.

[163] 赵凯. 河南第三产业与第一、第二产业互动关系研究 [J]. 经济经纬, 2009 (2): 34 - 37.

[164] 赵霞, 周殿昆. 零售企业连锁扩张的边界分析 [J]. 财贸经济, 2010 (7): 127 - 132.

[165] 赵霞. 流通与制造业增长——基于 2000 - 2007 年面板数据的实证分析 [J]. 兰州商学院学报, 2010 (2): 122 - 126.

[166] 赵娴. 流通先导作用辨析 [J]. 中国流通经济, 2007 (10): 11 - 14.

[167] 郑吉昌. 基于服务经济的服务业与制造业的关系 [J]. 数量经济技术经济研究, 2003 (12): 110 - 112.

[168] 郑明亮. 产业融合模式下的中小企业竞争战略选择 [J]. 潍坊学院学报, 2007 (3): 95 - 97.

[169] 植草益. 信息通讯业的产业融合 [J]. 中国工业经济,

2001 (2): 24 – 27.

[170] 中国社会科学院财政与贸易经济研究所课题组. 中国商贸流通服务业影响力研究 [J]. 经济研究参考, 2009 (31): 2 – 9.

[171] 周殿昆. 渠道冲突频发原因及治理路径分析 [J]. 财贸经济, 2008 (4): 90 – 99.

[172] 周勤, 朱有为. 中国制造业和商业关系演化: 总量分析 [J]. 中国工业经济, 2005 (8): 50 – 55.

[173] 周振华. 产业融合: 产业发展及经济增长的新动力 [J]. 中国工业经济, 2003 (4): 46 – 52.

[174] 周振华. 论信息化中的产业融合类型 [J]. 上海经济研究, 2004 (2): 11 – 16.

[175] 朱丽萍. 科斯定理与流通产业的融合 [J]. 市场营销导刊, 2008 (3): 13 – 17.

[176] 朱如梦, 樊秀峰. 零售商与制造商合作双赢的经济学分析 [J]. 商业经济与管理, 2004 (4): 19 – 22.

[177] 朱瑞博. 价值链模块整合与产业融合 [J]. 中国工业经济, 2003 (8): 24 – 31.

[178] 庄尚文. 流通渠道及其主导权研究: 评述与展望 [J]. 世界经济与政治论坛, 2008 (5): 98 – 102.

后　记

本书是在我博士论文的基础上修改而成的。在本书即将出版之际，我谨向我的导师周殿昆教授致以崇高的敬意和诚挚的感谢。5年前，在周老师的引领下，我开始了学术人生的又一个起点。周老师以他长年勤学、不断开拓所积累下来的宽广的学术视野、深厚的学术基础和敏锐的洞察力，引领我在经济学的海洋里遨游，使我能够站在流通经济领域的理论前沿汲取丰富的营养。除了学习研究上的悉心指导外，更为难得的是，老师身上始终不渝的学者本色和宽厚待人、公正客观的处事风格也使我及其他诸多弟子在思想上受益良多，激励我在今后的学术探索中不断进取。

感谢西南财经大学工商管理学院李一鸣教授、张剑渝教授、吴潮教授在论文开题和预答辩阶段所提出的宝贵建议，拓宽了我的研究思路，为论文的修改完善指明方向。感谢西南财经大学流通经济研究所所长谢庆红教授在平时学习当中对我的指导与关心。

深深感谢我的硕士导师、兰州商学院副校长蔡文浩教授。当年是在蔡老师的积极鼓励和热情推荐下我才有动力继续求学之路。蔡老师多年来一直关心着我的学习和生活，在工作中我们亦师亦友，正是他的鼓励和支持增强了我克服困难、完成学位论文的勇气和信心。

感谢师姐李荣庆博士及师兄狄强博士、欧阳泉博士、王建府博士、张连刚博士，以及师妹贾美霞博士，与你们的交流让我受益匪浅。感谢我的同窗学友谭道伦、夏文俊、任丽丽、王芳、李海英、朱晓琴，三年博士生生活能够有你们陪伴，是我人生的一笔宝贵财富。

　　要对我的爱人徐永锋博士致以最深的感谢，他自己在负担繁重的学习、论文压力的同时，还时时开导我，帮我减压减负，感谢他的好脾气和一直以来对我的包容、理解与支持！在论文写作过程中，老徐同志还经常从他的专业角度出发给我提供一些思路上的建议与意见，让我深受启发。感谢远在西北家乡的我的父母、公公婆婆，以及其他我的亲人们。他们对我的支持与鼓励，是我前进的不竭动力！

　　谨以此书献给我正咿呀学语的可爱的儿子，愿他健康成长、永远幸福快乐！

　　最后祝福所有我身边的亲人和朋友身体健康、工作顺意，生活幸福！

赵霞

2013 年 11 月